金朝往事系列

耿元骊 主编

刘晓飞 著

女真崛起
辽朝后方的强大部族

辽宁人民出版社

© 刘晓飞　2025

图书在版编目（CIP）数据

女真崛起：辽朝后方的强大部族 / 刘晓飞著. 沈阳：辽宁人民出版社，2025．7．--（金朝往事系列 / 耿元骊主编）. -- ISBN 978-7-205-11553-1

Ⅰ．K246.09

中国国家版本馆 CIP 数据核字第 2025B2F331 号

出版发行：辽宁人民出版社
　　　　地址：沈阳市和平区十一纬路 25 号　邮编：110003
　　　　电话：024-23284191（发行部）　024-23284304（办公室）
　　　　http://www.lnpph.com.cn
印　　刷：清淞永业（天津）印刷有限公司
幅面尺寸：145mm×210mm
印　　张：10
字　　数：170 千字
出版时间：2025 年 7 月第 1 版
印刷时间：2025 年 7 月第 1 次印刷
责任编辑：姚　远　赵维宁
封面设计：乐　翁
版式设计：一诺设计
责任校对：吴艳杰
书　　号：ISBN 978-7-205-11553-1
定　　价：78.00 元

总　序

金朝：自树唐宋之间

9—13世纪的欧亚大陆东端，在大唐王朝逐渐走向衰败消亡的同时，北方各族群勃兴未艾，契丹人、女真人、党项人与中原汉人族群形成了广泛而激烈的对抗。辽、宋、西夏、金几大势力反复争夺，最终形成了对峙之局，开启了第二次南北朝时期。群雄争霸之时，生长于白山黑水之间的女真人，由完颜阿骨打带领，成为其中极耀眼的一支，并最终成为东北亚霸主，建立"金朝"。征战中金朝维持近一百二十年，成为中国历史上一个极为重要的朝代，置身唐宋之间，自有独特地位。

全盛之时的金朝，北达外兴安岭－库页岛，南到淮河－大散关，东到日本海，西至今呼和浩特－延安－兰州一线更西，面积约360万平方公里，与此对照，南宋面积约200万平方公里。南宋人口高峰期约6000万，金朝人口也有4800万。虽然在文化创造、经济开发上略输一等，但无论是军事实力还是当时周边威望，在南北多方对峙当中，金朝都更占上风。"辽主见获，宋主

女真崛起：辽朝后方的强大部族

被执",是它的高光时刻;"大定民兴咏,明昌物适宜",是它的全盛之际;"跨辽宋而比迹于汉唐"是后世史官的高调褒扬。

宋政和四年（辽天庆四年），也就是公元1114年，完颜阿骨打兴兵宁江州，开启了反辽征程，随后在出河店赢得第一次大捷，第二年就开启自立之途，定国号大金。辽天祚帝亲率70万大军，想在黄龙府一举剿灭只有2万人的女真军。不想女真军勇猛剽悍，以少胜多，大败辽军，战绩辉煌，由此开启了兵锋威震天下之势。随后一路南下，攻占了辽上京、中京、西京、南京，天祚帝出逃被俘，被封为海滨王，居于长白山东。而宋徽宗不知己方军事实力，更对天下局势没有准确判断，妄想恢复燕云，建立超迈祖宗的不世功业。在马植等人建议下，派人过海到辽东与女真结盟。但宋军战力不强，独自面对失势且无后援的辽军，仍不能取胜，两次攻打燕京均告失败，最终还是由金军攻占燕京。面对军事无能的局面，宋方还要招纳降将，贻人口实，被指责为"渝盟"。1125年，金军南下攻宋，而徽宗应对失当，一味想逃跑避敌，匆忙传位给太子，是为钦宗。金军一路向南，直抵开封城下。一年多时光里，在后方局势占优的情况下，北宋君臣采取种种匪夷所思应对策略，终致败局，二帝被俘，被封为昏德公、重昏侯，迁居东北，北宋灭亡。自起兵到灭辽灭宋，十余年而已，所谓"金之初兴，天下莫强"的局面得以一气呵成。

金朝近一百二十年历程当中，"海内用兵，宁岁无几"，但是

总序　金朝：自树唐宋之间

就在年年征战，高层矛盾持续不断，纷争无日无之的局面下，却出现了世章之治的国泰民安光景。耶律楚材说，"大定民兴咏，明昌物适宜"，也算和杜甫名句"忆昔开元全盛日"一样的追忆名句了。金世宗熟悉中原文化，提倡以史为鉴，认为历史很重要，特别是认真通读过《资治通鉴》《汉书》等汉文典籍，还能评论一二，足见其吸收能力。世宗下令翻译"五经"，完善科举制度，专门开设女真进士科，多管齐下，金朝出现了"国朝文派"。儒学事业在金朝达到了鼎盛状态，"声明文物出中天"。世宗也被《金史》称赞为"小尧舜"，"金源大定始全盛，时以汉文当世宗"。世宗之后，由皇太孙章宗继位，赓续以文治国道路，继续扩大推广儒家文化，完善礼乐制度，推动国家礼制形成体系，编成《大金集礼》。加强法律体系建设，制定了《泰和律》。史家褒奖说章宗统治时期，"宇内小康，乃正礼乐，修刑法，定官制，典章文物粲然成一代之治规"。章宗在位之时，南宋主动进攻，发动了"开禧北伐"，金朝实力仍在，最终在大幅度消耗国力的前提下，取得了"嘉定和议"的胜利。金朝声望在泰和年间的东北亚达到了顶峰状态，大定明昌，成为金朝历史上的一段绝唱。

金史学界将金朝主体文化归纳为"金源文化"，称其是以女真文化为基础，融合了中原文化和其他北方文化，最终形成的一种新北方文化。也有学者认为，金源文化吸纳和融汇多民族文化，成为一种东北区域文化，在交往交流交融当中，最终成为中

女真崛起：辽朝后方的强大部族

华文化支脉。女真早期完颜部，基本没有什么典籍，没有文字，无官府，大体处于部落联盟阶段。在辽统治下，逐渐学习到了契丹人的文化知识，掌握了建立统治体系的办法。完颜阿骨打建政不久，就由完颜希尹创设了所谓女真大字，然后又创设了女真小字。有了文字，就有了记录、交流的精密工具，说明女真文化水平在逐步提高。不过，从现存金代高水平作品来看，大多数还是汉文作品。攻破开封之时，金军大量索取医人、艺人、工匠迁往北方，也说明北方能工巧匠还不多，水平还不是足够高。但是以此为基础，金朝工艺水平有了很大提升，在建筑、纺织、艺术等方面都呈现了自己的特点。金熙宗这样狂暴的君主也亲自到孔庙祭拜，以后各代也都重视尊孔，提倡儒家教育。金朝在太宗时期，就开始学习中原王朝，编纂国史、实录，建立了修史制度，甚至还修成了一部《辽史》，成为元修《辽史》的基础。金人在几番争论之后，还采用了五德终始之说，主动纳入中国历史谱系，自称是"中华"正统继承者。元代郝经就说，"金源氏有天下，典章法度几近及汉唐"，史称其"跨辽宋而比迹于汉唐"。

到金代末期三帝，面对来自蒙古高原的强敌，虽然自身决策并无较大失误，但是"形势比人强"，局部可抵抗蒙军势力，全局上还是节节败退。宣宗畏敌如虎，蒙古大军兵临中都城下，竟然如徽、钦二帝一样相信术士可作法取胜，幸而蒙古大军议和妥协暂退。在重重压力之下，宣宗决定将首都从中都（今北京）迁南京（今河南开封）。哀宗继位后，被迫迁归德（今河南商丘），再迁蔡州（今河南汝南），最终在蔡州亡国。但是败亡之际，金哀宗还算是有英雄气概，自杀殉国，所谓"图存于亡，力尽乃毙"。

金朝历史一路走来，波澜壮阔，悲壮沉浮。在金、西夏、南宋的对峙当中，金朝基本占据上风，但是面对蒙古大军，也难逃溃败命运，自然让人更加唏嘘。如果想了解女真人百年历程，观察辽、宋、西夏、金四方五政权彼此角力的精彩斗法，自然要读"金朝往事"。与往事系列其他朝代撰写思路相同，孟浩然"人事有代谢，往来成古今"最能代表我们的心声。没有人，没有事，也就没有历史。见人，见事，方见历史。考虑到史料局限性，我们选择了五事来进行描绘，各书仍然是尽力做到文字流畅，线索清晰，分析准确精当，且可快速读完。希望读者朋友能和我们一起思考金朝，思考第二次南北朝的对峙之局，回首"金朝往事"。

女真初起，完颜部源于按出虎水，即今黑龙江哈尔滨东阿什河，女真语"金"即"按出虎"，传说由此得大金之名。无论是经济社会发展程度，还是军事装备技术，甚至是后勤财政支援，辽的实力都是远远高于女真。但是就是这样一支没有财政支援，没有后勤力量，只凭一个杰出头领，由不世出的英雄豪杰完颜阿骨打带领，一群白山黑水之间的精兵猛将，运筹帷幄，十余年间，吞辽灭宋，功勋卓著，伟业足以震古烁今。女真人如何兴起，不由得让人长思。故有《女真崛起：辽朝后方的强大部族》

女真崛起：辽朝后方的强大部族

一部，探析辽朝后方如何生成了如此强大的部族且如何成长为辽之大患。

金人只用十余年征战，就俘虏天祚帝，歼灭立国二百年的辽朝。先与宋结成海上之盟，但是在战争中发现宋军实力不济，军纪不整，指挥失灵，逐渐起了觊觎之心。正好宋方投机取巧，多次违反盟约，给了金军借口。1125年，金军西路军由云中（今山西大同）攻太原，东路军由平州（今河北卢龙）攻燕京（今北京）。东路军长驱直入，宋军将领郭药师投降，转而带领东路军绕过保州（今河北保定）等有重兵把守的军事关隘，直奔开封而来，兵临城下。东京城内，举措失当，最终二帝北狩，北宋灭亡。故有《吞辽灭宋：金朝建立初期的"壮举"》一部，详细解说金军军事路线、进攻谋略、征战经过，足为鉴戒。

金朝与南宋之间，常有征战，也常有议和，每一次金朝都能得到超额利益。自绍兴和议之后，双方息兵20余年。到1161年，海陵王完颜亮征集60万大军，号称百万雄师，兵分四路，企图饮马长江，一统天下。这一年是正隆六年，史称"正隆南伐"。南宋朝廷上下，再次惊慌失措，不知道如何应对。宋高宗仍然想先行逃跑，令人不齿。恰在此时，一位智勇双全的文官虞允文视察前线，主动承担了防务指挥工作，虽然仓促迎敌，但是组织得法，赢得大胜。完颜亮败退扬州，仍想一鼓作气，攻克临安，再回师消灭发动政变的完颜雍。不过军情骚动，完颜亮被杀，大军北返。故有《正隆南伐：图治之君的"疯狂"选择》一部，梳理海陵王南征败亡历程，介绍完颜雍东京政变经历，双线索理解世宗上台的全过程。

完颜雍政变上台，开启了金朝全盛之时，消除了熙宗造成的混乱局面，金朝国力得到全面恢复。世宗将治国重点转入文治，与民休息，整顿吏治，提出各种文教措施，制定礼法，推动文学发展。"不折腾"在任何时代，都是发展民生的好办法，于是出现了社会稳定，百姓基本能安居乐业的新状态。世宗推崇孝道，模仿汉地治国办法，减少对外征伐，保境安民，和安邻国。章宗继位，继续推广以文治国，扩大科举，制定国家礼乐制度。而且取得了反击开禧北伐的成功，重开和议，宣告金朝是天下共主，威望在东北亚达到了顶峰。故有《世章之治：盛世下的危机》一部，详细介绍两位皇帝统治时期，如何追求文治并取得成功的过程。

盛世之后，就是败亡，此为恒久不变的历史规律。到卫绍王和金宣宗时期，虽然帝王昏庸无能，统治腐败，但也看不出有什么重大的过格之举。但是两位帝王如宋钦宗一样倒霉，无论怎么做，都难逃失败命运。全新外部力量，蒙古势力已然在草原崛起。面对再次新兴的北方势力，曾经雄霸北方的女真人在衰落。对蒙古铁骑，女真人几无还手之力。内忧外患加剧了金朝衰败，哀宗虽然积极抵抗蒙古进攻，却无力回天，金朝在蒙古和南宋联合夹击下灭亡。故有《金朝覆灭：北宋悲剧的重演》一部，详细

女真崛起：辽朝后方的强大部族

介绍金朝灭亡历史，思考金朝灭亡原因。

以上就是"金朝往事"总体设计。与其他往事系列一样，再抄写我们的基本设想：希望以明晰框架，建设具有整体感的书系。既有主线，又可分立；既有清晰流畅的语言，足够的事实信息，也有核心脉络可以掌握。提供给读者既不烧脑，又不低俗的"讲史"，以学术为基础，但又不是满满脚注的学究文。专业学者用相对轻松的笔调来记录和阐释，提供不一样的阅读感受。这个目标做到与否还很难说，但是我们正在向此努力。我们6人用一年多时光，共同打造的5部小书，请读者诸君阅后评判！

感谢陈俊达（吉林大学）、刘晓飞（辽宁师范大学）、齐伟（辽宁大学）、武文君（吉林大学）、张宝珅（内蒙古大学）等辽金史学界青年翘楚（以上按姓名音序）接受我的邀请，参与撰写"金朝往事"。感谢辽宁人民出版社蔡伟编辑及其所带领编辑团队，细致加以审校，使本书能与"唐朝往事""宋朝往事"以同样优美状态呈现出来。

现在，亲爱的读者，请您展卷领略金朝往事，我们一起思考金源文化与中华文化，探索女真人融入中华民族，长期交往交流交融的历史走向！

耿元骊

2025年5月18日于金之南京开封府

目录

总　序　金朝：自树唐宋之间　　001

引　子　　001

第一章　生女真完颜部的崛起　　023
　　一、始祖"初从高丽来"　　025
　　二、一支生力军登场　　042
　　三、"志业相因，卒定离析"　　048

第二章　"共苦契丹残扰，而欲自立国尔"　　076
　　一、"鹰路"使者　　078
　　二、银牌天使　　090
　　三、"头鱼"舞者　　102

第三章　取辽成功　　　　　　　　　114
　　一、不遣罪人引燃导火之线　　　116
　　二、涞流界水迎来问罪之师　　　136
　　三、宁江州首战凯旋　　　　　　143

第四章　"变家为国，图霸天下"　　150
　　一、出河店再战告捷　　　　　　151
　　二、一次"平静"的改朝换代　　160
　　三、达鲁古城之战　　　　　　　165
　　四、黄龙府大捷　　　　　　　　170
　　五、辽帝御驾东征失败　　　　　174

目 录

第五章 血雨腥风克上京　　186
　　一、初定东京　　187
　　二、攻克上京　　195
　　三、海上之盟　　213

第六章 夺燕京、俘天祚　　258
　　一、再取中京与西京　　258
　　二、终夺燕京　　269
　　三、辽天祚帝被俘　　290

尾　声　"规摹运为实自此始"　　301

后　记　　305

引 子

根据史书记载,辽政权由太祖耶律阿保机始建立于唐末,中间历经9个皇帝,"雄长二百余年",最终在1125年被金朝所灭。辽政权虽然肇起唐季而称雄于北方,但是建立辽政权的契丹民族,却早在4世纪中叶就已经出现在我国的历史舞台之上,直到14世纪中叶以后,契丹人才从史籍当中彻底消失,不见踪迹。

辽政权所存在的10—12世纪,是我国多民族政权分治的历史时期,史书上以周围"强国以百数"来形容当时辽朝的政治军事环境。《辽史》记载,辽朝当时是"居四战之区":东边与高

女真崛起：辽朝后方的强大部族

丽相接，南面则与梁、唐、晋、汉、周、宋六代为劲敌，北边与阻卜、术不姑相邻，西面则与西夏、党项、吐浑、回鹘等互相牵制。但是尽管如此，辽朝仍然能够"虎踞其间"，做到"东朝高丽，西臣夏国，南子石晋而兄弟赵宋，吴越、南唐航海输贡"，周边政权均"莫敢与撄"。到12世纪初期，整个北部中国完全由辽政权掌控。

由契丹民族所建立的辽政权，是如何做到对它们制之有术，而使得治国行之有效的呢？史官们虽然没有明示我们，但是他们笔下的金戈铁马、刀光剑影与阴谋诡计，或许早已给出了我们探寻这一秘密的锁钥……

建立辽政权的契丹人，属于古老的北方游牧民族之一。他们起于朔野、雄踞北方，主要活跃在现在的西拉木伦河和老哈河一带。这里独特的自然生存条件与生活环境，形成了契丹先民纵马于野、弛兵于民的旧俗，从这些旧俗可以看出契丹人天性奔放，而且这意味着他们整个民族全民皆兵；他们人马逐水草而迁徙不定，日常需要仰仗奶酪和渔猎射生维持生活，这代表着他们随时都在作战，并且顷刻间都可以出战，这既是他们的日常，更是生活的必需。这种地理环境所形成的先天作战优势，给足了契丹人利用军事力量，以战求安、强朝固本的底气和实力。

引　子

先天实足而后天又努力有余，辽政权之所以能够"信威万里，历年二百"，契丹人先世的历史积累，显得十分重要。在耶律阿保机之前，辽的先世祖们还有好多位。但有一位你或许不一定想得到——他的祖先出自炎帝。史书做出如此记载，理应是出于政治需要，从血缘传承上来看，其实二者并不存在事实上的承续关系。但是，北方少数民族一直都有附会炎黄为祖先的传统，这并非稀奇之事。此等事例的不断出现反而体现出，历史上多民族与汉族之间的这种亲密关系，一直都是存在并被双方有意维系的。史书上不仅记载契丹人的祖先出自炎帝，还告诉我们他们世代都是"审吉"国人，也就是《魏书》中记载的"始均"国人。"始均"与尧舜同时代，是鲜卑的先祖。

史书中出现的第二位契丹先祖的名字叫作葛乌菟。《辽史》记载，葛乌菟被匈奴的冒顿可汗所袭，退到鲜卑山，于是号鲜卑氏（其他史籍当中另有记载称，葛乌菟是因为本人自身雄武多算略，鲜卑人十分仰慕敬重他，因而奉他为主）。葛乌菟和他率领的鲜卑人，大致生活在西汉初年。

葛乌菟之后史书中出现的下一位契丹先祖叫作普回。在普回统治时期发生了一件大事，那就是他把自己所在的鲜卑部落集团的名字命名为"宇文国"，号宇文氏。为何单单称为"宇文"国而非其他？这其中另有故事：据传，有一天普回仍如同往常一般外出狩猎，狩猎途中他意外获得玉玺三纽，而这玉玺上面又刚好刻有"皇帝玺"三个字。此番经历让普回大喜，为什么？因为他坚定地认为自己一定是众生当中最为优秀的那个幸运儿，这才会被老天爷相中。偏偏让他捡到玉玺，这就是冥冥之中上天对他的暗示，是天授神权。而在当时，当地人习惯把"天"称作"宇"，把"君"称作"文"。为了取"君权天授"的含义，普回就直接将自己所在部落集团命名为"宇文国"。"宇文"就是这么来的。这件事情是何等重要与意义深远啊！即便现在的我们也同样认为此事关系重大，因为这不仅表示当时的鲜卑人从此之后以"宇文"为氏，也意味着他们政权的合法性以及正统性，因此这一时期他们的社会地位得到极大的提升。

于是，普回的儿子莫那从此就成了宇文莫那。

在宇文莫那时期，他率领宇文鲜卑部众进行了一次大的迁徙，自阴山南徙辽西。此后，辽西地区成为宇文鲜卑的主要居住地。宇文莫那之后是宇文莫槐，宇文莫槐与檀石槐同期，并且宇文莫槐还担任檀石槐所建立的游牧汗国东、中、西三大部中的东部鲜卑大人。之后宇文莫槐被部人所杀，他的弟弟宇文普拨继承哥哥鲜卑大人的官职。然后契丹先世谱系就转到了宇文普拨这一

引　子

支系上，后面分别经历了宇文普拨的儿子宇文丘不勤、宇文丘不勤的儿子宇文莫庼、宇文莫庼的儿子宇文逊昵延、宇文逊昵延的儿子宇文乞得龟。

宇文乞得龟的儿子并没有像他的父亲一样，顺利地接过这把权力的利刃。他被一个叫作宇文逸豆归的人给杀了，宇文逸豆归后来自立了山头，但最后仍然被前燕的慕容皝打败。（史书当中的另外一种说法是，宇文乞得龟被宇文逸豆归给赶跑了，"奔死于外"。慕容皝率领骑兵对宇文逸豆归进行讨伐，宇文逸豆归因惧怕而主动请和。）宇文逸豆归被慕容皝打败之后，逸豆归的儿子宇文陵投靠了北魏，宇文陵的后代宇文觉后来建立了北周，宇文觉就是北周孝闵帝。宇文觉的堂兄宇文护先杀了孝闵帝宇文觉，立宇文毓为明帝，之后又毒死明帝宇文毓，立宇文邕为武帝。建德六年（577），北周灭掉北齐，统一北方。581年，北周静帝宇文衍被迫禅位于丞相杨坚，北周随即灭亡，隋朝建立。

这是宇文逸豆归败北之后，宇文鲜卑的一个历史发展方向，最开始是以宇文逸豆归的儿子宇文陵为核心向下发展的。除此之外，宇文鲜卑还有另外一个发展方向，契丹就是在后面这个发展方向上出现的。

宇文逸豆归向北逃跑，他的后人分成宇文、库莫奚、契丹三

女真崛起：辽朝后方的强大部族

个部分，契丹之名初次出现就是在这里。有学者认为与慕容皝的这次战役之后，率众逃遁的宇文鲜卑首领就是宇文逸豆归本人，逃跑的地点就是后来辽代正史记载的辽人始祖奇首可汗出生的都庵山。而史书记载宇文逸豆归"远遁漠北，遂奔高丽"，其实是为了迷惑慕容皝的追杀队伍。成功逃脱慕容皝的追捕之后，宇文逸豆归重整旗鼓，20年之后，他的儿子奇首南迁潢河之滨，建立了契丹早期国家。

奇首在契丹历史上的地位举足轻重。据学者研究，奇首在历史上确有其人，他大概出生于公元344年及以后，出生的地方叫作都庵山［今内蒙古自治区兴安盟扎赉特旗境内的博格达乌拉，除此外，学界还有几种代表性的观点：今巴林右旗赛罕汗山（契丹黑山）、霍林河源处犊儿山、今朝格图山、今扎鲁特旗境内的大黑山、辖赖县境内等］，奇首成年之后迁徙到潢河（今西拉木伦河）之滨。关于迁徙的原因、迁徙之后的境况等，史书当中并没有做出交代。但是学者根据蛛丝马迹还是推断出，奇首的这一次迁徙绝对可以称得上是意义重大。因为自此以后，奇首带领部众悄然崛起，他被契丹人奉为始祖，是真真正正契丹部落的缔造者。奇首可汗缔造的这个社会共同体，一共分为8个部分，称为契丹古八部。这是契丹社会最早的国家形态。刚刚建立的奇首八

引 子

部屡遭外敌入侵，高丽、蠕蠕所侵而生聚未几，又北齐见侵，然后继为突厥所逼，如此这般接连不断地迎敌，使得契丹古八部部落离散，一路上坎坷地艰难发展。

登国三年（388），北魏道武帝拓跋珪出征契丹，奇首可汗应敌，战死疆场。史书记载，直到隋朝时期（581—618），契丹兵数量最多的时候也就3000人，甚至有时候只有千余人。但到了唐朝大贺氏时期已经拥兵4.3万人。奇首可汗死后，传至雅里。雅里"立制度，置官属，刻木为契，穴地为牢"，使契丹政权向文明礼仪国家的方向大踏步向前发展，兵力益振。雅里生毗牒，毗牒生颏领，颏领生耨里思，耨里思生萨剌德，萨剌德生匀德实。匀德实开始教导部众从事简单的农业生产活动，大力发展畜牧业，这一时期的契丹可以称作"国以殷富"。匀德实生撒剌的，撒剌的大家可能不认识，但是他的儿子大家肯定知道，那就是辽太祖耶律阿保机。撒剌的仁民爱物，教民鼓铸冶铁，契丹的军事实力得到很大提高。撒剌的的弟弟述澜，利用逐渐强大的军事力量，北征于厥、室韦，南略易、定、奚、霫，"兴板筑，置城邑，教民种桑麻，习织组，已有广土众民之志"。在先祖们的积淀之下，耶律阿保机受可汗之禅建国。到太祖耶律阿保机会李克用于云中之时，辽兵已经号称30万。天显元年（926）灭渤海

007

女真崛起：辽朝后方的强大部族

国之后，拥兵已达数十万。又10年之后，太宗耶律德光灭唐立晋，晋献燕、代十六州，这个时候的契丹已然"民众兵强，莫之能御"。《辽史·兵志》总结，辽有兵164.28万，对于这一数据的真实性已经无从确认，但足以见得当时契丹军队军事实力十分强大。契丹军事实力日渐增强，伴随着疆域的不断扩大。史书记载北魏时，契丹"有地数百里"，至唐"地方二千余里"，五代"辟地东西三千里"。到辽极盛时期，已经"幅员万里"。

这是辽太祖耶律阿保机建国之前，耶律阿保机去世之后，相继即位的包括太宗耶律德光、世宗耶律阮、穆宗耶律璟、景宗耶律贤、圣宗耶律隆绪、兴宗耶律宗真、道宗耶律洪基、天祚帝耶律延禧，共8个皇帝。辽世宗耶律阮、穆宗耶律璟时期，虽没有太祖、太宗的百战之势和英谋睿略，但尽管如此，国本未动。那是因为祖宗留下的这些辉煌战绩，仍然足以震慑周边政权。辽圣宗耶律隆绪内修外拓，四境又安，整个辽朝迎来发展的鼎盛时期。《辽史》评价辽兴宗耶律宗真，"圣宗而下可谓贤君"。道宗耶律洪基与天祚帝耶律延禧时期，辽朝走向衰落的势头已然非常明显。耶律洪基即位之初，还能做到广开言路、重视生产、扶危济困。但是后期施行谤讪之令，朝廷之上谀邪巧佞之风盛行，人人都想要通过责人过失或揭人阴私而谋权上位，皇帝昏庸无能、

引 子

养奸蓄乱。懿德皇后、昭怀太子事件甚至贼及骨肉,致使皇基浸危。朝廷之外大量奸邪不正之徒趁势而起,诸部反侧,朝廷陷入常年无休止的战争当中。晚年的道宗对待世事持有一种消极的态度,他喜佛本身并无过错,但是他佞佛绝对是造成辽朝末年矛盾加剧的重要原因。道宗佞佛几近荒唐,一年饭僧能达 36 万,一日之内削发出家为僧尼的人数能有 3000。这些僧徒不缴税赋不行役事,却无所顾忌地放债营利、侵夺百姓,导致民不聊生。如此这般政治不清明,造成国家财政困难、军事实力下降,国家整体实力江河日下。

道宗耶律洪基去世,辽朝的命运终于交到末帝耶律延禧的手里,辽朝到了这个时候属实已经病入膏肓,却又偏偏遇上了天祚帝耶律延禧这么个人,那还能有什么好的结局?耶律延禧又到底是个什么样的人呢?

天祚帝耶律延禧出生于大康元年(1075),他的父亲是当时的皇太子耶律濬,而耶律濬则是辽道宗耶律洪基唯一的儿子。虽然辽朝发展到道宗时期已经是穷途末路,但耶律延禧这样过硬的身份和政治背景,按常理足以让他可以高枕无忧地继承他父亲的"皇位"。但是,契丹民族建国以来皇位继承制度中,新旧文化因素的此消彼长,导致父死子继与兄终弟及的帝系更迭混乱。加上

女真崛起：辽朝后方的强大部族

后族势力强大、宗室诸王手握重兵，贵族政治斗争激烈，整个辽朝皇子继承皇位发生的意外现象太多太多了。耶律延禧没有继承父亲的"皇位"，并非因为他父亲的"皇位"被他人抢了，而是父亲耶律濬压根就没有等到登上"皇位"的那一天。他父亲年仅21岁还是皇太子的时候，就被冤杀了。

大康三年（1077），耶律延禧3岁。他的父亲耶律濬被耶律乙辛党羽陷害，罪名是谋反自立。耶律乙辛一党既然敢把这等罪名扣在耶律濬的头上，一方面是给自己断了后路，抱着绝对要将耶律濬斩草除根的想法；另一方面也是对道宗耶律洪基了如指掌，对坐实皇太子耶律濬谋反罪名有着十足的把握。耶律乙辛为何要杀害耶律濬？这还要从耶律延禧的祖母懿德皇后萧观音说起。

天祚帝耶律延禧的太爷爷兴宗耶律宗真，虽然凭借皇太子的身份登上帝位，但是他的生母摄政钦哀皇太后萧耨斤私下一直想要另立她的小儿子耶律重元为皇帝。耶律重元明知母亲的这份心意，不仅不感动于她母亲对他的这份格外器重与宠爱，反而两面三刀，把这个秘密偷偷告知了他的哥哥兴宗耶律宗真，兴宗皇帝知晓此事之后，借此由头从他母亲手中夺回了实权。为此，兴宗皇帝十分感激他的弟弟耶律重元，册封他为皇太弟，并表示日后

引 子

由他来继承皇位。但是,伴随中原父死子继皇位继承制度对契丹民族传统世选制度造成的巨大冲击,辽兴宗也渐渐改变了之前想传位于弟弟的想法,想要他自己的儿子继承皇位,对此耶律重元内心自然是怨气十足。

而登基之后的兴宗儿子道宗耶律洪基,也就是耶律延禧的爷爷,内心也十分清楚,他的叔叔耶律重元始终都有当皇帝的想法。为了安抚耶律重元,道宗对他百般笼络,封耶律重元为皇太叔、天下兵马大元帅,双方倒是也"相安无事"地过了好多年。但是清宁四年(1058),懿德皇后萧观音生下皇子耶律濬,耶律重元妃前去贺喜时发生的一件事情,让耶律重元隐忍多年的不满,终于还是暴露得一清二楚。

那一天,耶律重元妃浓妆艳抹、眉目传情、娇嗔而不自知般的在懿德皇后萧观音面前,神操作了一番。见到她这般行为,身为皇后的萧观音不免说了她几句。萧观音认为她身份如此高贵,不应也不该如此自轻自贱。即便是嚣张跋扈、外放泼辣的传统社会贵族女性,听到萧观音此番训话,着实也是十分难堪。回家之后的重元妃,对萧观音是一顿劈头盖脸地辱骂,除此之外还不忘拿话刺激耶律重元,说他乃圣宗之子,还不如耶律洪基这么个毛孩子,让耶律重元赶紧除掉他!这一席话不偏不倚,正好刺痛了

女真崛起：辽朝后方的强大部族

耶律重元尘封已久，但又一直蠢蠢欲动的内心最深处。于是，重元父子决定起兵反叛。清宁九年（1063）七月，耶律重元父子一党认为时机成熟，他们想借着道宗耶律洪基秋捺钵之际，杀害耶律洪基夺取帝位。但是道宗耶律洪基早就得到密报知晓此事，因此耶律重元父子刺杀事件败露，耶律重元兵败自缢而死。经历如此惨痛教训的道宗耶律洪基，不仅没有总结教训，反而听信谗言不辨忠奸，将一众奸佞小人推到了台前，尤其是耶律乙辛。

走了个耶律重元，又来了个耶律乙辛。平叛耶律重元成就了耶律乙辛一众党羽，使他们得到道宗耶律洪基的绝对信任。史书中描写的耶律乙辛，虽样貌似温和谦恭，实则内心阴暗狡诈。他这个人非常擅长鉴貌辨色，曲意逢迎，见人说人话，见鬼说鬼话，深得道宗耶律洪基的喜爱。耶律乙辛得势之后权倾朝野，身边很快聚集了大批趋炎附势之人，形成规模巨大的政治集团。

这时懿德皇后萧观音非常看不惯耶律乙辛的所作所为，耶律濬被册封为皇太子之后，又一定程度上遏制了耶律乙辛集团。之后，耶律濬又总领朝政，逐渐形成围绕懿德皇后和皇太子的势力集团。耶律乙辛因此心中不悦，处心积虑想要挑拨皇后、太子与道宗皇帝的关系。他一时之间无从对身为皇太子的耶律濬动手，于是就"曲线救国"，拿懿德皇后萧观音开刀。

引 子

这一次，终于让耶律乙辛找到了机会。

一直以来，懿德皇后与道宗皇帝的关系都十分和谐融洽，这得益于懿德皇后高尚的个人品质。懿德皇后是土生土长的辽西阜新人。她的父亲是南院枢密使萧孝惠，母亲是圣宗的女儿槊古公主。辽朝称赞萧家曾有"一门生于三后，四世出于十王"之说，千真万确。懿德皇后的二姑母萧耨斤是辽圣宗的钦哀皇后、堂姐萧挞里是辽兴宗的仁懿皇后，正好"一门三后"。她的高祖父为兰陵郡王，祖父是齐国王，父辈当中的四位伯父分别被封为吴国王、晋王、兰陵郡王和丰国王。懿德皇后的家世无论在哪一个时代，都算得上是绝对的显赫。

含着金汤匙出生的懿德皇后，拥有如此高贵的出身，却是她最不值得炫耀的地方。因为她不仅出身顶配，而且自小容貌秀丽、国色天香，即便在如此优秀的家族一众女性当中，她也绝对算得上是拔得头筹之人。家中都将她视为观音，所以她小字观音。优越的家世与自身的努力，使萧观音饱读诗书、内外兼修，如此颜值与才情俱佳的窈窕淑女，又怎会不将耶律洪基迷倒呢？

就这样，萧观音如同家族中的许多女性一样，嫁入皇室，成为时为太子的耶律洪基的妃子。再后来，耶律洪基登基之后，萧观音也顺理成章地被封为皇后，封号为懿德，被称为懿德皇后，

女真崛起：辽朝后方的强大部族

又因为谥号宣懿，也称宣懿皇后。

历史上作为皇帝的道宗耶律洪基虽不可取，但是作为文学青年的他还是颇有造诣，与皇后萧观音有聊不完的话题。加之他刚登基之时，也是雄心壮志，有过许多建设性的措施，想要好好发展辽朝。因此，同样朝气蓬勃的两个青年男女，因为共同的兴趣爱好与内心的远大理想抱负，非常恩爱地生活过很长一段时间。萧观音之所以能有异于其他女人的地位和声誉，一定是个智商与情商都在线的聪明女子。尤其是成为一国之母以后，她更加注重自己的言行举止。她提醒自己，自己的身份首先是皇后，然后才是妻子。因此在道宗那里，无论从感情上还是其他任何方面来讲，萧观音这个皇后都是做得非常到位。加之后来她又给道宗诞下皇子耶律濬，母凭子贵，更加受到道宗的宠爱。历史发展到这里，他们一家三口本该有着和谐美满的大结局，但是历史往往因为这样或者那样的原因，让人扼腕长叹、抱憾终生，这或许才是现实生活的魅力所在吧。

也正是因为懿德皇后萧观音具有如此身份地位与学识格局，对于道宗后期治国当中出现的问题，她也总是那个敢于直谏的人。时间长了，道宗皇帝开始对懿德皇后的劝谏表现出不耐烦，甚至是厌恶。加上，随着年龄的增长，道宗性格上的缺陷使得他

引 子

处理起一些事情十分欠妥。耶律重元事件之后，他宠信耶律乙辛一党，对耶律乙辛言听计从。相反，与懿德皇后却渐行渐远。

面对道宗的冷漠，女性所独有的细腻情感使得懿德皇后萧观音情绪低落。她为了再次赢回道宗的心，利用自己擅长的诗词，专门作了一首名叫《回心院》的词，并且谱上曲子，打算唱给道宗听，希望他听完之后，明白自己的用心回心转意。这首《回心院》本就是一首再普通不过的词，情感饱满又娓娓道来地表达了妻子对丈夫的思念。词作完之后，萧观音还需要选一名伶官进行演奏。她选择了当时的一名汉人男伶官赵惟一。也正是因为此事，萧观音得罪了单登。俗话说，宁愿得罪君子，也不要得罪小人。正是单登，把懿德皇后一把拉进了她们早就张开的罪恶大网之中。

单登早年曾是耶律重元家的奴婢，耶律重元势力倒台之后，单登就被没入宫中，在皇后身边当宫女。由于单登一早就在耶律重元家里当差，所以也擅长弹奏乐器，她因为懿德皇后选择赵惟一而没选她心中不满。懿德皇后得知此事之后，在宫中特意安排赵惟一与单登对弹，想要一较高下，让她心服口服。最终确实是单登技逊一筹。这件事过后，单登就一直记恨着懿德皇后。

后来，道宗有一次诏单登入宫为他演奏乐器，懿德皇后知道

女真崛起：辽朝后方的强大部族

之后告诫耶律洪基："单登曾经是叛臣耶律重元的家奴，如果她起了祸心，为她家主子报仇，想要刺杀你，那该如何是好。"道宗皇帝听完之后，即刻将单登调往宫外，再也不允许她有入宫面圣的机会。这样一来，单登更加痛恨懿德皇后。

恨归恨，单登苦于身份的巨大差异，对于这样的"委屈"根本无处可诉。实在忍不住的时候，也只能跟她的妹妹清子哭诉。但是可不要小看单登这个女人，她可不是简单地抱怨，她曾不止一次地想要编一个懿德皇后与赵惟一私通的谎言构陷懿德皇后。而耶律乙辛觊觎清子的美貌，常常与清子厮混在一起，于是他从清子口中得知了此事。耶律乙辛正苦于找不到诬陷懿德皇后的借口，这下可算是得来全不费工夫。但是他也清楚，懿德皇后出身显赫、为人正派，朝廷内外皆知。所以耶律乙辛觉得，即便有了这个谎言，想要扳倒她也并没有十分的把握。于是，他一不做，二不休，又命人作了一首叫作《十香词》的词，想通过它嫁祸懿德皇后。怎么嫁祸呢？

耶律乙辛让清子将这首词通过单登的手，递给懿德皇后。单登抓住少有的能够接近萧观音的机会，将《十香词》拿给她之后，请求懿德皇后能够重新将这首词抄写一遍。单登是这么骗她的，她说那是宋后所写之词，并极力夸奖懿德皇后书法了得，此

引　子

墨宝如果她能够再抄写一遍送给自己，无疑会给这首词增色不少，而且自己也会十分高兴。懿德皇后听罢也没有多想，答应了单登的要求。萧观音因为这首词想起宋后教唆皇帝恣纵逸乐而误国的往事，她联想起自己最近因劝谏道宗不成反遭冷落的遭遇，更加伤怀。因此索性又提笔在这首词的旁边写了一首诗：

宫中只数赵家妆，败雨残云误汉王。
惟有知情一片月，曾窥飞鸟入昭阳。

懿德皇后以为此事就此了结了，但是万万没想到的是，拿到懿德皇后手书的单登即刻出宫，将这份"铁证"交给了耶律乙辛。耶律乙辛充分筹谋之后，向道宗皇帝密奏此事。奏文中，他详细描述了单登与同为教坊伶人的朱顶鹤（清子丈夫）口中的懿德皇后与赵惟一私通的来龙去脉。人证物证俱在，道宗看完奏章之后，大发雷霆。即便是懿德皇后辩解，盛怒之下的耶律洪基也根本听不进去分毫，他早就将发妻一路以来的温情与陪伴抛诸脑后，心中只有对她的误解与谴责。他将此案交给耶律乙辛等进行查办，在耶律乙辛的严刑拷打之下，赵惟一屈打成招，于是案情有了早就拟定的结论。

女真崛起：辽朝后方的强大部族

耶律乙辛将结案陈词最终上呈道宗皇帝，耶律洪基看着结案陈词上对萧观音极尽羞辱的指控，回想起当初与萧观音在一起的点点滴滴，再想想萧观音声嘶力竭的辩白与痛哭，他闭目沉思不语。那时那刻，他的心里或许闪过那么一刹那对过往的留恋与不舍。这时，耶律乙辛看出了道宗皇帝的犹豫不决，他上前一步指着附在词旁边的那首诗，落井下石道："此诗中'赵惟一'三个字，定是懿德皇后思念赵惟一的证据。"听到此处的道宗皇帝，再也不需要心神不定，他当即下令将赵惟一满门抄斩，并下旨令懿德皇后自缢谢罪。

时年36岁的懿德皇后萧观音，就这样被活活冤死了。懿德皇后死后，耶律洪基仍觉不能泄愤，他命人剥掉萧观音身上的衣服，用苇席裹着她的裸尸送回萧家。

知道母亲蒙冤而死，耶律濬痛彻心扉，他倒地大呼："杀我母亲的人不是别人，就是耶律乙辛！有朝一日，如若不能诛杀他全家，我就枉为人子！"听闻此话的耶律乙辛，怎么可能会让耶律濬活得太久，他一定要尽快解决掉耶律濬。

大康元年（1075），懿德皇后被冤致死。仅仅两年之后的大康三年（1077），耶律乙辛就迫不及待地将谋反的罪名安在了耶律濬的头上。道宗耶律洪基不分是非曲直，一味听信耶律乙辛的

引 子

一面之词，将耶律濬幽禁起来，随即将他废为庶人。当年十一月，耶律濬最终被耶律乙辛杀害于上京。耶律延禧的母亲、耶律濬的妻子，也随即被奸人耶律乙辛秘密杀害。

天祚帝耶律延禧出生的那年，他的祖母懿德皇后萧观音蒙冤而死。等到他3岁那年，他的父亲与母亲重蹈祖母的覆辙，被小人构陷，含冤被杀。从此，只剩下他高高在上当皇帝的祖父与他自己。由于出身皇家，所以即便双亲去世，如此身份的耶律延禧也定是被照料得十分周全，是普通人不能与之相较的。但是看似荣华富贵集于一身的耶律延禧，却经历着常人难以想象的生活。

在耶律延禧5岁那年，他差点又被耶律乙辛算计致死。耶律乙辛接连将懿德皇后萧观音与皇太子耶律濬夫妇谋杀之后，很快就将魔爪伸向了年仅5岁的耶律延禧。由于道宗皇帝后期十分沉迷游猎娱乐，所以耶律乙辛就想趁道宗皇帝外出狩猎的机会，杀了年幼的耶律延禧。于是他向道宗建议：不要耶律延禧跟随道宗出行，因为耶律延禧年纪太小，狩猎在外风餐露宿，让他留下对他更好。自从父亲耶律濬被害之后，耶律延禧就跟随爷爷道宗一起生活。道宗或许并不明白耶律乙辛心里打的什么如意算盘，但是大臣萧兀纳听出了他的弦外之音，于是萧兀纳向道宗提议："皇孙尚且年幼，如果不跟随皇上出猎，恐怕左右无人照应，臣下愿意留下保护幼主，以防不测。"经萧兀纳这么明显的提醒，道宗瞬间就察觉到了些许的异样。于是他决定此次出行将耶律延禧带在身边，未来的天祚皇帝这才免于遭受迫害。

如果说在两年前，耶律延禧面对父母的去世，还不懂得这是一场政治博弈的惨痛结果。那么，在这两年时间里，他所经历的桩桩件件，已然让这个5岁的孩子明白了自己的处境，那就是自己时刻都处在被人谋害的危险之中。从小没有父母的呵护与陪伴，缺少应有的心理疏导与教育，而身边又时时刻刻充斥着想要他性命的一群坏人，所以他一直都在战战兢兢中长大。如此环境当中成长起来的耶律延禧，天生就缺乏强烈的安全感，所以他生性懦弱内心又极为脆弱。但是又因为经历过太多的阴谋诡计，而没有得到大人及时的疏通开导与正面教育，造成了他心理阴暗、生性多疑又非常冷酷无情的突出个性，因而致使他做事情十分任性妄为、刚愎自用。

后来耶律乙辛一党垮台，耶律乙辛被流放，当时耶律延禧9岁。对于现代社会一个9岁的孩子来说，或许可能还不懂人情世故。但是帝王家的9岁男孩，已然可以成事了。9岁的耶律延禧十分清楚，他的爷爷听信奸臣的谗言，冤枉了他的奶奶、父母，间接地杀害了他们。尽管皇室当中争夺帝位的斗争十分残酷

引 子

无情，属实也是常见之事。后来意识到懿德皇后与皇太子被冤杀的道宗皇帝，虽然也因此做过一些补救措施，但是早就已经于事无补。即便深谙其中道理，但是任谁也还是心有余悸，耶律延禧也不例外。

耶律延禧早年间的经历，对他性格的塑造，对他继承皇位之后的帝王生涯，有很大影响。寿昌七年（1101），辽道宗耶律洪基去世，耶律延禧继承皇位。当上皇帝之后的耶律延禧，迅速对耶律乙辛党羽进行清算。他下诏为被耶律乙辛诬陷的众人昭雪，他不仅诛杀耶律乙辛一众党羽，还将其子孙发配边疆。命人将耶律乙辛等人的棺木挖出来，鞭打他们的尸体，竭尽所能对他们进行羞辱。似乎只有这样，耶律延禧才能将从小到大内心积攒的恐惧与愤怒释放出来。

情绪或许可以释放，但是因情绪而造成的任性、懦弱的性格却纠缠他一生。或许是耶律延禧从小就看透了，这个全天下人都想坐的皇帝宝座背后的人情冷暖与奸诈算计。因此，面对手里所握看似至高无上的权力，他似乎更贪恋宫墙外的自由与驰骋。加之身边像萧奉先一样的奸臣们不断地唆使他吃喝玩乐、不务国事，耶律延禧终于终日沉迷于游猎享乐而不能自拔。女真人没打过来的时候游猎，女真人打到眼前来了，他还是游猎。好不容易

女真崛起：辽朝后方的强大部族

决定要亲征了，战场之上，却只会临阵逃跑，丝毫没有破釜沉舟、勇往直前的气势与魄力，反而除了逃跑之外还是逃跑。

如此这般的耶律延禧与辽朝遇上雄鹰一般的完颜阿骨打与女真人，一幕幕荒唐、无奈又精彩纷呈的大戏，就这样顺势拉开了序幕……

第一章

生女真完颜部的崛起

一部女真史就好比一个妙不可言的故事,史官讲起他们,既舒缓得度娓娓道来,又高潮迭起妙语惊人,字字句句追琢入妙却也耐人寻味。

女真民族起初是由众多部族组成的,在众多部族当中又存在着许多各异的部,而完颜部只是其中的一个。完颜部主要有3支,建立金朝的这一支完颜氏,是以按出虎水(今黑龙江哈尔滨以东阿什河)为中心向外发展壮大的。女真语"金"曰"按出虎",以按出虎水源于此,故名金源,所以我们又称他们为金源

女真崛起：辽朝后方的强大部族

女真完颜氏。金源女真在首领完颜阿骨打的领导下，于收国元年（1115）建立金朝（学界另有其他代表性的观点，例如1117或1118年建国，国号"女真"，年号天辅，1122年改国号"大金"），他们初生牛犊、敢想敢做，短暂的10年之后，也就是金太宗天会三年（1125）灭掉辽朝，五年（1127）又灭掉北宋，可谓"兵威已振，譬如破竹，数节之后，皆迎刃而解"，势力直抵中原。崭然见头角的女真完颜氏十分有力地印证了"金之初兴，天下莫强"的强大实力；紧接着，太宗、熙宗叔侄二人待机再举，经国规摹、运筹帷幄中继续剑指南方，在金熙宗皇统元年（1141）实现与南宋划淮水而治。从金世宗大定时期修撰的熙宗实录来看，金熙宗被金世宗打扮成一个"好皇帝"的模样。金世宗为了抬高自己的地位，坐实自己是替天行道君权神授，他需要有意地贬低海陵王，而贬低海陵王的最好方法莫过于美化金熙宗。所以，史书之上的金熙宗继承帝位之后，四方无事，他只管遵循先祖法度便显得熠熠生辉。继任者海陵王可就惨了，他弑君杀母、屠灭宗族、剪刈忠良，夺人妻子还杀人丈夫，妇姑姊妹尽皆成为他的侍妾与宫女，纲常伦理尽失，史书记载称，后世无道之主唯有海陵才配拔得头筹；海陵王正隆六年（1161）十月，有着"小尧舜"之称的世宗完颜雍登上宣政殿，宣布即皇帝位。他虽属劝进上

第一章 生女真完颜部的崛起

位，但绝对是天命与人心所向，从某种程度上来讲，也实属古圣贤之君。他登上金朝的政治舞台，无疑给坠入泥潭的金廷和堕入深渊的百姓带来了生还的希望，金朝进入繁荣的稳定发展时期；承世宗治平日久，章宗在位20年，"典章文物粲然成一代治规"。世宗、章宗时期的极盛也正预示着金朝衰亡的开始，之后的卫绍王时期纲纪大坏，宣宗南渡弃厥本根，直至哀宗、末帝，任谁都已无力回天……

金朝建立之后的这段历史如果可以比作这个妙不可言故事的高潮，女真人故事大幕的拉开却早在金朝建立之前，那么，金以前的女真人又是怎样冲出重围，并且热烈地生活在这片黑土地上的呢？这还要从一个"来自高丽""60多岁"的老头儿说起……

一、始祖"初从高丽来"

这位生女真完颜氏首领名叫函普，函普在家中排行老二，有一个哥哥名叫阿古迺和一个弟弟名叫保活里，金朝皇室都出自函普这一支系。《金史·世纪》描述他最初是从高丽来的。哥哥阿古迺的后代胡十门的传中也指出他的远祖函普兄弟三人，同出高丽。熙宗改制之后的天会十四年（1136），追尊函普为景元皇帝、八世祖,庙号始祖。皇统五年(1145),改为始祖懿宪景元皇帝。此后,女真始祖开始接受子孙后代祭祀。

除正史之外,因出使金朝被扣留至金长达15年之久的宋朝使者洪皓所著《松漠纪闻》中也有对金始祖函普的记载:女真酋长函普姓完颜,是新罗人。后来的宋人或宋末元初史学家也认同这一说法,所以徐梦莘《三朝北盟会编》、李心传《建炎以来朝野杂记》、宇文懋昭《大金国志》、马端临《文献通考》等都将这一观点纳入书中。

以上的两种记载是关于始祖函普族属较翔实可靠的史料。尽管他到底是什么人、来自哪里,还是言人人殊,需要抽丝剥茧,但肯定与高丽、新罗脱不了关系。今人学者研究多认为,函普是女真人,他先入新罗而后归高丽。他从高丽来,其实是作为女真人的他,从完颜部以外的一个叫作高丽的地方迁来,才成为女真完颜部氏族成员,这主要是出于以下几个理由考虑:

第一,女真先世是土生土长的靺鞨人。《金史·世纪》在记载始祖函普个人事迹之前,首先给完颜阿骨打所出的这一支完颜氏女真的祖先们进行了寻根,史料中明确指出女真先世出自黑水靺鞨,那么很显然函普是靺鞨人。五代时期,黑水靺鞨转而称为女真,所以函普确是女真人。

第一章 生女真完颜部的崛起

什么是靺鞨？靺鞨人在哪儿？其实，靺鞨是一个民族的称谓，也就是我们常说的族称，与我们熟悉的古朝鲜、山戎、东胡、鲜卑、乌桓、奚、契丹、高句丽、肃慎、女真、蒙古、满等，都是一样的。他们就住在东北。我国东北地区一直以来都是多民族聚居的地区，从辽宁本溪庙后山发现的最早古人类——庙后山人生活的四五十万年前的旧石器时代早期开始，经过漫长的历史发展，在这片肥沃的黑土地上，孕育出40多个古民族，他们都曾是东北地区古老的居民。

靺鞨这个民族直到南北朝末年才被称为靺鞨，最开始虞舜时代他叫肃慎，汉魏时期叫挹娄，南北朝时期又称为勿吉，在不同历史时期有不同的名字。（女真完颜部出于靺鞨，而靺鞨原本称作勿吉，这是《金史·世纪》当中明确记载的内容。因此，要想弄清楚完颜氏女真的族源，首先要知道勿吉的族源。关于勿吉的族源，学界一般都认为他与肃慎、挹娄一脉相承，但有的学者也因为勿吉与肃慎之间有差异巨大的婚俗和葬俗，对勿吉的族源产生疑问并进行了论证。也有的学者另辟蹊径，重新探索勿吉的族源。）生活在祖国边地的少数民族同胞发展相对落后，根本不存在户籍、民族管理相关的一套严格的规章制度，他们族名的更改多半是经验式的，先世祖先根据自己生活环境的不同变换自己的

女真崛起：辽朝后方的强大部族

代号，居住在洞穴里的时候就叫挹娄，因为挹娄在女真语当中有洞或者穴的含义。居住在森林里的时候根据不同的时代叫自己勿吉或者靺鞨，因为勿吉表示丛林，靺鞨也是森林、老林之意，这或许是女真先世改换族名的原因之一，但更为切合实际的，理应是这些族名因不同历史时期，语言以及民族、社会的发展，而进行了适应性的演变罢了。实际上，从历史文献和他们所居住的地区等，都可以佐证他们确实都是古肃慎民族的延续，他们最初就活动在长白山以北的地方，养猪养狗，捕鱼打猎，能够从事简单的农业生产，由于自然环境严峻，住在半地穴式的房屋里，倒也生活得简单、充实。

那黑水靺鞨和靺鞨又有怎样的纠葛关系呢？女真先世所出的黑水靺鞨，转称女真是在五代时期，大家在史书里还一定会读到"朱国理""珠里真"等，这些都是女真的曾用名，实际是与女真读音相近，但翻译不同而已。黑水靺鞨是隋唐时期靺鞨七部当中的一部。（学界学者还有其他观点，比如黑水部与黑水靺鞨是族群部落历史发展的两个不同阶段，它们既有联系又有区别。）那个时候，还有其他比如粟末靺鞨、白山靺鞨等部。唐朝武德年间（618—626）以后，黑水靺鞨的实力明显逐渐强盛于其他诸部，这一时期的靺鞨则已经专门指称黑水靺鞨了。黑水靺鞨居住在其

第一章　生女真完颜部的崛起

他靺鞨部的北边，在七部中占地面积最大，势力也是最雄厚的，毫无疑问地堪称老大。那个时候的黑水靺鞨又是过着怎样的生活呢？古肃慎民族很早就会饲养猪狗，因此黑水靺鞨男子身穿的衣服都是猪皮和狗皮制成的，头上喜欢插着一种野鸡的羽毛，日常生活没有固定的居所，去世之后实行土葬，并且有用死者所乘的马殉葬的习俗。他们十分擅长狩猎和作战，是天生的战士，因此常常成为周边各族的祸患，但同样他们也可以成为实力劲健的可靠盟友，这主要看自身受益与否。所以，黑水靺鞨虽然很早就跟唐朝保持友好的朝贡关系，但是在唐朝征服高句丽的战争中，他却和高句丽联盟，替他们冲杀阵前。战场上没有永远的敌人，只有永远的利益。在这之后的发展过程中，黑水靺鞨又一直与唐朝保持良好的朝贡关系，直到靺鞨七部之一的粟末靺鞨建立的渤海国兴起坐大，他与唐朝独立的友好往来才算中断，与渤海国打得火热。前后延续200多年的渤海国最终为契丹人所灭，黑水靺鞨便立刻转换阵营又依附于契丹，在辽代，称女真在混同江也就是黑龙江的南面、具有契丹籍户口的为熟女直，北方不具有契丹籍贯的为生女直。在辽人那里，女真还变为了女直，因为中国帝制时代，君王或尊亲为了显示自己不可逾越、受人尊敬的地位，规定人们在日常说话或行文中要避免直接喊出、写出他们的名字，

女真崛起：辽朝后方的强大部族

如果必须用到，就需要用其他的字来代替，称为避讳制度。辽代兴宗皇帝耶律宗真名字当中有个真字，所以，女真就改成了女直（以下皆称女真）。从此之后，女真有了生、熟之分，而建立金朝的这一支完颜氏正是出自生女真。生女真活动的地域有黑龙江和长白山，也就是我们常说的"白山黑水"。

所以，函普是女真人，地道的东北人，而且先世们都住在东北，但历史上的东北和现在的东北包括的范围并不完全相同。现如今我们所经常使用的"东北""东三省""关东"都是指东北地区，但不仅仅是大家熟知的黑、吉、辽，东北地区其实还包括内蒙古自治区的呼伦贝尔、通辽、赤峰、兴安盟三市一盟。历史上地理概念上的东北地区是不断呈现动态变化的，在很长一段时间内，它的范围本身在不断变化。女真先世们的故事就在那片土地上不断精彩上演。

第二，函普不是新罗人，但确实曾经在新罗生活过一段时间，就好比高句丽政权被唐朝灭掉之后，留在原地的移民隶属于安东都护府管辖，而安东都护府是唐朝为管理高句丽移民在东北设立的地方行政机构，高句丽人这个时期就属于在唐朝生活，当高句丽人再去到其他政权的时候，完全可以称作来自唐朝，但这和他的祖先源自高句丽并不冲突。（高句丽移民并非只有源自高

第一章　生女真完颜部的崛起

句丽民族的高句丽人组成,也包括其他民族。高句丽既可以表示国家也可以表示民族,所以当它表示国家时,国中的其他民族同高句丽族人一样,原本生活的地方被占领之后就隶属于新的政权,但是族属并不同时发生改变。)某种意义上可以这样理解,来自哪里和族属是什么,这完全是两回事,不能相提并论。此外,关于完颜姓氏这个问题,事实证明,新罗没有完颜氏,女真才有完颜氏。

既然函普的祖先不是新罗人,可为何宋人或者宋末元初著名的史学家们都认同函普是新罗人,并且认定他是从新罗投奔到女真,然后由女真诸部酋长推举为首领的呢?首先,我们得看一看这条消息是如何被散布出来的。经学者研究证实,这条新闻都来自一个叫洪皓的人的前方报道,他撰写的《松漠纪闻》中明确指出函普三兄弟都是新罗人,函普因为来到生女真所在的地方而成为完颜部的首领。报道一经发出,其他史家在看不到更加翔实、权威消息的情况下,信以为真就认为这个宋人的说法肯定是对的,于是相继转载,连其中的用词甚至都没有改动。他们为何如此相信这个宋人,这其中也是有合理成分的。

首先,洪皓的人品是有保证的,绝对值得信任。他少年老成,年少时便有经略四方的志气,为了将理想与现实接轨,实现自己的远大抱负，青少年时期的洪皓读书十分刻苦，人也机灵。上天终不会辜负有恒心的人。28岁洪皓进士及第，迈入仕途之后，他更是将胆识、智慧、责任所共同铸就的大格局展现得淋漓尽致，这从很多身边小事都可窥见，比如即便担任品级很低的官员，他仍然能够做到无畏权势、爱民如子。史书记载在他参与的一次救灾当中，为解决灾后饿殍遍地的迫切难题，他毅然将浙东途经本地上供朝廷的"纲米"扣留，分发给受灾的乡亲们。郡守都不敢做的事情，他将个人前途和生死置之度外，宁愿用自己的身家性命换得10万陌生人的性命。为了感激他，当地百姓都称他是洪佛子。之后秀州（今浙江嘉兴）军发生叛乱，纵掠郡民，无一得脱，唯独来到洪皓家门前时嘴里仍不忘念道"此洪佛子家也"，不敢犯。这些都说明他本性善良，深知百姓疾苦并且能够体察民情，真正为百姓办实事。他能够遇到事情不推诿、有责任、有担当，做的是实实在在的百姓的好父母官，所以即便是起义叛军都对他十分爱护、尊敬。

其次，洪皓学识渊博、竭智尽忠。他青史留名多半是因为作为宋朝使臣出使金朝之事。洪皓是建炎三年（金天会七年，1129）开启他的使金征程的，直到绍兴十三年（金皇统三年，1143），滞金14年之后，才历经坎坷返回宋朝。你以为洪皓能够

第一章 生女真完颜部的崛起

代表大宋出使金朝，是因为他身居高位而又恰巧具备如同诸葛亮般可以舌战群儒的雄辩实力吗？恰恰相反。但也正是因为这样，才更加体现出洪皓的学识与气节。他成为使臣的原因再简单不过，却又让人啼笑皆非：建炎三年（金天会七年，1129），宋金战事吃紧，朝廷上下无一官半职愿意前往金朝议和，因为知道这是趟有去无回的公差，还依然愿意前往的，那一定得是顶天立地人物，洪皓正是。洪皓生活在1088—1155年间，属于北宋哲宗赵煦到南宋高宗赵构时期，正赶上北宋末年至南宋初年的时候。那个节骨眼，徽、钦二帝被金人掳往北地，南宋新政权脚跟还未站稳，宋金战争不断、战事胶着，势头上很明显金强宋弱，双方势力差距对比显著。这样的大环境下，洪皓出使金朝，无疑等同送死。无人可派的宋高宗想起这个曾经慷慨陈词、谏阻他逃往建康的秀州小官，顿时觉得他格外的勇气可嘉又有胆有识，好像是风雨飘摇中抓住了仅有的一根救命稻草。就这样，洪皓被派遣出使金朝。他出使金朝正值父亲去世服丧期间，洪皓脱掉丧服、戴上乌纱，没有一丝犹豫地顶着"大金通问使"的响亮招牌，头也不回地踏上了使金险途，只是当时恐怕连他自己也没有料到，这一走竟走了14年之久，而且十分艰辛。

他出使第二年，使金队伍刚刚走到云中（今山西大同），金

女真崛起：辽朝后方的强大部族

朝权臣完颜宗翰既不答应他归还徽、钦二帝的请求，更是迫使他到金廷控制的伪齐刘豫政权那里上任。洪皓一口拒绝，更是将此事比作偷生于鼠狗间。因为此事，他当即就被勒令斩首，多亏他人说情方才免于一死，但洪皓最终也没能逃过被流放到冷山（今黑龙江五常境内）的命运。据《宋史·洪皓传》记载，从山西云中到黑龙江冷山，洪皓日夜兼行60天才到。黑龙江冷山所在的东北，地处我国北部边疆，在文献记载当中内容鲜少。只有两个时候它出现得最频繁：一个是少数民族犯边，一个是官员贬谪流放。所以，那时候的东北绝对不是个适宜生存的好地方。冷山地处东北北部，自古乃苦寒之地。每年四月才初春乍到，八月便已经雪虐风饕。常年山顶积雪，风吹不消，自然环境十分艰苦。此刻被撕掉使臣官帽，扣上囚徒罪名的洪皓，身后彻底丧失了原本仅存的来自朝廷的那一丁点儿的依靠。流放中的洪皓就如同断线的风筝，未来的路只能靠他自己一个人走了……

但是"疾风知劲草，板荡识诚臣"，越是在极其困难的时候，越是能够显示出一个人的聪明才识和坚强意志。历经千辛万苦，刚刚来到流放之地的洪皓，还没来得及为他的明天做出打算，就遇到了这个注定要在他生命中留下痕迹的人——完颜希尹。完颜希尹是何等人物？他不仅是征伐有功的金初开国功臣，更是撰制女真文字的金朝文明之师，用名极一时、地位显赫来形容他一点儿都不为过。得到完颜希尹的赏识之后，洪皓很快就成为完颜希尹儿子的家庭教师。试想，如果不是对洪皓学识、德行发自内心地欣赏，任凭谁都不会拿亲生骨肉的前途开玩笑，这足以见得洪皓的个人综合素质了得。

完颜希尹是何等的饱学之士，但是在与洪皓的慢慢相处之中，对洪皓十分的依赖，也愈加的信任。洪皓的地位，远远不是一般家庭教师能够比的。众多涉及金朝内政外交的国家大事，完颜希尹并没有顾忌洪皓的身份，都一一与他进行商议，并且认真听取甚至采纳他的建议，这其中也包括金朝是否要继续伐宋。每当谈及这个问题，洪皓都是大义凛然、坚持己见，极力劝说金与宋议和，从没有放弃过自己坚定的立场。因为他始终没有一刻忘记自己是个宋人，又为何身在他乡。

时间就这般日复一日，过得飞快。绍兴八年（金天眷元年，1138），彼时宋强金弱的局面已然开始形成，战场上的形势几度不利于大金，金人打仗也打累了，有想要与南宋和议的打算。绍兴十年（金天眷三年，1140），完颜希尹带领洪皓赴燕京（今北京），准备派遣洪皓回到宋朝，双方进行议和。议和过程中金人内讧，完颜希尹被杀，洪皓因为曾与他意见相左而幸免。

女真崛起：辽朝后方的强大部族

幸存下来的洪皓遇到了昔日的好友宇文虚中。宇文虚中劝说洪皓留金任职，金人为了让洪皓留下，什么样的办法都试过了。高官厚禄诱惑也诱惑过了，严刑酷法威逼也威逼过了，而洪皓为了不为金人所任使，病也装过了，谎也说遍了，但宁愿死也绝不任金官。他心中始终坚信，总有一天他会回到宋朝，回到自己的故乡。身在金朝的这段时间，洪皓多次将生死置之度外，竭尽所能把在金朝打探到的内部消息，一次又一次秘密地传回宋朝。怎奈宋高宗的昏庸与秦桧的奸佞，将洪皓的赤诚忠贞毫不留情地挡在了大门之外，对于洪皓捎来的金朝军事民情根本不予理睬。

面对宋朝方面一次又一次的杳无音信，洪皓内心失望了千次万次，但是即便如此，也仍旧没有能够改变他的初心——有朝一日回到家乡，继续报效朝廷。终于，绍兴十三年（金皇统三年，1143），金熙宗大赦天下，按照惯例宋朝使者可以被释放返回宋朝。洪皓等这一天等了14年，终于等到了。他百感交集、急不可待，飞奔上马，向着宋金界河疾驰而去，回到了自己的故土。看着洪皓渐行渐远的背影，还没等马儿溅起的尘土完全消散，金人已经开始后悔，但一切都已经来不及了。

如此看来，洪皓作为宋朝使者出使金朝，一待就是14年，这等于是深入虎穴得来的信息，属于前线第一手的资料，加上他

第一章 生女真完颜部的崛起

又具有这般个人品性与民族气节，所以由他纂录的《松漠纪闻》，自然可信度是很高的。而且按照其他史料成书时间的先后顺序，《松漠纪闻》又是距离女真兴起年代最近的。两方面衡量，里面的情报自然都是最权威的。这是那个时候洪皓能力范围内，所能做到的最好的程度，也是那个时代史家学识范围之内，能理解到的最贴切的层次。但伴随新史料、新方法的不断更新和使用，尤其又出现另外一种不同的声音之后，我们就需要重新审视这个问题，所以在今人学者看来，这其中不乏值得推敲的细节和无法规避的时代印迹：经学者证实，《松漠纪闻》其他内容确也有失误，因此关于女真始祖函普的族属问题，同样也可能存在失误，不可尽信。确有失误的原因很无奈，却真实存在不容忽视，比如此书虽是洪皓流放冷山期间成书，但当时他的身份是囚徒，肯定不能四处进行实地考察，所以很多信息并非自己亲身经历，主要还是依靠听取女真时人的讲述记录成书的。关于女真始祖函普的事迹，也是通过这种方式获得的，所以说听来的传说，已经是人云亦云之后的版本。此外，洪皓在归宋之时，害怕携带的书籍被金人搜查出来，会给自己招致祸端，于是将之全部烧毁。回去之后，又因为当时宋廷禁止私人著史，所以洪皓就没能及时地将《松漠纪闻》再成书现世。他凭借记忆将书中见闻，讲与两个儿子洪适和洪遵听,因此现在看到的版本,是经过他的长子、次子两次整理之后的结果。如此一来,洪皓听取女真人讲述的见闻,可能有与事实不符之处,即便听取得没错,洪皓理解的也可能存在偏差。加之二次成书是洪皓仅凭记忆再现,两个儿子也同样存在如当初洪皓那般失误的可能,因此此书不能尽信。

第三,函普不是"高丽"人,但曾经在"高丽"政权下生活。这里的"高丽"是指汉元帝建昭二年(公元前37)建立、唐总章元年(668)灭亡的"高氏高丽",还是918年王建脱离新罗政权,自行创建高丽王朝的"王氏高丽"呢?

这里首先要明确"高丽"。"高丽"在《后汉书》中记作"高句骊",简称"句丽"或"句骊",后也称为"高丽"。许多高句丽出土文物称本国为"高丽国",中原王朝将其国王册封为"高丽王"。汉元帝建昭二年,由夫余贵族朱蒙统领高句丽人建立,一般称为"高氏高丽"。

"高氏高丽"的建立有一个美丽的传说:

当年夫余贵族朱蒙由于在宫斗大戏中败下阵来,被迫离开生养他的故土,往东南方向逃奔。本来一路上还算顺利,谁知途中遇到一条汪洋大河,挡住了前去的道路。朱蒙即刻下令暂停行军,原地驻扎,并派遣几名贴身的侍卫前去打探情况。士兵回来

第一章 生女真完颜部的崛起

告诉朱蒙,即便这河水平静如镜,没有舟楫也依然是无法渡河,因为河面属实太宽、河水着实太深。更何况此时的水面波浪滔天、涡流湍急。朱蒙听完回头环顾,眼见死对头就要追到眼前,他转过头再看看身边始终追随着他的部下,慢慢抬起头望着前方,眼神瞬间变得坚定而又沉着冷静,脸上没有露出丝毫的惊慌失措和束手无策,可时人又怎知他的内心早已经三魂出窍、魂亡魄失。他知道,他的敌人和他的亲人,不容得他有一毫的怯懦与动摇。只见他步伐沉稳坚定,大步流星几步跨到水边,双目微闭略有所思,几秒之后睁开稍显疲惫又充满红色血丝的双眼,紧紧盯着河面,大声喊道:"我母亲乃是河伯的女儿,我是河伯的孙儿,如今后面的仇家马上就要追上来了,情势十分危急,今天逃难到你的地盘上,敢问如何才能渡河,还请多多赐教。"朱蒙的话音刚落,说来也是神奇,河里面的鱼啊、鳖啊、虾啊、蟹啊,像被施了咒语般,纷纷齐刷刷地从水底浮了上来,顺势整齐地搭成了一座浮桥。朱蒙见此,来不及多想,立即带领他的人上了浮桥,安全地过了河。朱蒙的队伍前脚刚上岸,所有的鱼、鳖、虾、蟹又像被再次施了魔法一样,整齐划一地一起沉入了河底,消失得无影无踪,浮桥瞬间就从河面上消失了。紧追不舍的夫余人站在岸边,眼睁睁地看着朱蒙消失在了河对岸。

女真崛起：辽朝后方的强大部族

绝处逢生的朱蒙不敢有一刻的停留，继续日夜兼行地赶路。一路险峻几度死里逃生，给朱蒙一行人的精神和体力，都带来了巨大的消耗。饥肠辘辘的他们来到一个叫卒本川（今辽宁桓仁五女山城）的地方，朱蒙看到这里土地膏腴、山水肥美且易守难攻，有了在此安居乐业、建功立业的打算。他稍事休整之后，统领卒本川的原住民高句丽人，始建了高句丽国。政权疆域包括我国东北和朝鲜半岛北部，政权中心开始在辽宁桓仁，后来相继迁往吉林集安、平壤，唐总章元年（668），被唐朝军队灭亡，这便是"高氏高丽"。

此时王氏高丽尚未出现。建立"王氏高丽"的王建，刚开始也只是一名与弓裔、甄萱一样的叛将首领。后来由于对手们的失败，他才得以成为高丽王。终于等到918年，王建正式在朝鲜半岛建立"王氏高丽"。所以，"王氏高丽"与"高氏高丽"并没有继承关系，"高氏高丽"之后东北边疆继有渤海国，"王氏高丽"是在"高氏高丽"灭亡200多年以后才形成的国家。

《金史·世纪》中函普初从"高丽"而来中的"高丽"指的是"王氏高丽"还是"高氏高丽"，这取决于函普离开"高丽"来到生女真的时间具体是什么时候。弄清楚"高丽"之后，找到始祖函普离开"高丽"的时间，就能够得知始祖所在的"高丽"

第一章　生女真完颜部的崛起

到底是哪一个"高丽"了。但是《金史》对于始祖从高丽北上来到生女真完颜部的具体时间并没有十分明确的记载，今人学者据史料研究有几种说法：889—893年、919年、921年、928—929年、946年前后等。"高氏高丽"在总章元年（668）就被唐朝军队所灭，而"王氏高丽"于918年建立，926年辽国灭渤海国，935年"王氏高丽"最后灭掉新罗政权，936年灭掉百济，实现朝鲜半岛统一。也就是说在918年"王氏高丽"建立前后，朝鲜半岛正处于几方混战时期，叛乱无常，百姓流移，朝鲜半岛各民族向四面八方逃窜，这个历史背景有力支撑了函普离开"高丽"的动机。于是他们兄弟三人同所有人一样，不得不各自寻找生路，函普的哥哥阿古廼最初选择留在高丽，但后来也从"高丽"归附辽朝，最终去往曷苏馆女真地，其后代胡十门带领曷苏馆归附金太祖完颜阿骨打。弟弟保活里则去到耶懒地。函普则北上生女真完颜部。

始祖函普到底是什么人，从哪里来，想必现在我们已经找到了答案。

《金史》认为的函普从"高丽"来，洪皓在《松漠纪闻》中记载的女真酋长是新罗人，号完颜氏，看似南辕北辙，实则都符合史实。原因何在？因为从族源上来看，函普不是新罗人也并非高丽人，他是女真人，只是他原来生活的属地被"高丽"占领，无奈之下他便从这一支生女真完颜部以外的地方，迁来加入成为完颜部氏族新成员。后又经过儿子德帝乌鲁、孙子安帝跋海，直到函普的曾孙献祖绥可时，迁徙到海古水（今阿什河支流海沟），从此定居于按出虎水（今黑龙江哈尔滨以东阿什河）一带。生女真有很多部，叫完颜的也不止一支，而活动在按出虎水流域的这一支完颜部最为强大和受人瞩目，正是他们建立了后来的金朝。这里被女真人视为完颜氏发祥之地，被誉之为"金源内地"。

二、一支生力军登场

金代正史金太祖完颜阿骨打本纪之前的《金史·世纪》当中，除了始祖函普之外，还依次记载了德帝、安帝、献祖、昭祖、景祖、世祖、肃宗、穆宗、康宗9位完颜部首领与他们的创业发家史。

生女真完颜氏由于起初没有自己的文字，所以对于祖宗的这些事迹无法实现实时的记录，我们现在见到的这些内容，是后世为了修国史做准备，在金太宗天会六年（1128）颁布诏书，要求史官到处访求祖宗遗事，从而将访求而来的内容最终编撰完成。

第一章 生女真完颜部的崛起

后来，这些成果在皇统元年（1141）由完颜勖等上呈金熙宗，才编为《祖宗实录》。之后元朝史官编修《金史》，就将实录改编成了《世纪》。

根据学者对这些相关史料的分析和进一步研究我们知晓，始祖函普到昭祖石鲁的这5代世系，完全是被他们自己创造出来的，景祖乌古乃之后的生女真先世历史才由虚变实，属于真正的信史。历史时期的最高统治者们，十分喜欢附会和追述他们的先祖。那么现在我们不禁要问，金初统治者为何根据始祖三兄弟传说，改编捏造出后来的十帝谱牒？专家们给出了解释：他们认为，这毋庸置疑是家族认同与笼络功臣的现实需要造成的。因为当时面对王朝初兴，政治军事复杂的内外交困形势，统治集团急需将自己阵营的势力往外扩大、世系向外扩展，所以他们试图塑造金朝实力雄厚的宗室集团形象和凝聚一个新的女真民族共同体。有根据地创造先世辉煌历史，这是必需的。所以，这是出自金朝官修文献本身的记述，更是金朝统治者政治文化观的需要，从而构建历史的结果。因此，除以上金朝祖先谱系有"八世说"之外，由函普领衔的女真先世谱系，还存在其他版本，比如"五世说""四世说"。金朝女真先世是否真实存在？历史上又真的出现过几个人？在金源女真完颜氏的价值观中，这些似乎显得并不

女真崛起：辽朝后方的强大部族

是那么重要。他们真正在意的，仅仅是始祖函普所领衔的先世谱系，是否能够筑牢和强化当时女真族群的共同体意识，是否能够及时并且有效地夯筑刚刚建立起来的王朝政治。这是每个政权初建时，必须要经历和一定要拥有的传奇创业开国历史，金源女真当然也并无例外。

放眼望去，金太祖完颜阿骨打建立金朝的背后，是金源女真完颜家族几代人努力的结果。始祖函普兄弟三人分开之后，函普北上来到位于仆幹水（经金毓黻先生考证，仆幹水即仆斡水的误写。学术界认定仆幹水是牡丹江，之后有学者提出异议，称仆斡水另有所属）的完颜部，开启女真先世奋斗发家史。

经过德帝、安帝，直至四世祖献祖绥可以前的很长时间，完颜氏女真的社会生产力一直比较低下。生女真各部落跟随外在自然条件和依据自身发展需求不断迁徙、分化和联合，直至献祖绥可徙居按出虎水（今黑龙江哈尔滨以东阿什河）。献祖绥可率部先从高丽北上，然后就一直居住在仆幹水，到达海古水（今阿什河支流海沟，海古水又可以称作海姑水）所在的大、小海沟。大、小海沟为松花江右岸支流，走向大体与阿什河平行，生活一段时间之后，继续西迁到达按出虎水所属的阿什河。阿什河发源于胡凯山（今黑龙江张广才岭西麓支脉），最后西北方向流入

第一章 生女真完颜部的崛起

松花江。之后生女真完颜氏就在按出虎水定居下来。定居按出虎水，在生女真发家史上绝对是标志性事件的存在，因为从这个时候开始，生女真逐渐改变生产生活方式，作为一支崭新的生力军登上历史舞台，使得生女真完颜氏从此迈向发家致富。

既然如此，那为何要等到四世祖献祖绥可时才从仆幹水迁徙到海古水，最终定居在按出虎水？他是自愿的还是被迫的？这支生力军的登场，是思忖良久、深图远虑，还是恰逢乱世、机缘巧合？

史籍当中并没有明确记载献祖绥可徙居海古水的直接原因，但学者们利用他们敏锐的洞察力，仍可从中窥探出这一行动的蛛丝马迹，来试着掀开盖在这一史实头上的神秘面纱。其中有一部分学者认为，献祖绥可从仆幹水迁徙到海古水属于被迫的，是迫于蒲聂等五国部的侵逼，定居之后带来社会质的发展变化也是机缘巧合罢了。这一个结论的得出有两方面的依据：第一，仆幹水也就是仆燕水，很可能是暮棱水（今穆棱河流域）。暮棱由蒲聂、盆搦音转而来，佛页是仆燕的转译，佛页与蒲聂音近。暮棱水发源于老爷岭，金代称老爷岭为盆搦岭，盆搦与蒲聂同音，蒲聂因五国蒲聂部所居而得名。契丹人称蒲聂部为盆奴里、蒲奴里、蒲昵。所以，很有可能仆燕既是山名，又是水名和部落名。第二，

045

女真崛起：辽朝后方的强大部族

《金史》记载昭祖曾率部远征耶懒、苏滨之地，返还途中必须经过仆燕水，仆燕有恶疮、伤痕的意思。金代的文献当中本就有许多以地形地貌的形象特征为名的山体、水体，比如"呼兰"汉义为"烟筒"，依此为名的水体有"呼兰河"，即今吉林省磐石市东南的呼兰河。叫这个名字当是因为流经区域内，水体附近的山体形状似若烟囱，因而产生了这个形象的名称。再有"玛延"，汉义为"肘"。所以以此为水体进行命名，多半是因为水流流向形成一个非常显眼的大弯，正如人的胳膊肘。如此一来，仆燕水的恶疮、伤痕之意，是由它自身走向得名、散发的气味得名，还是以河流流经区域水体附近某些典型形状得名，无法考证。不过却仍透露出一丝丝端倪，那就是仆燕水并不是自然环境优良的地方，属于先天不足，整体上不适宜人们生活。事实也证明，仆幹水所在的山区平原少，渔猎和简单的畜养牲畜，不能满足日渐壮大的完颜部的发展需求。昭祖因为十分讨厌这个地方，所以即便在人困马乏的情况之下，仍然没有稍事休息而是继续行军。这并非是由于仆燕代表恶疮之意，真正让他快马加鞭的理由正是这个地方有完颜部的敌人，而且是强大的敌人，这个敌人就是蒲聂等五国部。两方面结合起来看，献祖时期甚至更早的时候，这支女真人受到本身所处地域固有的自然条件和周边的政治条件的制约，另寻家园当是那时候的无奈之举和唯一选择。

还有的学者坚持另外一种观点，这也依然是献祖绥可徙居按出虎水的重要原因，那便是人口增殖导致部落繁盛，但此地生活空间日渐狭小，需要主动外迁寻找更广阔、更理想的生活环境。

无论何种情况，终于在约11世纪初的时候，献祖绥可一路风尘仆仆，率完颜部来到按出虎水。多年后的发展证明，绥可并没有辜负完颜部民对他的信任。史书记载黑水靺鞨，原本都没有定居室内的习俗，常年随水草而居。对他们来说，随处栖息的一处山水坝地，架上木头、掩上土就是家。按出虎水自然条件优越，物产富饶丰裕，定居按出虎水流域之后，金源女真完颜氏教人烧炭炼铁，制造舟车，制作木制器具，他们耕垦树艺研习农业，始筑"纳葛里"。"纳葛里"，汉语有居室的意思。此时的女真完颜氏俨然已经有了栋宇之制。这表明献祖绥可徙居到按出虎水之后的这个阶段，可以称为是女真社会发展的一个重要时期，因为它标志着生产生活方式已然发生了改变。同时，这个过程中也伴随着家族父权地位的确立以及家族之间联盟关系的牢固建立等非常制度化的变化，这更加佐证了按出虎水这支金源女真的生力军作用。

三、"志业相因,卒定离析"

10—11世纪初的金源氏女真,被裹挟在那段特殊的周边关系和地域环境里,注定拥有独特的历史底色。他们表面看似平静,实则暗流涌动。也正因为乱局之下,诸多人间悲喜剧轮番上演,谁又能知晓自己将会被推到台前成为这出戏的主角,奏出这首命运交响曲上的最强音符。时势造英雄,英雄亦适时。金太祖完颜阿骨打以及他的先祖们顺势而为,成为那个时代真正的主人。

四世祖献祖绥可定居按出虎水之后,完颜部地位日渐凸显,这当然有赖于先辈们的开创之功。始祖函普从高丽北上,一路奔波来到完颜部,怀揣着初来乍到的不安与寄人篱下的谨慎,过了好一段日子。但是,有智慧的人总有一天会发光的,不管什么阴霾都掩盖不了他智慧的光芒。少数民族地区一直都为如何解决因各部哄斗而导致的两族间的频繁交恶而焦头烂额,那个时期的完颜部也面临同样的难题。据史书记载,某一天,完颜部人找到函普,与他立下誓约,承诺假使函普能够解除诸部之间的恩怨,解开两族之间的世仇,函普将有资格迎娶完颜部一名60岁(关于函普所娶贤妇的年龄,学界有不同说法:不同说法的起因,一

第一章 生女真完颜部的崛起

个在于文本本身记载就不相同，另外一个是60岁贤妇仍然育有两子一女引起学者们的怀疑，毕竟这是不符合当时人身体素质和外在医疗条件的。一种说法是《三朝北盟会编》引苗耀《神麓记》，记载妇人40有余50未到。一种说法是30多岁，判断的理由是中原汉地与少数民族纪年方法不同。《松漠纪闻》记载，女真人不知正朔，根本不懂何为纪年。当时的生产力发展水平以及现实生活的自然环境，限制了女真人对天文历法知识的掌握，由于生活在密林当中，所以女真人认为草色变青一次就是一年，所以你问他几岁，他就只能回答他见草青几度）而未嫁的贤女（对于此女是否为完颜部内的寡妇，学界并没有合理的论据对其进行定性）。听罢，函普单人独马突重围，做到了真正用脑子解决问题而不再是盲目使用武力。他指出问题的症结所在，认为彼此械斗不能彻底消除怨恨，反而让两族复仇世代相传有了借口，损伤益多。他想了个方案，所谓杀人诛心，他看透了这一时期的战争目的，无非就是抢夺地盘与财物，因此他建议，如果部落之间一旦发生纷争，只诛杀首乱者一人，另外再责令他所在部落缴纳财物、人口用以对对方进行赔偿，并且对具体赔偿物品种类、数量进行规定。要求双方既然已经接受约定的赔偿，所以自此两部和解，不得继续私斗。如若再发生纷争，就要如前约一样再履行赔

女真崛起：辽朝后方的强大部族

偿。这样在有效避免争斗的同时，更可以获得可观的利益。听完函普的这个解决方案，部众十分信服，这样既解决了长期存在的问题，无形中也奠定了函普在完颜氏部落当中的地位。函普对于完颜部来说，是属于英雄式的人物，为什么这样讲？因为私有财产对任何一个部落来讲，都是非比寻常的。始祖函普规定，对受害一方以马牛和黄金进行赔偿，这对于他们来讲是无比珍贵的。学界学者研究，函普的这一征偿法在函普之前的其他部落可能早已存在，但对于当时的完颜部确属首次。他这个举动的意义，不仅仅是叫停了两家之间的纷争，也不仅仅是让双方彼此获得生存下去或者更进一步发展的物质基础，最为重要的在于，他将社会推向更文明、更高级和更繁荣的发展阶段。比如，征偿法中也用征人口的办法进行赔偿。对方因为家中丧失劳动力，所以你得赔偿一个活生生的人，这个人除了养活他自己之外，产生的所有剩余价值都会被合理占有。史书并没有明确这些征偿人口的性质，但无疑是奴隶制度产生的物质基础。此外，函普还教人"举债生息"，把勤于耕种拥有大量财富的人称为"巨富"，可以想见，完颜部内部已经有了明显的贫富分化，私有制进一步发展。这些都是完颜部逐渐壮大的基础和表征。四世献祖绥可开始定居，进入"铁剑时代"。上文已有详述，此处不再赘述。

第一章 生女真完颜部的崛起

五世祖昭祖石鲁时期，生女真完颜氏虽然仍没有文字、官府，不知岁月晦朔，但条令法制一切都在曲折当中按部就班地往前推进。石鲁个人能力十分突出，他在按出虎水完颜部中的地位逐渐显现，整个按出虎水完颜部在生女真各部中也逐渐起到领头羊的作用。五世昭祖石鲁的贡献主要体现在以"条教"约治诸部。文献中对他推行条教的具体措施没有过多的描述，但从几段看似不相关事件的追述中，我们可以清楚地认识到：昭祖石鲁想用"条教"约束和控制诸部部长，但是完颜各部以"旧俗"与之抗衡，史书虽记载"民颇听从"，但这条路从一开始就荆棘丛生，昭祖甚至还因此差点搭上了性命。当时生女真各部仍实行"旧俗"，各自为政、互不统属。虽搜寻文献并不见"条教"的具体内容，但"条教"正是为解决这个问题而产生的法制条文，显然它是与"旧俗"相抵牾的。即便"条教"为治有利于完颜女真部整体的发展，但在当时是不容易被理解甚至接受的。所以，产生反抗是必然的。史载昭祖石鲁将定法制之时，诸部众都不同意，甚至还把昭祖直接抓起来准备坑杀他。在这千钧一发之际，他的叔父谢里忽听说，急忙赶来劝谕众人："石鲁是我的亲侄子，我拿我的性命担保，这孩子确实贤能，一定能够带领部众攘外安内，过上更好的日子。为了这事，不至于将他置于死地。"话音未落，谢里忽急忙上前两步，拉满弓迅速将箭射向众人，一众部人悻悻散去，昭祖石鲁这才得以幸免。

"条教"推行之路任重道远，昭祖石鲁也是想尽办法、竭尽全力。面对对内推行受阻的情况，昭祖掉转矛头，将重心放在了对外征伐上，试图通过战争这种最直接的方式分发财物，收买人心，将"条教"推行其中。为什么说战争是最直接推行"条教"的有效方式？因为部落之间的相互征伐，目的无非就是地盘的抢夺与战利品的瓜分，所以对于降服的诸部，昭祖给予钱财的抚慰，战败的则钱财被抢、地盘也被武力收服。通过这种方式，昭祖一点一点进行渗透。曾有乌萨扎部与完颜部发生纠纷，乌萨扎人将完颜部人杀害，昭祖石鲁去往乌萨扎部解决这个问题，史书记载昭祖用"国俗"治之。女真"国俗"，有被杀者，必使巫觋以诅祝杀之者。巫系刃于杖端，与大家一起到凶手家，一边唱歌一边不忘念咒语骂他。然后以刃画地，劫取他家畜产财物之后返回。昭祖谨遵"国俗"，从乌萨扎部抢来的财物，回来之后就立刻分给诸父昆弟，这显然是收买人心最直接的好方法。可是，昭祖分发了一圈，唯独没给叔父谢里忽。谢里忽十分生气地放出话去："前几日你死里逃生还是得我所救，今日去往乌萨扎部解决纠纷的办法也是我从中出谋划策，为何这所掠财物却唯独没有我

第一章 生女真完颜部的崛起

的一份？"昭祖石鲁得知后，将金制的腰佩抱于怀中直奔谢里忽的住处。急忙解释道："我是先把此宝贝挑了出来，然后才把其他财物分予众人，怎么会有私自分发的这份胆量呢？"史书并没有记载昭祖石鲁说的是否属实，但是谢里忽看见腰佩，欣喜溢于言表却是千真万确。叔父谢里忽是少有支持昭祖的同盟者，但是从他对分得所掠财物与否的态度，也显然能感受到钱财在当时的重要性。因此，昭祖通过武力获取财物以收买人心推行"条教"的办法，在当时确实是无奈但奏效的。这件事情发生在昭祖被坑杀未遂之后几日，从仍旧使用"国俗"来解决两部纠纷，也明显看到"条教"初行的艰难与昭祖的无可奈何。"条教"法制最开始的推行必须要裹上"国俗"的外衣，在一系列对内整顿、对外战争过程中慢慢渗透，昭祖石鲁的地位得到部众认可，"国俗"的外衣才被慢慢脱下。虽然如此，但是昭祖备受推崇也还是很明显的，不然也不会轮到由他出面去解决两部之间的矛盾。在这个过程中，昭祖还是逐渐建立起了自己的心腹集团，这才为以后整个完颜氏部落的发展奠定基础。例如，史有昭祖族人捆保，跟从昭祖对外征战回程途中，昭祖一病不起，只得暂时在就近村舍养病休息。为了不暴露行迹，捆保只能找个十分简陋的地方当作藏身之处。由于连个像样的门都没有，捆保只能用废弃的车轮

女真崛起：辽朝后方的强大部族

当门作为掩护，自己则卧在车轮下，时刻警惕着外面的情况。果不其然，贼人穷追不舍紧随其后，发现了昭祖的藏身之处。双方交战中刀刃交于车轮辐间，捆保誓死力战护住昭祖，但是仍然受伤严重，肚子被长刀划开，肚子上的脂肪都翻了出来。他为了不让昭祖担心，生生将脂肪割下就火烤了。昭祖问他，他也谎称只是猎物的肉罢了。可是，这哪能逃得过昭祖的火眼，他把一切都看在眼里，所以立即决定马上启程。由此可知昭祖招揽人心的手段。与此同时，昭祖也树立了很多的敌对势力，即便是他业已去世，他的灵柩也不被对手放过。史有孩懒水乌林答部人石显，正是因为昭祖以"条教"约束诸部，石显一直耿耿于怀，所以等到昭祖去世灵柩到达孩懒水时，石显与完颜部窝忽窝拦路抢夺昭祖灵柩，并扬言："你们都认为石鲁是贤能的人，而对他倍加推崇，没想到他如今也要落到我的手里了吧。"听他口出这般狂言，就知道肯定来者不善。因此，昭祖部众与马纪岭劾保村完颜部蒙葛巴土等募军一路追战，才抢回昭祖灵柩。紧接着，加古部人蒲虎又来偷袭，蒲虎得知石鲁灵柩已经走远，追不上了，这才罢休。

通过征伐收其财物掠其地盘，完颜女真居住分散、势力分散的现状得到极大的改善。这些成就的取得，昭祖无疑起到了很关键的作用。

第一章　生女真完颜部的崛起

《金史·礼志》明确记载金主九代祖的谥号、庙号，比如皇九代祖函普谥曰景元皇帝、庙号始祖，皇八代祖谥曰德皇帝，皇七代祖谥曰安皇帝，皇六代祖绥可谥曰定昭皇帝、庙号献祖，从五代祖昭祖石鲁开始，之后的五个金主都分别有官称的记载。比如皇五代祖孛堇谥曰成襄皇帝、庙号昭祖，官称是孛堇。按出虎水女真完颜氏在自身社会发展的过程中，创造了一些自己的官称，比如孛堇、勃极烈。皇高祖太师谥曰惠桓皇帝、庙号景祖；皇曾祖太师谥曰圣肃皇帝、庙号世祖；皇曾叔祖太师谥曰穆宪皇帝、庙号肃宗；皇曾季祖太师谥曰孝平皇帝、庙号穆宗；皇伯祖太师谥曰恭简皇帝、庙号康宗。太师也是官称。石鲁紧跟父亲绥可的脚步"条教"为治，部落逐渐壮大之后，辽以惕隐官赐予石鲁。何为惕隐？惕隐也是官称，在辽代是掌管族属的职官。惕隐在这里指的就是辽朝任命的女真部长孛堇。太师是辽人对所封女真节度使的称呼，按出虎水完颜部首领自六世祖景祖乌古乃以后，都受任为辽朝的部族节度使，相当于我们现在的军区司令，所以昭祖称孛堇之后的历代金主都有太师这一官称。既为节度使，从此官属纪纲渐立。按出虎水女真的发展进入了一个新的历史时期。

按出虎水完颜氏接受辽朝官称以来，二者之间的关系日渐加

女真崛起：辽朝后方的强大部族

强。

首先，辽朝设置生女真部族节度使司（其时也还任命过五国蒲聂部节度使等），二者建立真正的隶属关系。按出虎水完颜部乌古乃为首任生女真部族节度使司节度使，接受辽朝官称，并且以后历任生女真部族节度使，均由完颜部部长担任。但是辽朝给予生女真充分的民主自由，对于部长的产生并不强行干涉，女真人自己解决，他们想选谁就选谁，辽朝只有对新任部长进行任命的权力。那辽朝设置这一节度使司的目的何在？生女真部族节度使司设置的目的，主要在于利用女真人经营"鹰路"。"鹰路"是一条什么样的路？鹰，指的是海东青。它体型小而俊健，产自五国部所在的黑龙江地区，因五国部东接大海，它自海东而来，所以称作海东青。契丹上层社会对海东青十分喜爱，但是不具备打通甚至经营这条"鹰路"的实力。原因有两个：第一个原因是生女真生活的地区刚好处于契丹东部边地与五国部之间，要想取得海东青，这里是必经之地。但是，当时的生女真社会各部族居住分散，各自为政，不相统属，经常互相残杀，各争长雄，整个社会内部本身动荡不安。尤其在契丹政权刚刚建立之时，要绕过生女真到达五国部根本不可能。但是只要路过生女真，必然一路刀光剑影，还不见得能有什么好结果。第二个原因在于五国部自

第一章 生女真完颜部的崛起

身，史书曾有记载，五国乌隈于厥节度使耶律隗洼因为所管辖的诸部难以治理，乞求辽朝赐诏给剑，可以想见，当时的五国部内部也是杀气腾腾、磨刀霍霍，所以设置生女真部族节度使很好地解决了这个难题。诚然，索取海东青的重担落到了生女真完颜氏的肩上，辽朝只管坐收渔翁之利。

但是，天下熙熙皆为利来，天下攘攘皆为利往。按出虎水完颜氏也不是吃素的，岂能任人枪打出头鸟？他们依仗辽朝的势力对其余周边生女真部落实行统治，专事征伐，顺之者兴，逆之者亡，急速扩张自己的势力。天下岂能有掉馅饼的好事，想坐收渔翁之利，是要付出惨痛代价的。经过一段时间的努力，生女真周围诸部表现出顺从之意，唯独孩懒水乌林答部人石显一意孤行，他对于前来索要逋逃边民的曷鲁等人拒阻不服。景祖乌古乃久攻不克，他审时度势，果断地认为此时不可力取，只能以计夺之。于是，他到辽主那告了石显一状，说石显故意阻绝"鹰路"，这在当时可是罪不容诛啊。辽帝立即遣使前去责难，并让肇事者来一趟，要仔细查问为何这般阻绝"鹰路"，难道是动了反叛之心？石显也绝对不是光明磊落之人，他躲在幕后，指使他的大儿子婆诸刊去见辽主。见到辽帝之后，婆诸刊早已按照事先准备好的剧本，炉火纯青地上演了一幕战战兢兢"不敢违大国之命"的

女真崛起：辽朝后方的强大部族

戏码。看见此等场面的辽主，重重地赏赐了婆诸刊之后，就让他回去了，并让他带话给他的父亲，告诉他我仍然十分信任他，让他自己来见我。看到儿子带回来的丰厚财物，又听到儿子捎回来的辽帝的这一番话后，石显竟然信以为真了。石显啊石显，你还是略显稚嫩啊。因此，思忖之后，第二年他如约到捺钵地见到了辽主。他天真地以为，到现在为止，事情已经过去一年，辽帝应该早已淡忘了此事，才又召他前去。辽主肯定原谅了他，不会再继续追究此事。然而事实并不是他想的那样。辽帝当面狠狠斥责了石显，并且将所有的罪过都归到他的身上，将石显的儿子择了出来。辽帝让婆诸刊回到他的属部，而将石显放逐到边地去了。

鹬蚌相争，渔翁得利，石显万万没想到这正是乌古乃的计谋，他利用辽主，不仅除掉了石显，还获得了其部人与钱物。

根据史书记载，昭祖去世之后，他的儿子乌古乃是为六世祖。乌古乃这个名字是萨满巫师给起的，是"来了"的意思。本意也就是说，他的降生，就意味着一个神一样的人物降临人世间。景祖乌古乃嗜酒好色，饮啖过人，时人称他为"活罗"，以此来讥讪他。"活罗"，汉语的意思指慈乌，北方才有，身形如大鸡，擅长啄物，看见马牛橐驼脊背间有疮，就会啄它们的脊背当成美味吃下去，因此马牛之属唯有一死的命运。如若无食可

第一章　生女真完颜部的崛起

吃，即便是砂石照吃不误。"活罗"这个词，明显带有贬义，说明景祖心狠手辣、十分强悍。但史书也毫不吝啬对他的夸奖，称他平日为人宽厚，能容物，他本人对这些贬低之词充耳不闻，丝毫不介意。有着这样两面迥异特性的乌古乃，真可谓壮时刚，少时柔，刚柔并济不可挡啊。当面对比他强大的辽朝，他同样头脑清晰，认为如果缺少辽朝的信任和支持，完颜部想要统一生女真诸部十分困难，甚至难以做到。但如果任由辽朝势力进入完颜部内，完颜部再想要保持独立，就没有了理由。所以景祖乌古乃决定这两条路他都不选，他给辽朝提供了第三个方案：让他选择以辽为援，做辽朝在东北的代理人，征讨五国等部。这样既可以不得罪辽朝，随时获得辽朝的外援，又能够具有充分的族内的权力自由。他因此被任命为生女真部族节度使，获得契丹人的信任。但他决不让自己陷入进退维谷的境地。所以，景祖接受节度使的官职但绝不肯加入辽籍（耶律阿保机为控制东北女真，将发展较快的部分女真人迁往辽阳以南，加入辽籍，实行直接管理，宋人的史籍当中称其为"熟女真"。仍然留在今松花江北、吉林省扶余市东北的另一部分女真人，不加入辽籍，称为"生女真"。关于女真的具体分布，宋、辽、高丽的史家有不同的记载，比如高丽人把女真划分为"东女真""西女真"，等等），这样既能号令

女真崛起：辽朝后方的强大部族

生女真诸部，又不受辽朝管制，可攻、可守。

景祖乌古乃制定的大政方针当是如此，实际上他也是这么干的。当时有大批部民不堪契丹奴役，一而再、再而三地不顾生命危险越边逃亡到生女真各部。为杜绝此等恶劣事件，辽朝决定对铁勒、乌惹等部进行强制迁徙，方式极端而且多兵戎相见，但是这一措施不但丝毫没有起到应该有的制止作用，反而让更多的人坚定地逃亡北去。面对这种形势，辽朝无奈之下只得派曷鲁林牙将兵去索逋逃之民，景祖乌古乃担心辽兵深入生女真腹地之后，对境内山川道路险易了如指掌，日后开战如履平地，于是就要了个计谋，他告诉曷鲁："如若辽朝大军昭然直入，邻近各部不明所以，以为有事发生必然受到惊扰，恐生不测。由此导致双方交战，消耗无谓的人力、物力、财力。另外更贻误了时机，使得原来想要索回的逋户，根本不可能要回去了。"曷鲁听完，竟觉得景祖乌古乃说得有几分道理，被他的诡计迷了心窍，于是采纳了乌古乃的建议，决定只身与其前往。

再有，五国部最强大的一支蒲聂部，他的节度使拔乙门叛辽，破坏"鹰路"，导致"鹰路"不通。为打通"鹰路"，辽主下旨，派将领同干联合景祖乌古乃一起征伐拔乙门。景祖乌古乃还是害怕辽兵长期在境内作战深入其地，建议计取而不使用武力。

第一章 生女真完颜部的崛起

同干最后也准许景祖乌古乃计取拔乙门。

景祖乌古乃这次下了血本,使出的计谋是"美人计",而这个"美人"不是别人,正是景祖乌古乃的妻子"昭肃皇后"多保真。学者评价,金建国前,《金史》有记载的有名有姓的杰出女性当此一人,足以见得她的个人魅力与其对生女真所做的贡献。当景祖父亲昭祖在世时就曾经说过,我的儿媳妇一定要是一个不吝惜酒食的人。这就好比铁木真的父亲带铁木真选未来妻子时告诉铁木真的那样,一定要找一个腿粗的女子,因为那样更强壮。不吝惜酒食的人,自然身体与心理都不可能不强壮。就在父亲为乌古乃寻找合适人选的时候,帅水(今巴彦一带,实即小兴安岭南麓)的另一个女真部落唐括部族长大萨满石批德撒骨只有一个貌美的女儿,名叫多保真,也到了适嫁的年龄。多保真从小热情好客,喜欢施恩于邻里。乌古乃十分钟情多保真,两人的亲事很快定下,结为夫妻的二人情投意合、举案齐眉。嫁与景祖乌古乃之后,每每景祖与来客畅饮,多保真也都是在侧精心侍奉。军队当中有被罚鞭打者,她也都能用酒食还以及时的抚慰,确也真是一个不吝惜酒食的人。看似属于妇人的这般寻常操作,却更是内心对丈夫事业强有力的支持。景祖乌古乃十分信任多保真,有关部族内部政事也都是与她商议后再做决断。即便景祖乌古乃去世之后，处理前台政事后厅琐事时，她依然起到关键作用。在景祖乌古乃一生中，有多保真陪伴，无异于锦上添花。多保真不仅有美丽的外貌，更加令人珍惜的是她还具有那个时代女性少有的睿智与格局。对于这样的可人儿，谁又不想独享呢！拔乙门肯定也是这么想的。

乌古乃与拔乙门均属生女真，拔乙门为五国城节度使，地方离得近又同在辽朝为官，二人肯定相识。拔乙门祖籍帅水，多保真也住周围，又因她貌美贤德的名声远近闻名，拔乙门肯定早就有所耳闻。但是遗憾的是，此等美貌贤妇竟是完颜部长乌古乃的妻子，拔乙门心中羡慕甚至是嫉妒。乌古乃明知此事，但仍然表面上与拔乙门交好，并且经常带着酒肉礼物登门拜访。推杯换盏之际，乌古乃更是进一步表示，自己与拔乙门绝对是有同盟之心的，乌古乃始终强调，契丹人才是他们共同的敌人。酒罢席散，拔乙门高兴归高兴，但仍然对乌古乃心存芥蒂，不能完全信任他。这才到了真正表忠心的时候，乌古乃一不做，二不休，为了计谋得逞，决定把自己的妻子多保真和小儿子劾孙送到拔乙门身边。拔乙门听闻乌古乃的这个决定之后，激动得溢于言表啊，因为多年的愿望终于实现了。

乌古乃见拔乙门彻底放松了警惕，相信了他的话，他回到完

第一章 生女真完颜部的崛起

颜部立即向妻子说明情况，善解人意又有大局观的多保真二话不说，一口答应了下来。

多保真如约来到拔乙门身边，准备按照之前与乌古乃商议好的计划行事。

她先巧言令色打消拔乙门对她的猜疑，随后又以歌舞取得拔乙门的欢悦。没过多久，拔乙门就已经完全被多保真"俘虏"，整日沉浸在她的温柔乡中。

有一天，多保真提出到土温水（即金山屯）去游玩。拔乙门想都没想就答应了，到了土温水之后，多保真陪同拔乙门整日打猎、捕鱼，玩得不亦乐乎。而此时的多保真早就瞅准时机，与埋伏在附近的乌古乃取得了联系，准备对拔乙门实施最后的收网行动。夜深人静酣睡之时，乌古乃持刀破门而入，取下拔乙门的首级，大张旗鼓地送给了辽廷。

辽朝大喜，在同干的建议下，辽帝令乌古乃取代拔乙门，担任五国城节度使。自此，《金史》中的"金自乌古乃始大"开始呈现在世人眼前。

景祖乌古乃的这次"美人计"，既可使得境内免受战争屠戮，同时还获得钱财、地位，并且没有把自己的实情暴露给敌人，最后又能向辽帝邀个人功绩，一石好几鸟。

女真崛起：辽朝后方的强大部族

自景祖乌古乃以后，生女真对内统辖白山黑水之间的诸部，有官属、有纪纲、有国兵，维护其土地、部民，对外则享有独立的外交关系。即便金朝建立前统治机构非常不健全，但他们已"自为一国"确是不争的史实。在这样的历史背景之下，生女真完颜氏军事、经济、文化实力发展到新的高度。史有生女真旧无铁的记载，所以但凡邻近有以甲胄来贩卖的，景祖定倾赏厚贾以与之贸易，如果钱不够，就算勒令昆弟族人变卖家中值钱的家当也要将其购买。铁资源的重要性自不必多说，景祖用它来修弓矢、备器械，得铁越多越意味着军事实力更强大。等兵势稍振之后，前后自愿归附者自然众多。史书记载，斡泯水蒲察部、泰神忒保水完颜部、统门水温迪痕部、神隐水完颜部，都相继归附。硝烟四起的年代，另外一项制胜的法宝非生产力的发展莫属。生产工具的进步促进生产力的进步，带来交换贸易的发展，不仅提高了生产率，促进了各族之间的交往，更使得社会结构从野蛮进入文明，从没有文字、官府，不知岁月晦朔，进而有了明确纪年。史书确切地书写了景祖乌古乃的出生年岁，是辽太平元年辛酉岁生，即公元1021年。所有的一切都为生女真社会发展、从地区性部族成为民族共同体创造了条件，进而使其一步步发展成国家。

第一章　生女真完颜部的崛起

古往今来，能够共苦却不能同甘的实例不胜枚举。按出虎水完颜部在生女真众部族中的地位逐渐突出，但同时也衍生了许多问题，诸多臣下甚至各部，面从腹诽、外巧内嫉，没能做到一路上风雨同舟。

景祖乌古乃去世，他的儿子世祖劾里钵袭位后，这些人的祸心迅速暴露。世祖劾里钵、肃宗颇剌淑和穆宗盈歌三兄弟，加上世祖长子康宗乌雅束时期，两世四主志业相因，卒定离析。

这种困难局面的造成，主要是来自家族内部的叛乱。叛乱的组织者是跋黑，主要力量是桓赧、散达兄弟以及乌春、窝谋罕二人。跋黑要说排第二，绝对没人敢说自己是老大。他是昭祖石鲁的儿子、景祖乌古乃的异母弟弟，也就是世祖劾里钵的叔叔。跋黑勾连桓赧、散达兄弟叛乱，就是觊觎节度使之位。想要夺取节度使之位的跋黑自年幼之时，便争强好胜。他小时候与他的同母弟弟时常争抢食物，虽属儿时小事，但给他的父亲昭祖石鲁留下了很深的印象，那个时候石鲁就认为他不够贤德。俗话讲，三岁看老，从那个时候开始，昭祖就觉得他日后必成祸患。待到世祖初立之时，跋黑果然起了反叛之心，他诱使桓赧、散达、乌春、窝谋罕离间部属，与世祖产生嫌隙。世祖早就有所准备，因此只是命令他担任字董一职，却不让他掌管实际上的兵权，明显对他

女真崛起：辽朝后方的强大部族

心存芥蒂。

桓赧、散达又是何许人也？他俩本是国相雅达之子，担任国相的完颜部勃堇雅达与乌古乃并非出自同一部族，而是按出虎完颜部以南的邑屯村完颜部的酋长，当时邑屯村完颜部实力十分雄厚，明显要强于乌古乃所在的完颜部。后来乌古乃以辽为援，势力才逐渐壮大起来。景祖乌古乃以重金从雅达处求取国相之位后，便任命肃宗颇剌淑担任。此后，国相一职均由大联盟长的兄弟子侄担任，也就意味着这成为按出虎水完颜家族的固定职位，邑屯村完颜部则没有机会担任国相了。有学者认为对国相职位安置的不满是桓赧、散达叛乱的深层次原因。但有的学者也指出，国相的称号在女真社会组织中没有实际功能，景祖乌古乃购得国相之号给肃宗颇剌淑与"专任辽事"有关，他的政治地位的变化与拥有国相称号也是没有直接关系的。国相称号所带来的实际权益到底何在，我们如今已经无从确认，但是即便这个称号是双方交易的结果，在桓赧、散达一心争权夺利的祸心驱使之下，这也无疑是个天衣无缝的叛乱起兵的好借口。所以在世祖抵御北部起兵的乌春时，桓赧、散达趁机在南线作战。完颜部处在南北夹击之中，且桓赧、散达势力雄厚。世祖北线迎敌，命肃宗南线作战。作战的策略还是以和为先，实在不能达成和议再开战。

第一章　生女真完颜部的崛起

迎战过程中，桓赧、散达的实力不可小觑，肃宗接连失败，而对方占尽上风。紧急关头，世祖两次向辽朝求援。第一次发生在听闻跋黑暴毙（据说，跋黑在爱妾父亲家中吃饭，肉张咽而死）之后，世宗决定即刻遣肃宗求援于辽，目的是想与辽军一起作战，借助辽军的实力来增强自己的作战能力，从而稳稳赢得这场战事，一举消灭这一股反叛势力。第二次是战场上面对强敌，世宗做好了有去无回的准备，这时他将辽划归到自己的阵营，承认二者是盟友而非敌人，所以一旦战败无回，就让肃宗乞求辽师日后为自己报仇。当然，这世界上哪有不为利益的合作伙伴。因此，世祖告诉肃宗，从此之后他们要加入辽籍，接受辽朝玺印，真正接受契丹人的控制，这意味着生女真将失去独立自主的权利。

这场拉锯战无形中体现出桓赧、散达军事势力的强劲，更勾勒出世祖时期与辽朝陌生又紧密的唇齿关系。后来，完颜部发挥强大的号召力，召集诸部兵马前来与桓赧、散达决战。此战之后，完颜部尽获桓赧、散达的车甲牛马军资，桓赧、散达自此不能复聚，率领余部前来归附。

肃宗与桓赧、散达在南线作战的同时，乌春在北线作乱。乌春是阿跋斯水温都部人。温都，又作温敦，乌春后人也称温敦

女真崛起：辽朝后方的强大部族

氏。温敦部在《辽史》中记载为越里笃部，辽五国部之一，系辽籍，温敦部民擅长锻造铁器。据记载他们有一年年成歉收，无奈之下乌春策杖负檐带领他的族属部众投奔景祖，景祖毫不犹豫地接纳了他们。经过与乌春短暂的相处之后，景祖认为他果敢善断，所以命乌春为阿跋斯水温都部长，并派人护送他们回到自己的家乡重操旧业，帮助乌春度过了这次天灾。因此，景祖是有恩于乌春，有恩于阿跋斯水温都部的。但是，后来乌春受到跋黑蛊惑，渐渐因猜忌和不满，与世祖产生嫌隙。乌春虐用部人，部人将此事投诉到世祖那里。世祖使人责备乌春，并撤去了他的部长之职作为惩罚。但乌春根本没把世祖放在眼里，还口出狂言："汝为长能几日，干汝何事？"言语中充满了轻视与不屑，而且透露着想要叛乱的野心。这还是当初食不果腹、衣不蔽体逃难而来的乌春吗？

真正的领导者往往具备常人难以拥有的格局与站位，所以即便面对这种情形，世祖仍以大局为重，恐跋黑、乌春群朋为变，所以还是想息事宁人，打算通过联姻结其欢心。可谁又能想到，虽然当初饿殍枕藉的悲惨景象仍然历历在目，但乌春早已不是那个曾经吃不上饭投奔完颜部的乌春了，他不但不同意联姻，甚至讥讽与世祖联姻简直就是与狗彘之子同处，如何能生养！是巨大

第一章　生女真完颜部的崛起

的羞辱！此后乌春更加利欲熏心，甚至还想对世祖使用武力，而世祖仍然待之如初。可以想见，当时的世祖该是如何的怒火中烧。但世祖深知当时的他，并没有与跋黑、乌春为敌的军事实力。跋黑嚣张跋扈，且势力强劲，与其为伍的乌春似乎也看透了这一点，故而一次又一次挑战着世祖的底线，将欺侮进行到底。例如史书曾有记载，加古部乌不屯前来售卖甲胄，鉴于内忧外患，世祖迫切地想要购买甲胄壮大自己的军事实力。此事被乌春知晓，他又一次准确找到了寻衅滋事的借口，迅速挑起祸患。乌春扬言："甲虽然不是我的甲，但是加古部在我的地盘上，所以他的甲就是我的甲。"这意思还不够明显吗？虽然东西不是我的，但是我说不卖就不卖，我说卖给谁就卖给谁。真是屋漏偏逢连夜雨，船迟又遇打头风。世祖再次忍气吞声，为避免乌春和跋黑里应外合，不得已将战甲归还，乌春从此更加肆无忌惮。

世祖初年，跋黑为变，乌春盛强，朋比为奸国人皆知。曾有童谣言，"想要好好地活着，就必须依附于跋黑，那要是非得活够了，就尽管跟着世祖和肃宗吧"。在这样的情况之下，即便是世祖并不想部族间各自为政，但大趋势显然已经不可逆，双方必须争个你死我活。关键是在这场对垒当中，世祖明显处于劣势，因而无奈之下他只能表面顺从，暗自隐忍积蓄力量，培养自己的嫡系势力。为分清敌友，世祖以假敌情试探部众，从而探知部属人心向背，慢慢积聚自己的力量。几年之后，乌春起兵进攻完颜部。不久，又与斡勒部杯乃以及窝谋罕二人相互勾结，再次进攻完颜部。但最终乌春战败，杯乃被擒献给辽朝。

腊醅、麻产兄弟是活剌浑水河隣乡纥石烈部人。腊醅进攻野居女真，之后又劫掠完颜部在涞流水的牧马。二者交战，完颜部战败，世祖还受了重伤。接着穆宗的地盘又被腊醅、麻产侵夺，世祖再次率兵讨伐。这次直到二人率众投降，世祖才班师。但是腊醅、麻产实属假意投降，回去之后就立即勾结乌春、窝谋罕和石显的儿子婆诸刊再次叛乱。世祖与其再次交战，最后擒获了腊醅和婆诸刊，并将二人献给辽朝，此间麻产侥幸逃脱。

世祖袭位之初，内外叛乱离散，缔结邦交。但世祖经受住了考验也因败为功，变弱为强。既破桓赧、散达、乌春、窝谋罕，基业自此大矣。

世祖去世后，肃宗颇剌淑继任节度使，肃宗派遣康宗和太祖讨伐麻产，麻产在逃跑的途中被欢都射中，杀于军中，肃宗命人割下麻产左耳献给辽朝。麻产死后，附近诸部部众相继前来归附。肃宗颇剌淑自幼十分机敏善辩，父亲景祖以币换得国相之职后，便任命肃宗担任此职，肃宗身居国相，始终尽全力匡辅父

第一章　生女真完颜部的崛起

兄。叔父跋黑以及桓赧、散达、乌春、窝谋罕、石显父子、腊醅、麻产作难用兵之际，肃宗都能够独当一面。此外，他对于辽朝的国政人情也甚是了解，所以一切辽事都委托肃宗办理，肃宗也处理得十分妥当，表现得十分睿智机警。史载，由于语言不通，完颜部每每有事陈说于辽廷，都需要翻译中间传话，辽人又因为出于安全因素的考量，命令完颜女真必须远跪陈辞，所以在两者一来二去的交流当中，很多时候往往被翻译官翻译得错乱百出，影响双方正常交际。肃宗瞅准这个空子，为了能够与辽廷官员实现直接对话，他远距离陈辞时说的话故意前言不搭后语，让翻译官困惑不解，不知他所云何意，实在不得已，只能将他引到前面，让他自己陈述。这可让肃宗逮到了表演的机会，他表现出只有借助草、木、瓦、石等这些小孩子数数才用到的工具，方能说明白自己要陈述的事情，演技堪比影帝。在场的辽廷官员疑惑地问其原因，肃宗又一次展示了自己影帝级别的演技，谦卑地回答道："我大字不识几个，没什么文化，唯有如此。"于是，他的演技受到了肯定和赞许，辽廷官员们认为他为人诚恳，肚子里没有墨水自然也就没什么心机，所以对他深信不疑。因此，他说什么辽廷就信什么，肃宗去辽朝就没有办不成的事。

可惜的是，肃宗在位只两年便去世，弟弟盈歌被辽初命为详稳，后来承袭节度使，是为穆宗。穆宗时期生女真诸部之间以及生女真与辽朝之间关系发生重要变化：

第一，颁发信牌，统一号令，民听不疑。在穆宗盈歌之前，生女真诸部是各有信牌的，穆宗时期开始对擅置牌号者进行制裁，改由按出虎水完颜女真统一颁发信牌，这意味着穆宗盈歌收回生女真其他诸部自治的权力。这既是按出虎完颜部自身发展的需要，也有来自契丹和其他部落旁敲侧击的压力，这种压力促使其必须迅速壮大，而颁发信牌、号令统一则是前提。

史有温都部人跋忒内乱，紧随其后纥石烈部阿疏、毛睹禄阻兵为难，陶温水、徒笼古水纥石烈部阿阎版等部阻绝鹰路执杀辽捕鹰使者，统门、浑蠢水之交乌古论部留可、诈都与苏滨水乌古论敌库德起兵等接连反叛，面对如此境遇，完颜阿骨打给穆宗盈歌提出建议，认为当务之急并非武力上的不断镇压，因为不停地打压既消耗自身势力又不能从根本上解决问题。完颜阿骨打指出，造成这些兵祸的原因在于，之前给他们的自由太过火了。所以，想要彻底平乱，必须将他们的自治权力收回，完颜阿骨打建议穆宗自今以后不再允许统门、浑蠢、耶悔、星显四路及岭东诸部再称都部长。为什么说不再称都部长就丧失了自治权呢？都部长在女真职场上是个怎样的职位？完颜部自景祖乌古乃时，即开

第一章 生女真完颜部的崛起

始世袭连任大联盟长，亦称都勃极烈、都部长、都太师。到穆宗时期宣布取消其他部的都字董称号。据学者研究，从女真人发展的历史看，在辽代中前期曾有部落数百个，各部落内自己推荐酋长。每个部落内部又根据血缘关系划分为若干族帐。由于部落间战争不断，血缘为主的社会关系逐渐转变，形成以血缘关系和地缘关系相结合的联盟，这个联盟长史书上称为都字董或都部长。不让若干部落再称都部长，实际上也就是将他们纳入到自己的联盟之内了。经过半个多世纪的斗争，完颜部基本上统一了诸部，从此形成了以完颜部为核心的统一的大联盟。他们不能够再称为都部长，完颜部就是唯一的老大，诸部都得听从他的号令，这势必减少叛乱。加上围捕萧海里成功之后，辽主大肆褒奖穆宗，授穆宗以使相，并赐予加等。这意味着辽廷对穆宗的认可，更代表着穆宗对生女真完颜诸部的领导权被授予和承认。按出虎水完颜女真的地位因此得到了进一步的提高。

第二，女真甲兵的数量，虽然仍未达到千数，但从这时期开始得以见著史书。女真军的出现具有重要的军事意义，他们成为日后灭辽的中坚力量。金太祖完颜阿骨打曾言："有此甲兵，何事不可图也。"但谁又能想到，最开始这支队伍是因为助辽平叛而渐渐羽翼丰满。辽朝道宗末年，大国舅帐郎君萧海里叛辽，辽

女真崛起：辽朝后方的强大部族

朝派北面林牙郝家奴追剿，萧海里趁机潜入系案女真阿典部，并派遣他的族人与完颜部取得联络，萧海里表示愿意与穆宗盈哥成为盟友，共同伐辽。与此同时，辽朝诏令穆宗盈歌捕讨萧海里，穆宗一口答应辽帝并借此机会募军得甲千余。这支女真军对按出虎水完颜氏意义非凡，辽人也曾直言女真兵若满万，他们就没有再打胜仗的机会了。果不其然，金太祖完颜阿骨打进军宁江州时，女真军人数过万，辽朝的末日确实来到了。

第三，金人自此知辽兵之易与也。穆宗盈歌与完颜阿骨打等亲自围剿萧海里，不仅壮大了自己的军事实力，也让他们了解到现如今的辽朝军队是何等的无能。对于辽朝来说，这次围剿充分暴露了统治集团内部的危机与腐朽。由于军队实力薄弱，所以仗还没打完，穆宗他们就已经对辽朝存在的现实问题和这场战役的胜负分析得很透彻了。史书记载完颜宗雄曾说道："辽主一贯骄侈，且并不清楚时下双方军队实情，他们根本不具备擒获萧海里的能力，而我们却可以取而代之。"这一认识并非只是完颜宗雄意识到了，恐怕整个女真军队都意识到了，蒙在鼓里的只有当局者辽人自己罢了。围剿萧海里过程中，完颜阿骨打策马突战，流矢中萧海里头部，萧海里堕于马下，被完颜阿骨打执而杀之，最终大破其军。其实辽朝萧兀纳很有才能和远见卓识，曾早早上书

第一章 生女真完颜部的崛起

提醒天祚帝："自萧海里逃亡加入女真，女真轻视我朝的心思就有如司马昭之心，应当引起足够重视，增加兵力以备不虞。"但是天祚帝并没有将此话放在心上，因为他压根就没把女真放在眼里，反而认为他们只是小打小闹，不值一提。直至完颜阿骨打反辽前夕，萧兀纳又上书言辞恳切地进行劝谏。他说自己所在的黄龙府与女真接壤，从前线军情看，女真人志气非小，极力劝说天祚帝应该先发制人。只可惜，时间是不能倒流的。与此恰恰相反，女真人非常明确地意识到，只要他们乘胜追击，军事上占绝对优势是早晚的事情。正因如此，他们对辽朝的态度也逐渐发生质的变化，从最开始的畏惧，到后来的合作，再到之后轻视怠慢辽朝。直至金太祖完颜阿骨打建国之前，按出虎水生女真完颜氏的地位已经是其他诸部所不能及的。

第二章

"共苦契丹残扰,而欲自立国尔"

辽天庆三年(1113)十月,完颜阿骨打继任都勃极烈。为摸清辽朝虚实与动向,完颜阿骨打屡次派遣银术可、习古乃、蒲家奴等人,以索还纥石烈阿疏的名义去往辽朝。天庆四年(1114)六月,完颜阿骨打又一次派人索要叛逃的阿疏无果。回到生女真的银术可等人,向完颜阿骨打汇报辽廷近况,完颜阿骨打分析,此时的天祚帝怠于政务且辽朝军备废弛,百姓的不满和反抗已犹如燎原之火。完颜阿骨打当机立断,认为时机已到。天庆四年九月,完颜阿骨打便率2500名兵集结于涞流水,将辽朝对女真人

第二章 "共苦契丹残扰，而欲自立国尔"

犯下的桩桩罪行，申告于天地，誓师伐辽。

史书记载完颜阿骨打反辽的主要原因是辽统治者对女真实行各种高压政策。女真臣属辽朝，虽恪修职贡，但辽朝有功不省，反而侵侮是加，成为压倒女真人的最后一根稻草。女真东北与五国部为邻，五国东邻大海出名鹰，自海东而来，谓之"海东青"。辽人酷爱"海东青"，岁岁求之于女真。女真必须到五国部，且通过战斗而获得，久而久之女真人不胜其扰。女真服属大辽200余年，及天祚嗣位，责贡尤其严苛。辽廷时时向生女真派遣使者，使者所到之处求索百端，稍不奉命，笞杖加身，更甚者直接掉了脑袋。这些使者皆以苛刻增益为自己邀功的砝码，公私厌苦、诸部怨叛。生女真每年例行向辽廷朝贡土特产品、替辽平定结众谋乱、打通和维护"鹰路"、与契丹人进行边境榷场贸易等，女真以北珠、人参、生金、松实、白附子、蜜蜡、麻布之类在榷场交易，契丹人却故意压低土特产的价格，并且羞辱他们，史书上直接称之为"打女真"……

对于按出虎水完颜氏来说，辽朝罪行昭昭，让我们一件一件说起。

女真崛起：辽朝后方的强大部族

一、"鹰路"使者

"鹰路"是金代史籍中才开始出现的新名词，之前没有"鹰路"的叫法，《辽史》当中记为"贡鹰道"。到了金代，"鹰路"才成为专有名词出现。辽朝的"贡鹰道"如果指代的是他的属国属部向他朝贡的一条普通道路，那么"鹰路"这一名称的改变，或许更多的是彰显着这条道路已然变成了辽廷向生女真诸部索要贡品的压迫专路。翻开《金史》，"鹰路"的出现整体围绕"不通""阻绝"和"平鹰路"等内容展开，内容较少但主题十分集中。具体而言就是，生女真建国前尤其景祖之后，因五国诸部叛降不定而导致"鹰路不通"甚至"阻绝"，为解决这个问题，辽朝任命生女真完颜氏为节度使"平鹰路"。所以，这其实是一条辽朝派遣使者前去五国部索取海东青所必经的路线，故被直白地命名为"鹰路"。（鹰路西起辽朝本土，途经生女真诸部，最后直达五国部，是连接辽朝本土与东北腹地的重要交通路线。有学者认为这条鹰路是条水路，因为"海东青"是用来捕天鹅的，而天鹅是沿松花江流域分布。也有学者认为要想到达五国部征取"海东青"，要先走陆路再行水路。）完颜氏表面为辽廷排忧解难，实

第二章 "共苦契丹残扰，而欲自立国尔"

则趁机征伐周围部落，飞快地壮大自己。也正是因为这条"鹰路"，给了金太祖完颜阿骨打起兵反辽的绝佳借口，"鹰路"成为一代又一代史家口诛笔伐葬送辽朝命运的致命缘由。

"鹰路"是一条什么样的路？这条路上到底充斥着怎样的血雨腥风、貌合神离与阴谋诡谲？这一定与那只"鹰"脱不了干系。

"鹰路"中的"鹰"，特指"海东青"，在满语中称为"松阔罗"。有学者认为女真称谓的含义，均与此"鹰"有关。比如肃慎和女真的本意是"东方之鹰"（学界还有"东人""酸菜""猎人""鸟说"等说法），"海东青"就是女真称号的真正含义，等等。按照现在的分类，"海东青"属于鸟纲中的隼形目。它是猎鹰的一种，但胜在非常稀有且名贵。唐代开元年间（713—741），曾有东北诸族向朝廷进贡白鹰的记载，但并不见"海东青"的名称，当时的白鹰应该指代的是所有朝贡的隼形目动物。到了唐朝末年，来自"海东盛国"渤海国的朝贡矛隼，就被称为"海东青鹘"。辽朝史籍当中仍然没有"海东青"的记载，而是以"海东青鹘"代之。直到宋朝，史家们才在文献当中发现"海东青"的痕迹。

其实，朝贡猎鹰的情况很早就有，尤其是处于东北边疆的辽朝属国属部，因为地理环境的原因，猎鹰一直都在朝贡的名单当中。契丹人居于辽水流域，他们先向北魏纳贡，后纳贡于唐。到

女真崛起：辽朝后方的强大部族

了元代，处于黑龙江下游的奴儿干土著居民依然经常猎捕"海东青"进献朝廷。明朝有一段时间在此居住的吉里迷人，依旧还是捕"海东青"朝贡。清廷派专门的"鹰把式"，到盛产"海东青"的今宁安市一带抓捕。除个别特殊情况外，他们把这当作获得利益的极佳机会，是愿意朝贡的。尤其中原王朝历来对朝贡的赏赐十分优渥，甚至远超数倍数十倍之多，属国属部朝贡的贡品往往不及回赐财物的价值。加上，他们带去的土特产品可以在当地进行贸易。所以传统社会朝贡的这条道路上朝贡者一直是络绎不绝的，甚至第一批前去朝贡的使臣尚未返回，第二批已经又迫不及待地启程。因此，这条路既是少数民族地区获取中原财物的一条重要渠道，更是民族交往、交流、交融的重要途径。这种政治上的隶属和经济上的交流，使得二者之间需要保持紧密的关系，客观上也共同为边疆的治理和发展做出了贡献。

在这所有的贡品当中，辽人钟爱猎鹰"海东青"，无论是史籍当中还是考古出土文物当中，都有大量的印证。其实有关鹰的描述可以追溯到很早，到宋辽金元甚至明清时期，在文学、绘画、音乐、雕塑等作品当中，"海东青"是名副其实的主角。在史籍文献中，也常常用"海东青"比拟人物，"海东青"体型娇小如鹊但机警灵敏，"海东青"擒天鹅这种以小博大的精神具有浓厚的教化

第二章 "共苦契丹残扰，而欲自立国尔"

意义。比如《辽史》中记载耶律仁先推荐耶律陈家奴时，就称赞陈家奴健捷可比"海东青鹘"，目的是彰显契丹少数民族灵活勇敢和矫捷勇猛的英雄精神。"海东青"也成为游牧民族的精神图腾。"海东青"花色有很多种，以白色羽毛白色爪子者为最，是"海东青"当中最上等的品种，蒙古人把它当作自己部落的图腾，在蒙古人早期的神话、传说、史诗和岩画中都有呈现。

各个王朝很早便设立专门的机构，对"海东青"进行规范管理。鹰坊的名称早在隋代就有出现，也是唐朝设立的五坊之一，除此之外还有雕坊、鹘坊、鹞坊和狗坊，任务就是负责驯养狩猎时所用的鹰犬。辽朝也设置鹰坊，主要就是专门管理皇家鹰猎诸事。除常设的狩猎机构以及职官之外，辽廷还临时设置专为侍奉皇家狩猎服务的官员，如障鹰官、司猎官等。这些官员当值期间如玩忽职守，严重的是要掉脑袋的，相反如果能够完美地完成任务，一样予以迁授。例如辽道宗因狩得天鹅，立即升鹰坊使耶律杨六为工部尚书。萧乐音奴因监障"海东青鹘"，获白花者十三、赐楉枻犀并玉吐鹘，拜为五蕃部节度使。此类事在辽朝频频发生。金朝鹰坊提点官官职为五品，鹰坊这个机构的主要职责仍然是调养鹰鹘"海东青"之类。要知道，古代士人做官一般也就到五品就差不多退休了，所以五品官已经相当不错了。再往后的

女真崛起：辽朝后方的强大部族

元、明、清各朝鹰坊名称虽各有不同，但都有这个机构，职能也大多是管理"海东青"等猎鹰。

辽朝设置军队名称也常以"鹰""鹘"相称，内蒙古自治区敖汉旗博物馆征集到一件辽代残木棺及同墓伴出的一副木门，上面绘有"鹰军图"，学界前辈对这幅"鹰军图"进行分析，指出此"鹰军"是辽朝嫡系、能征善战的精锐铁骑。"鹰军图"最直观地说明了在军阵中，契丹人对鹰神的崇拜，甚至超过对日神、月神的崇拜。"鹰军"是一支王中之王的军队。辽代官印亦有鹰形。根据史料显示，辽金时期皇帝曾多次下诏禁止民间蓄养"海东青"，只有皇帝想要昭示皇恩、笼络天下时，才舍得将"海东青"作为赏赐赐予大臣。耶律乙辛推荐张孝杰，认为他一心忠于社稷，辽道宗说孝杰可比狄仁杰，于是赐名仁杰，并且许放"海东青鹘"。到了元代，"海东青"不再被当作皇室专属，但皇帝更经常地将以"海东青"为题材制作的玉饰配件作为对功臣的赏赐。

可以想见，从各个方面来看，"海东青"在统治上层是十分受欢迎的。也正因为如此，盛产"海东青"的五国部，才愈发恃宠而骄以至于时叛时降。

这个时候，我们不禁要问，"海东青"何德何能可以得到如

第二章 "共苦契丹残扰，而欲自立国尔"

此专宠？

原来，鹰猎活动风靡于当时的整个欧亚大陆。契丹皇帝有捺钵习俗，春捺钵捕鹅需要猎鹰"海东青"。相较于中原汉族政权，北方少数民族政权对于"海东青"的需求量更大，这是由于他们的民族性与地域性所生成的游牧民族传统游猎习俗与民族生存环境造成的。据史料记载，契丹皇帝一年四季巡游往返于各捺钵地之间。捺钵具有行营、行在、行宫的本义以及契丹皇帝四季渔猎活动的引申义。辽朝捺钵按季节分为春、夏、秋、冬四个阶段，四时捺钵地点不同，活动内容也不相同。春捺钵主要活动之一是捕鹅，而皇帝捕鹅必须有"海东青"的辅助。辽帝是如何捕鹅的？具体的捕鹅过程，史书中是这样描述的：每年农历的正月上旬契丹皇帝开始出发，三月中旬到达春捺钵地。此时江河还未解冻，契丹人便凿冰钩鱼。契丹人这种把冰凿破、在冰下捕鱼的习俗流传至今，像月亮泡、查干湖至今仍有冬捕。查干湖冬捕虽然与辽代有别，但仍可见千年习俗沿袭至今。待冰消雪化之时，则开始春捺钵的另一项重要活动——捕鹅。捕鹅的场面更为惊心动魄。在湖周围每隔5米或7米就站立一个捕鹅的侍从，他们都穿着墨绿色猎装，手中拿着链子锤、刺鹅锥等，一旦发现天鹅，联络人员立即飞马报信，刹那间，锣鼓（湖水四周植物茂密水文环

女真崛起：辽朝后方的强大部族

境复杂，为了捕杀它们就必然需要把它们赶出熟悉的水域。如何驱赶？辽人所利用的方法就是鸣鼓。这种方法不仅在文献中有明确记载，在壁画当中也有体现，而且很明确地看到这只鼓是只扁鼓。曾有宋人晁迥在出使辽朝时亲见辽圣宗捕鹅场景，当时有侍从狠击扁鼓，让鹅鸭飞走之后，才纵放"海东青"捕击天鹅。这种鼓随身携带，别于腰间，野外活动时还可以摘下当作板凳，并不像专门演奏之鼓那般精致，以实用为主。民间捕鹅也是如此。)声四起，成百上千名士卒一起摇旗呐喊，场面非常壮观！天鹅受惊后便腾空乱飞，驯鹰人见状迅速将"海东青"呈于皇帝放飞。"海东青"喜欢吃天鹅的脑汁（"海东青"野性十足，被捕之后需要有一个被驯化的过程。被驯化的过程分为很多个阶段，其中在熬鹰阶段中，驯鹰的专职人员不给"海东青"吃，不给"海东青"喝，直到眼看它支撑不下去的关键时刻，就喂它天鹅的脑汁，据说这东西十分的不美味，"海东青"也十分抵触，但奈何无从选择只能慢慢试着接受，这样不断重复几次，驯鹰人就让"海东青"爱上了天鹅脑汁，而"海东青"也能从此服从驯鹰者的命令。据学者研究，满族人驯鹰可分拉鹰、驯鹰、放鹰、送鹰几个阶段。拉鹰，就是捕鹰，首先要从大自然当中捕捉"海东青"。古代所捕的"海东青"大部分是幼鸟，称为"秋黄"。捕鹰

第二章 "共苦契丹残扰，而欲自立国尔"

多在冬季，捕来之后进行驯养。熬鹰就在这个阶段。鹰和猎人渐渐有了感情，送鹰时候鹰总是恋恋不肯远去，猎人也一直望着猎鹰远远地飞去而不舍)，驯鹰人便利用它的这个特性来捕捉天鹅。待"海东青"与天鹅搏斗使天鹅坠地后，距离最近的侍从则立刻上前，用刺鹅锥（刺鹅锥尤其在墓葬出土文物中以及墓室壁画当中较为常见，在"海东青"捕天鹅的过程中，刺鹅锥起到的主要作用是捕到天鹅之后，刺鹅头取鹅脑。一方面，猎捕过程中"海东青"耗费体力，急需补充营养。另一方面，驯鹰人也想要及时奖励"海东青"，以更好地驯化它。根据学者们的研究可以知道，现在吉林省长白山地区仍然有村庄还保留着捕鹰、驯鹰的习俗。）将天鹅杀死，取出鹅的脑子给"海东青"吃，并赏赐刺鹅者以银绢。猎得的第一只鹅称为"头鹅"，皇帝要举行"头鹅宴"，君臣致贺语，舞乐欢歌，纵酒高呼，并将鹅毛插在帽子上以为乐趣。对于契丹皇帝而言，"海东青"猎天鹅以及"头鹅宴"的举行，不仅仅起到游猎娱乐的功能，更是皇帝个人、契丹王朝地位至高无上的外露和显现，具有很强的政治、军事意味。

据说辽人钟爱"海东青"还有另外一个原因，那就是获取珍珠。这里提到的珍珠就是古代非常有名的东珠。东珠到底如何名贵？清朝最高统治者以东珠装饰衣冠，又由于它产于女真的发祥

女真崛起：辽朝后方的强大部族

地而倍受清朝统治者喜爱。他们用东珠标示王公贵族等级地位，官阶越高，所用的东珠数量越多、越名贵。皇帝的皇冠要用东珠37颗，慈禧衣服、头饰上东珠的装饰也显示出她对东珠的喜爱，曾经慈禧凤冠上有一颗直径16毫米的名贵东珠。由于天鹅属于候鸟，所以冬去春来，万物复苏时节就成群结队飞回北方，它们喜欢在湿地或湖泊周围栖息生活，以蛤蜊为食，而大蛤蜊里面有珍珠，猎人就想利用"海东青"抓住天鹅，取出嗉子当中的珍珠，用以卖钱。"海东青"本身十分难以捕捉，自然珍珠也就显得格外珍贵。历史上辽朝和女真的贸易主要就包括两种形式，一种是朝贡，一种是榷场。榷场贸易中，珍珠奇货可居，价格昂贵。赚足女真人的第一手差价并非契丹人的最终目的，他们再将珍珠卖给宋人，而宋人对珍珠的喜爱也是给足了契丹人当中间商赚差价的理由。史书上记载，宋徽宗时，有河北都转运使梁子美大量购进珍珠谄媚皇上，带起一股珍珠热潮，诸路纷纷效仿。为了在与宋朝的珍珠贸易中获利，契丹人通过各种手段虐待女真人猎捕"海东青"以求得珍珠，这才有两国之祸盖基于此的说法。

契丹皇帝十分喜爱"海东青"，所以他极力索取是理所当然的事情。

那为何要向五国部索要而非其他？因为"海东青"产于五国

第二章　"共苦契丹残扰，而欲自立国尔"

部。

"海东青"喜冷不喜热，学者研究"海东青"只分布在我国北方几个固定区域：东起鄂霍茨克海以东的库页岛、日本海以东的日本和西南的朝鲜，西至甘肃、宁夏、青海北部以西，北自贝加尔湖、叶尼塞河流域至北冰洋沿岸，南至我国河北昌黎、山东登州沿海一带。史籍记载"海东青"出自五国部东部大海，也就是今天的鄂霍茨克海，自海东而来，所以称为"海东青"。（另有学者认为，"海东青"羽毛为青色，故名"海东青"。）五国部又是个什么样的存在？历史上生女真包括众多部落，分布的地域不同，社会发展程度也不一样。其中在松花江中游到黑龙江下游地区有5个较大的部落，称作五国部。《辽史·营卫志》的记载最为清楚准确，五国部包括剖阿里国、盆奴里国、奥里米国、越里笃国、越里吉国5个部落。学界也有人认为，五国部是从黑龙江依兰县东到大海间许多部落的总称，并不限于5部。五国部属于辽朝的属部，最初也是定期向辽朝政府缴纳"海东青"、貂皮、良马等各种方物的。早在辽太祖时期女真便与辽有了接触，太宗时期女真各部频繁来贡，至圣宗时期辽与女真的关系愈发紧密，此时作为"海东青"产地的五国部归附，"鹰路"渐开。在五国部依附之初，辽朝政府是委任五国部各部酋长分别管理本部。后

女真崛起：辽朝后方的强大部族

来，辽朝政府借故罢免了各部酋长，由辽朝政府任命的地方官节度使管理五国部。种种压迫，激起了五国部女真人的反抗，因此他们决定拒绝辽朝官吏入境，这就是史书所称的"鹰路不通"。为了打通"鹰路"，得到"海东青"，辽朝政府便对五国部进行征讨。当时打通"鹰路"征讨五国部的任务是由按出虎水完颜氏来承担的。辽朝将此任务交给他们，并非出于实打实的信任，而只是单纯的利用。而接受这项任务，完颜氏也更不是为了效忠，而是有自己的小算盘。自绥可之后，完颜部逐渐壮大起来，他们想着能够以开"鹰路"为借口排除异己，发展势力。至景祖乌古乃时，以完颜部为核心的生女真部落联盟正式建立。盈歌时，完颜部已成为"鹰路"上的霸主。现如今的辽朝，面对的已经不仅仅是五国部一个敌人。日益强盛的完颜部与叛乱不断的五国部，打破了东北地区各部族实力均衡的局面，引起了辽廷的重视。这其中，按出虎水完颜女真发展势头更是高涨。辽廷通过授予生女真节度使和设置东北路统军司，从内部和外部想要遏制完颜部女真的势力发展。而日渐坐大的生女真部落联盟势力不断壮大，面对日益腐朽的辽廷，揭竿而起推翻辽廷霸权是迟早的事情。由此，完颜阿骨打假借"鹰路"之名，将生女真各部紧密联系在一起，行对辽作战之实。"鹰路"在完颜部从生女真军事部落联盟迈向

第二章 "共苦契丹残扰,而欲自立国尔"

反辽建国的进程中,具有重要的历史意义。

其实,这本属于一条普通的朝贡道路,是辽廷和他的属部生女真人之间政治上隶属关系的一种反映,表现为建国前的生女真人以朝贡的形式向辽廷尽缴纳赋税的义务。事实上,"鹰路"并非简单的朝贡"海东青"之路,更是辽朝实现对北方诸部族,尤其是对生女真诸部控制的重要途径,辽朝利用"鹰路"掌控沿路各部落,巩固并加强隶属关系。而生女真诸部尤其是按出虎水完颜部,以打通"鹰路"为借口,以辽朝为后援,不断征服甚至吞并周边部落,最终实现完颜氏部落大联盟的建立、壮大。所以朝贡必须稳定且持续,一旦关系处理得不够完美,就容易产生矛盾。后期辽朝政府派出使者征收"海东青"的行为,给"鹰路"上的诸个部落带来了巨大的伤害。因辽廷每年派遣使者收购"海东青",这些使者因此得名"鹰路使者",美其名曰"收购",实则强行索要,每年要求五国部贡纳数量众多的"海东青",但是后期五国部时叛时降,因此辽统治者便将这个任务加在按出虎水完颜氏身上,要求他们每年发甲马数百,到五国部索要"海东青",完颜部深入五国部地界与之交战,以夺取"海东青",死伤无数,因此完颜氏对辽人越发憎恶。"鹰路使者"的出现,势必迎来辽朝灭亡的倒计时。

女真崛起：辽朝后方的强大部族

二、银牌天使

　　传统社会君权神授的思想，让古人理所当然地认为皇帝是上天派到人间来的，所以古代皇帝又称天子，而由天子派遣的使者当然要称为"天使"。但是，此"天使"非彼"天使"，他与西方文学艺术中，也是现代人眼中，那个长着翅膀的少女或者孩童形象以及天真可爱的意象没有丝毫关系。辽金时期，"天使"与"符牌"制度联系在一起，是"恶魔"的象征。

　　什么是"符牌"？"符"的使用一直可以追溯到远古时期，"符牌"又称"信牌"，古代"符"的制作原料包括竹、木、铜、玉、金等，形状各异，功能也不同，但都是作为凭信的工具来使用。"符牌"有很多种类型，因为辽代的"符牌"只有"银牌"，所以称为"银牌天使"。这里的"天使"称号，是一种尊贵身份的象征，指的是带领天子旨意行事。辽金时期都设置有"银牌天使"，这枚"银牌"胜似尚方宝剑，所到之处即如皇帝亲临，但二者职能并不完全一样。女真人不堪契丹人侵侮而反辽的其中一个重要原因，就来自这个"银牌天使"，他到底是个什么样的人物？干了些什么事情让女真人一忍再忍而最后忍无可忍？那样的

第二章 "共苦契丹残扰,而欲自立国尔"

"天使",女真人真的是不想多看一眼,更别说期待他的降临。

"天使"是因为有了"银牌"才得意忘形。金承唐袭辽宋,"符牌"制度在继承前朝制度的同时,有本朝的创新和变更。《金史》记载金代"符牌"制度的发展,一共经历几个重要转折时期。

首先,穆宗盈歌之前,生女真诸部长各刻自己所部的信牌,交互驰驿。"信牌"通常一分为二,一半朝廷留存,一半外官留存。朝廷内外有变,需启用"符牌"之时,朝廷派遣使者携带一半"符牌"与外廷将帅所持另外一半堪合,验明真伪方可动兵。当时生女真诸部"信牌"属于自己所在部族,别部左半信牌是永远不可能与另外任何一部右半信牌相契合的。因此,各部只听命于自己的号令,这对急于发展壮大的按出虎水完颜氏统一各部是极大的阻碍。于是太祖完颜阿骨打建言献策,如果没有经过穆宗盈歌的允许,诸部如再有擅自制造牌号者,将予以严厉惩罚。自此之后,生女真诸部号令开始统一。这在生女真发展的历史过程中,绝对算得上是标志性的事件。

其次,号令的统一并没有即刻体现在"符牌"的产生上,这需要一个筹备的过程和契机。金代金牌真正开始制造是在收国二年(1116)九月,银牌和木牌制造的时间并没有明确记载。但据学者研究,银牌、木牌的始造时间不会与始制金牌的时间相隔太

女真崛起：辽朝后方的强大部族

远。金、银、木，顾名思义"信牌"因制造使用的原材料不同而名称各异。材质等差使用，是为了体现所佩戴"信牌"使者身份的高低，以明贵贱。所以，不同材质"信牌"授予的群体并不一样，金牌授予万户，银牌授予猛安，木牌则授予谋克、蒲辇。猛安谋克制度是女真人氏族部落阶段具有民族特色的出猎组织，之后经完颜阿骨打改革，成为军政合一的地方组织。完颜阿骨打任命三百户为一谋克，十谋克为一猛安。猛安者称千夫长，谋克者称百夫长。谋克之副曰蒲里衍。金牌授予万户，是最高级别，银牌、木牌依次递减。三者使用的场合并不相同。从史例总结来看，因为所处年代动荡，朝廷内外忙于对辽、对宋征战，所以金牌的授予主要与军事行动相关。比如金太祖天辅五年（1121）十一月，完颜宗翰再次恳请金太祖伐辽，言辞恳切地说道："我军已经养兵许久，众将士士气满满，战马也已十分壮硕，我们应该趁此时进取中京。"虽有理有据，但群臣听后仍然表示反对。朝臣们对于完颜宗翰请战伐辽的提议，已经拒绝过一次。拒绝的原因在于，适时天气炎热，不顾天时凭意气行军，恐打败仗。此次再番表示不同意，也还是强调天气寒冷亦不适合作战。当时正值十一月，东北地区的极端天气可想而知。但是，金太祖一意孤行，没有顾及群臣的反对，毅然听取完颜宗翰的献策，强行进

第二章 "共苦契丹残扰，而欲自立国尔"

攻。为了激励完颜宗翰等一并众人，金太祖完颜阿骨打命忽鲁勃极烈杲都统内外诸军，蒲家奴、宗翰、宗干、宗磐副之，宗峻领合扎猛安，皆受金牌；又有石土门以本部兵从金太祖完颜阿骨打阻击高丽，及伐辽，功绩尤多。金太祖完颜阿骨打攻下西京，赐石土门以金牌；之后，金太宗天会三年（1125），在完颜宗望伐宋过程中发生的几次战争中，也可以看到获得金牌的不同渠道。天会三年（1125），完颜宗望伐宋过信德府。北宋信德府（金天会七年降为邢州，置安国军节度）位居燕、汴之间，可驻军以济缓急之用。完颜宗望想要急取，但又害怕不能及时攻下，正在这箭不容发之际，大挞独率本部甲兵，选用善射者射信德府城楼，另令轻锐偷偷升于楼角之间，以一己之力攻克信德府。大挞立下大功，大军继续向南挺进至浚州。宋人将架于黄河之上的桥梁早早烧毁，用以阻断金人的穷追猛打。完颜宗望见此立即下令，"军中如若有能先过河者记头等功"。大挞再次奋勇当先捕得十余舟，一举攻破对岸守军，金大军得以全部成功渡河。战功赫赫的大挞在八月再次伐宋过程中，被授予万户，赐金牌；就在这场征伐战争前不久，还发生了一场激战。完颜宗望诸军与宋将郭药师、张企徽、刘舜仁战于白河，郭药师战败投降，燕山州县悉平。金太宗以郭药师为燕京留守，给予金牌，并赐姓完颜氏。不

女真崛起：辽朝后方的强大部族

同于将金牌授予有功绩的将帅，宋辽降将也是可以被授予金牌的。还有刘彦宗与左企弓等奉表降金，金太祖很是器重，让他们换授职官、佩金牌。当然，金牌也并非完全赐予有功将帅和降金将领，特殊战争年代但凡能被金太祖、金太宗发觉的勇武之人都有获得金牌的机会。这样的机会，皇帝身旁的近侍人员更容易得到。曾有金太祖宗弟完颜昂幼时侍奉太祖，某日太祖着令数人两两角力游戏，回头随口问年仅15岁的完颜昂"是否能胜任"，完颜昂年纪虽小但智勇兼备，他还如孩童般稚嫩的声音掷地有声，"既然有命，即便力量不足也定会全力以赴"。果然，连胜数回合。金太祖见状十分惊喜，数日后，赐他佩金牌以侍奉近旁。两年之后，17岁的完颜昂出落得更加英姿飒爽，宛然书里的少年将军。时金太祖即伐辽，遂命令他擐甲佩金牌从军。可见，此时金牌的授予并没有制度性规定，之后的史实记载也并未涉及金牌是否发挥了信牌应有的凭信作用，金牌的作用更多的是战时奖励军功和招抚、抚慰降将。

银牌是唐代乘驿者的通行证，主要作用是交通联络，目的是将皇帝的号令上传下达。辽朝的"银牌天使"权力远大于唐，相当于由皇帝亲自派遣、代表皇帝到地方上去办事，既是号令的传达者又是执行者，金代的银牌也有类似的作用。正隆三年

第二章 "共苦契丹残扰，而欲自立国尔"

（1158），海陵王完颜亮诏令左丞相张浩、参知政事敬嗣晖营建南京宫室。正隆四年（1159），高德基与御史中丞李筹、刑部侍郎萧中一被钦点为营造提点，共同参与营建南京宫室之事。一行人马还未动身，海陵王出于一番好意，特意从宫中派人前来询问高德基等，如何前往南京。中使如实传达海陵王旨意："你们是打算乘坐驿站的车马，还是自己的车马，去往南京？如果乘坐驿车，银牌可以到南京尚书省取。"在金代，品级不同的官员乘驿有非常严格的等级限制，品阶不同，驿站配给的随从、驿马、钱粮的数量亦不相同。正二品及以上官员可以授予金牌，佩金牌的官员乘8匹驿马。从七品至正二品的官员佩银牌，乘3匹驿马。从九品以上至从七品的官员佩木牌，乘2匹驿马。御史中丞李筹是从三品，刑部侍郎萧中一是正四品，户部郎中高德基只是从五品。所以，海陵王让他们按照"银牌"使者的身份乘驿马是合乎规制的。他们三人也都觉得有公家车马坐，肯定坐公家车马走啊。于是，李筹便让海陵王先授予代表可以乘驿的银牌。由此可见，银牌具有驰驿讯事的权力，而且这种权力是得到朝廷职官承认的。中使回来复命引得海陵王大发雷霆，再次遣中使责问李筹："符牌授予不授予是皇帝的事，哪轮得到你多嘴，难道是因为你们三个人中，你官最大吗？"于是，李筹挨了三十大板，责

女真崛起：辽朝后方的强大部族

令他乘自己的车马去往南京，高德基与萧中一乘驿站车马。海陵王为何怒火中烧原因不明，但是银牌的确用于派遣驰驿使臣。

当然，金代银牌与辽代银牌存在很大差异。辽代的银牌，除上传下达外，还可以"抽发兵马""取索物色"。这里不得不提的就是辽代的"银牌天使"。辽朝的"银牌"有三种：第一种，金镀银制成，共有三道。辽代的三种符牌都是在牌面字迹之上镀金，而并非是银牌、木牌上面镀上一层金，所以"银牌"并非都是银制造的，但统称为"银牌"。此种银牌上面写着契丹文的"朕"字，[金代"符牌"上同样刻有文字吗？是的。也与辽的"符牌"上一样，刻的是他们民族的文字女真文吗？并非如此。金初并无文字，日常借用汉字、契丹文字等，后来才创制自己的文字。女真文字分大小，金人首先颁行的是女真大字。大字的颁行比第一次造金牌、银牌的时间晚三年。因此第一次造的金代金牌、银牌上的文字也是契丹字。金朝第二次更造金牌、银牌是在金熙宗皇统五年（1145），女真小字的颁行时间是天眷元年（1138），也就是第二次更造符牌之后的第七年，根据文献提供的信息我们得知，女真小字实际真正使用并非紧随它颁行之后，但也确实早于皇统五年（1145）更造符牌之前，所以这次更造的金牌、银牌理应刻的是女真文字。有学者研究认为，金熙宗

第二章　"共苦契丹残扰，而欲自立国尔"

第二次更造符牌的目的就是要把契丹字的金牌、银牌换成女真字的金牌、银牌。只是三年之后，熙宗就为海陵王所杀，降封为东昏王。对于熙宗的所有行为，海陵皆已全盘否定，这也成为第二次铸金牌、银牌但"其制皆不传"的真实原因］只用于抽发兵马。辽时朝廷一旦有警，皇帝亲手将银牌授予使者，使者将其戴在脖子上，乘驿马飞奔南北大王处调兵，南北大王见银牌如见皇帝，立刻发兵。使者再乘驿马回去复命，辽帝将银牌收回，交于牌印郎君收掌。其余事情都不能动用此牌。此银牌日常不用之时，盛于特定漆匣内，皇帝每天都要检查一遍，以确认是否被偷或者被调换。牌印郎君需轮班日夜守护。这活儿可不好干啊。史有大安中，耶律章奴补牌印郎君，乾统元年（1101）兼领牌印宿直事，以当值期间值夜不谨慎，所做之事不合为官体统，降知内客省事。第二种，也是金镀银制成，共有七十二道。牌上面书写契丹文"敕走马"，（金代的"符牌"上写的又是什么文字，代表什么含义呢？《金史》明确记载，金牌、银牌作为符节，上面写有太祖完颜阿骨打的"御画"。何为"御画"？"御画"就是"画押""御押"，形似"主"，代表皇帝的命令，解释作"敕"。书写的文字是"走马"，驱马快跑、速度前进之意。）使者拿到银牌后挂于腰间，飞马到辽代五京各地征取各种物品和到北宋索取野味、鹿茸、果子。第三种，是用木头刻成，共有十二道。牌上面书写契丹文"鱼"字，左边根据本国所历几世用刻度刻作几刻，右边用金镀银叶镶成契丹文"永"字。作为去往女真、鞑靼（蒙古）取要各种物品的凭证，或抽发兵马之用。使者将此种牌挂在左边腰间飞马而行，女真和鞑靼两国验证后以为凭信。我们要控诉的"银牌天使"就是他们。

辽代"银牌使者"到女真境内胡作非为，穷年累月，最终招致灭顶之灾。史书记载"天使"所到之处，百般索取，各个部落部众上缴物品稍有迟疑，就会受到一顿棍棒鞭打，被处死的无辜百姓更是比比皆是。各部敢怒不敢言，只能将怨恨积压在心里。辽朝"天使"们明知自己的恶行却并未收敛，因为头上有皇帝的光环加持，所以行为愈加猖狂。大辽极盛时候，"银牌天使"到生女真诸部，还要求每晚必须有美女作陪，美其名曰"荐枕"。开始的时候只允许找身份地位低下家庭未出嫁的女孩侍奉，后来他们竟然蹬鼻子上脸，不顾女孩出嫁与否、门第高低，只要看中，就要求必须"荐枕"。女真人在物质与精神上受到这般的欺侮，想必契丹人不会有好的下场。所有事情，都是在一个合适的机会发生。女真人与契丹人之间的这场殊死较量，终于因为契丹人索要"海东青"无度，给了女真人起兵反辽的借口和最好理

第二章 "共苦契丹残扰,而欲自立国尔"

由。一场生死大战在即,不可一世的契丹人最终葬送在"天使"们的手里。

如今所见元代牌子稀有,但据学者研究,其中也有一类是派遣使者的牌子。这种牌子分为两类,一种是蒙古皇帝或者元朝廷直接颁发给赋予特殊使命的使者的临时牌照,他们只需根据使命执行特权即可。还有一种被研究蒙元史的学者称为军务遣使的圆牌,主要是用来当作与驿站之间凭信的工具,由朝廷掌管、颁发,但也可以发给外地蒙古官长,由各地官长遣发使用。元朝在各地设立驿站,每个驿站都有站户,驿站的车马和往来使臣的饮食需要站户供应。往来使臣借此恣意取要钱物,索取酒食,勒索草料。他们恃威挟势,百般挑剔为难,差往江南的使臣自称不能吃猪鱼雁鹅鸭肉,只吃羊肉。差往东北女真地带的使臣,要求必须现吃现宰。他们到那儿命妓纵酒,颐指气使,无所不能。站户苦不堪言,往往被迫逃亡,逃不掉的只能卖掉妻子儿女充当此役。这与辽朝的"银牌天使"如出一辙。

辽朝的银牌制度,是在唐朝符牌制度的基础上发展起来的。金朝也有银牌制度,大体上继承了辽制,但权力则远不如辽,金朝银牌只用于紧急通信联络和迎送南宋使者。女真人正是因为经历过契丹"银牌天使"的征索,深受其害,所以即便金代的"银

女真崛起：辽朝后方的强大部族

牌天使"课盐、馈粮、发内藏，但相比辽朝已经看不到强行征索的现象。从所见史例看，辽代"银牌"的作用与金代"金牌"相似，主要表现在对内、对外两个方面：对内侧重对将帅的战前激励、战后奖赏，对外注重对未降、已降群官卒众的招抚、抚慰。"银牌"到手，就意味着将人事任免权力牢牢掌控。金代还常常将"银牌"与"空名宣头"一并授予。"空名宣头"就好比一张人事任免的空头支票。将士们征战在外，军情瞬息万变。主帅一旦需要随时迁授将士，程序上从下往上需要一一奏请，必然稽滞误事，所以"空名宣头"很好地解决了这个问题。金"符牌"制度建立之初，对皇权象征意义很强的金牌、银牌的授予、保管、使用是非常规范且严格的，"符牌"丢失是掉脑袋的事情。正隆四年（1159），萧恭奉命经略西夏，返回途中行经临潼时，将所佩金牌丢失，因此忧患成疾。那个时期，丢失金牌是何等大事，此事传于海陵王耳中，海陵王十分生气，虽然重新授予他一枚金牌，但在给萧恭的回复当中，言语中无不带着质疑与讥讽："我既已知你将信牌丢失，这的确是你不严谨、不小心行事所致，你本就该忏悔自省。我刚想重用你，将重要使命交与你的时候，你就借此称病推托是何意？你去的时候是身佩信牌信誓旦旦，回来告诉我牌子丢了，这是要撂挑子不干还言之有理的意思吗？"正

第二章 "共苦契丹残扰，而欲自立国尔"

隆四年（1159）萧恭时任兵部尚书征战于西部边境，海陵王完颜亮认为，他将所授予金牌丢失当作自己不堪重任的借口，以此打退堂鼓，于是才有了上面的回复。但从后来记录的史实可以看出，这事儿确实是完颜亮多疑了。当使者见到萧恭时，他已然病入膏肓，但仍然屈膝下拜、以额触地，行跪拜礼表示对海陵王的十万分忠诚，之后没多久便去世了。事情的真实原委到底如何已经无从知晓，但我们不难看出，"符牌"丢失一定并非小事。时至金朝后期，兵兴且与日增多，符牌授予泛滥，金宣宗时仝子阳曾任徐州行枢密院参议官，他上书陈说符牌颁发无度的情况，甚至市井道路随处可见，虽有夸张的成分，但可见当时符牌泛滥的程度。仝子阳请求朝廷要有所甄别地颁发授予，以取信于朝臣。宣宗在皇宫之中根本无法理解仝子阳所讲的这些事情，心里明显没有主意，将此事告知丞相术虎高琪，术虎高琪轻描淡写地说："此时国家多难，正是用人之际，眼下这已经是最好的解决办法之一了。"因此，类似"空名宣头"的颁布授予，更需要规范的制度予以约束。

再次，时隔近30年之后的皇统五年（1145）三月，金熙宗更造金牌、银牌。有学者认为，金熙宗更造金牌、银牌并非完全是为了配合"天眷新制"颁行官制，规定百官仪制、服色等内容，符制变革更深层次的原因是，废除汉人和渤海人猛安、谋克世袭制，不再强调金牌授予万户、银牌授予猛安，因此必须要更造"符牌"。改革之后的金牌、银牌，主要用于派遣驰驿的使臣和对外交往的使节，所以"信牌"改称"递牌"。

《金史·章宗纪》中明确记载，女真人想要传递文字，需要根据递牌牌面和所刻写文字颜色，来区分所要传递文字信息的重要程度，根据所传文字内容级别，制定与之配套的掌付流程。此木制的"递牌"只用来传递文字，与外交使者所佩"符牌"不同，并不具有其他功能。世宗、章宗时期属于金朝发展极盛阶段，各项制度亟待完善，又加上章宗时边境不宁，符制发展也进入新的阶段。章宗承安元年（1196），初造虎符发兵。女真人有意将"递牌"与"虎符"的功能进行区分。贞祐三年（1215），更定枢密院用鹿符，宣抚司用鱼符，统军司用虎符。

三、"头鱼"舞者

辽帝一年中进行的四时捺钵，春、夏、秋、冬各有不同的活动内容，春捺钵主要是钩鱼和捕鹅。其实，渔猎是契丹旧俗。《辽史》记载辽居"松漠"，最为强盛。"松漠"地带的地理环境、

第二章 "共苦契丹残扰,而欲自立国尔"

天气气候对契丹民族以畜牧、田渔为主的生产生活方式的形成产生重要影响。在这个地方生活,渔猎是无奈也是必需。到底是什么样的地方造就如此旧俗?关于"松漠"的地理位置,历史、考古学界专家的观点仍然存在分歧,这里介绍几种代表性的观点:一种认为"松漠"的地理范围与今科尔沁沙地的分布区域基本吻合。另外,也有学者认为,历史上燕北地区也曾被称为"松漠"。"松漠之间"实际是指今大兴安岭南段山地和冀北山地与科尔沁沙地之间呈"C"字形分布的广大黄土台地及黄土丘陵地区。有人还认为,"松"即松林,"漠"即沙漠,"松"和"漠"应该分开,并不共同指代一个地方,理应被视为独立的地理区域对待。这时候就有学者站出来反对这一说法,他们认为"松漠"并非分与合的问题,因为"松漠"只有"松"而压根没有"漠","松"就是指史书上的"平地松林",大致为今围场满族蒙古族自治县至喀喇沁旗以北、克什克腾旗以东、扎鲁特旗以西及以南的广大地区。对于"松漠"的追问至今仍然没有停止脚步,所有这些努力只为帮助今人更好且更多地真正了解我们的先祖。"松漠"到底是哪里,学者虽然没有给出一个标准答案,但无疑这个神秘的地方与科尔沁沙地注定脱不了干系。科尔沁沙地,位于东北平原西部。东北平原自北往南,由三江平原、松嫩平原和辽河平原构

女真崛起：辽朝后方的强大部族

成，贯穿整个东北地区。从全区地势看，整个东北地区形成半环状的三个带，最外一环是黑龙江、乌苏里江等河谷谷地。内接山地，高度不大，西部山地以大兴安岭为主，东与伊勒呼里山、小兴安岭山地相接。东部山地主要有张广才岭、长白山等。这些山地和丘陵环抱着松嫩平原，在东部松花江下游及乌苏里江左岸，是低湿的三江平原。松嫩平原往南就是辽河平原。东北地区地形的轮廓在不同程度加强了气候的寒湿性。科尔沁沙地就在东北平原西部与大兴安岭、燕山山地交叉的三角地带。主要分布在西辽河下游干支流冲积平原上。历史时期的这一地区，劲风多寒，所以契丹人常常随阳迁徙，岁无宁居。"松漠"何以得名？"松漠"北与大兴安岭森林相接，早在汉魏时期，这里就分布有成片的针叶林或针阔混交林，东晋南北朝时期，沙地进一步沙化，松树与沙漠相间分布，由此得名"松漠"。"松"指"平地松林"，"漠"指"草原沙漠"。"松漠"一词最早出现于《魏书·库莫奚传》，《魏书·契丹传》记载契丹国在库莫奚东，异种同类，俱窜于"松漠"之间。库莫奚也生活在"松漠"中，"库莫"是蒙古语，意思是细沙、沙粒，水中尘土。也有学者认为，"库莫"是古汉语"枯漠"，有干枯的沙漠之意。这都可以反映出当时科尔沁沙地基本的自然环境。契丹人当时就生活在这样的环境当中，所以《辽

第二章 "共苦契丹残扰，而欲自立国尔"

史》才会有辽国尽有大漠，辽地处大漠之间，多寒多风的记载。从气候条件来看，这一地区整体温带半干旱大陆性季风气候特征显著，南北温差大，最大温差接近10摄氏度。一年当中，冬季时间最长，能达到近6个月；夏季时间较短，大概也就2个月的时间。春季刮风天比较多，降雨很少。秋季气温下降很快，霜冻很早。这样地理和气候条件下的契丹人心中，只能对冬天印象深刻，所以史书中对这里多是大漠、寒冷、多风的描述而并无其他。这样的地方，显然不适合农业生产。

这里虽然沙海一望无际，但并不影响这一地区拥有丰富的地表水资源。前人栽树，后人乘凉，根据史书的记载，此处在辽朝以前就有众多河流湖泊分布。北宋路振充契丹国主生辰国信使，率团使辽向辽帝祝贺生日。使团越宋辽边境后记录沿途地名及地理概况，其中记载炭山这个地方，虽然地属寒凉，即便盛夏时节也需要穿着厚厚的裘皮衣服，掘地数尺，就有莹洁如玉的冰层，直到秋分才彻底消释。路振原本是要描述炭山的冷，但同样不难看出此地地下水也十分丰富。同是出使辽朝的使臣宋绶记录他的一路见闻时曾提道，70里至今内蒙古自治区通辽市奈曼旗西南康家营子乡一带，这里是辽的一个驿站，名叫香山子馆。这个驿馆前倚土山，临小河。在它东北30里处，是长泊，今考察此

女真崛起：辽朝后方的强大部族

地仍有水泡子。宋真宗时，晁迥去往辽地祝贺辽朝皇帝生辰，回来之后告知宋真宗，长泊多野鹅、野鸭。走过一片沙漠，再过白马淀，90里之后就能到下一个驿站水泊馆。这表明白马淀以南有广阔的沙地，实地考察之后发现如今这里仍有许多泡子，想必之前这些泡子都是连成片的。往前再过了土河，来到撞撞水，这里风沙很大，树多人少。撞撞水即今老哈河响水瀑布。长泊、白马淀、水泊馆、撞撞水形成了沙漠水系网络。可见，这一地区森林、草原、河流湖泊众多，但大漠之中冬季漫长天气寒冷。所以，契丹人居住区域的自然以及气候条件，使得游牧渔猎成为他们经济活动的重心之一。如果说长城以南的百姓靠农业耕作填饱肚子，种植桑麻遮衣蔽体，营造房屋宫室用来居住。那么大漠之中的契丹人，必须要靠畜牧畋渔、皮毛以衣来保障生活；他们只能车马为家，四时随水草迁徙。这是天时地利所造就的契丹民族生产生活旧俗。

辽人占据大漠，因地制宜、成就治世。他们秋冬避开寒冷，春夏躲避酷暑，随水草打猎和捕鱼，日复一日，年复一年。四时各有行在之所，被叫作"捺钵"。游牧渔猎活动最开始的时候，经济活动功能突出，契丹人要通过这些活动来补充他们的生活资料。后来随着农业经济的发展，农耕生产占比越来越多，以前那

第二章 "共苦契丹残扰，而欲自立国尔"

些活动在军事和游猎娱乐方面的功用变得更为突出。辽帝捺钵，契丹臣僚及汉人宣政院所属百官从行，捺钵所在地也是处理政务的临时机构。名义上是辽帝游猎娱乐，实际上也是借此机会对各方官吏和诸夷酋长进行观察。

辽天庆二年（1112），春捺钵如同往年一样进行得如火如荼，捕得"头鱼"之后，"头鱼"宴会按例举行，群臣唱歌跳舞，好不快活。捕到什么样的鱼才算是"头鱼"呢？关于"头鹅"的定义，古今学者给我们做出了不同的解释：一是在鹅群中为首者，称"头鹅"；一是捺钵捕鹅开始之后，获得的第一只体重超过30斤，用作"头鹅"宴食材的那一只，被称为"头鹅"。"头鱼"应该与"头鹅"的含义相似。既然被称为"头"，所以无论在哪一个方面，总要占个第一才应该具备被皇帝挑中的资格，要么是鱼中的老大，要么是第一个被抓而且还很肥美。倘若没有什么名头，自然入不了皇帝的法眼，因为那显然拉低了帝王的身份等级。

按照惯例，辽帝捺钵，周边诸部酋长是要前来朝贡的。契丹人刚刚建立政权的时候，女真人在朝贡活动方面表现得十分积极。生女真各部与当时的辽朝政府属于羁縻关系，他们绝大部分都是到契丹皇帝所在的捺钵进行朝贡。所以，完颜阿骨打这次来并非仅仅是受邀参加派对，而是要携带贡品前来祝贺的。女真人

女真崛起：辽朝后方的强大部族

携带土特产品前来朝贡，辽朝也对女真部落诸酋长授予官号并赏赐财物，二者各取所需，关系还算和谐。双方朝贡关系从辽太祖天显元年（926）开始，直到辽末天祚帝天庆四年（1114）结束。完颜阿骨打这次来春捺钵是照旧例参加，可见此惯例至少在辽朝末年早已有规律地执行。东北地区因民族政权关系复杂，所以辽廷为了加强控制，辽帝春捺钵期间，东北各部族、属国要朝见辽朝皇帝，而辽帝也多巡视东北地区，为的是使他们不生异志，从而加强与东北地区的联系，更好地实行统治。史书并没有记载完颜阿骨打因为没带贡品而受到谴责，照此来看，他尽管百般不情愿，但多多少少理应是带着点东西来的。

是的，他来了，他带着满腔的愤怒来了。

完颜阿骨打不得不来，因为此时完颜阿骨打非常了解自己当下的实力，他暂时是没有能力与辽廷起正面冲突的，不然的话，他完全可以不来，史上就有这样的例子。开泰元年（1012）正月，按辽帝要求女真诸部首领要亲自到捺钵朝贡，辽圣宗也同样诏令高丽王询来朝，但是高丽王询派了田拱之奉表称自己生病不能前来，辽帝一听就明白了，这是没把辽朝放在眼里，根本就不想来呀。于是，辽圣宗立刻决定对高丽开战，索要鸭绿江以东六州之地。之后的开泰五年（1016）到开泰八年（1019），辽朝军

第二章 "共苦契丹残扰，而欲自立国尔"

队连年出兵征讨高丽。面对这样的局势，高丽不得不选择与辽握手言和。终于在时隔七年之后的开泰八年十二月，高丽王询派遣使者朝贡方物，二者关系得以缓和。所以，完颜阿骨打虽然不情愿来捺钵地见辽帝，但由于自己的羽翼尚未丰满，也只能卧薪尝胆等待时机。

"头鱼"酒宴属于朝廷宴飨，尤其辽朝末年，这等场面也许契丹、汉人早已经司空见惯，但是在这些没怎么见过世面的边疆诸部属国之众眼中，属实灯红酒绿纸醉金迷般乱了双眼。他们想，贡品拿都拿来了，还不放开了肚皮吃喝？为了彰显辽廷宗主国地位，辽帝是必须要有一个发言环节的。把酒言欢、觥筹交错之际，天祚帝发话了，他命令诸部酋长按照顺序一个一个献歌献舞，以助酒兴。但是他万万没想到，就是他的这一个决定，给足了女真人起兵反叛的借口。其他诸属部属国酋长依次歌舞之后，终于轮到完颜阿骨打。完颜阿骨打本就没想要顺从天祚帝的意愿，所以他腰杆挺直、眼睛眨都不眨地就那么看着天祚帝，直白地拒绝了他。在这样的场合，天祚帝哪能受得了这般的无视与羞辱，他接连三次命令完颜阿骨打，但是最终完颜阿骨打也没能让他如愿。面对这样明目张胆的作对，天祚帝已然是嗅到了硝烟的味道。他偷偷告诉枢密使萧奉先："完颜阿骨打今天气焰嚣张，

109

女真崛起：辽朝后方的强大部族

行为反常，我们应当找借口将其灭口以绝后患。"天祚帝本就生性多疑，加之完颜阿骨打的这一番行为举止，因此对他产生怀疑是必然的，但萧奉先似乎没有意识到问题的严重性，也可能是本就意识到了但是根本不重视，他反过来劝慰天祚帝："完颜阿骨打是一心臣服于本朝的，如果将其杀害，恐怕伤了诸部酋长的向化之心。退一万步讲，即便是他完颜阿骨打有什么其他的想法，那等鸟不拉屎的地方走出来的人，能有什么大的能耐？"正是有了萧奉先的这一番开脱之词，完颜阿骨打得以全身而退。

其实来都来了，本应该再忍一忍的。但是，这"头鱼"舞者的身份着实让完颜阿骨打忍无可忍。正常来讲，女真人宴饮之际也是必伴以歌舞助兴的，这是他们的习俗，完颜阿骨打应该是很熟悉也很擅长的。契丹皇帝捺钵活动之后的宴饮，也是讲究宴乐一体、伴以歌舞的。在这样的场合，完颜阿骨打歌舞庆祝，理应是合情合理的。可是，他之所以不愿舞，是因为本来应该至少表面上共同欢乐的局面，却变味成了辽帝的独自享乐，享受他高高在上、不可一世，将别人踩在脚下的那份快乐。这绝对是完颜阿骨打当时最真实的想法。为什么这么讲？首先，一直以来，完颜阿骨打都觉得辽廷是区别对待北宋和其他属部属国来的使者的，并没有真正将捺钵宴饮当成维系和昭示草原君臣之间特殊关系的

第二章 "共苦契丹残扰，而欲自立国尔"

桥梁，甚至有时候有意贬低和踩踏属国属部。曾有辽太宗会同三年（940），晋宣徽使杨端、王眺等诸国使朝见辽朝皇帝，辽太宗便殿赐宴，杨端、王眺进酒并歌舞助兴。同年端午，诸国使臣前来共同祝贺端午佳节，辽太宗也下令命回鹘、敦煌二使跳本国舞活跃宴会气氛。但辽朝在春捺钵期间举行"头鱼""头鹅"宴，邀宋使参加时，则诏令宋使钓鱼、赋诗。从史料上来看，北宋使臣多有被邀请参加宴会的记载，却并不见歌舞助兴的描述，并且在朝见辽朝的皇太后、皇帝时，西夏使者的地位明显比宋、高丽要低。曲宴仪是辽朝专门接待宋使的朝宴规格。史书更有记载，宋辽敌国，遣使往来，非蕃国所能比。面对如此差别的对待，完颜阿骨打心里自然从一开始就是不乐意的。

其次，按照惯例完颜阿骨打可以进酒并献上歌舞，但在这种场合，辽廷该回应的接待礼仪一定是需要注意的。自秦汉一统以来，贵族文人在宴会上通过舞蹈的形式敬酒或者是以舞相属，用以实现某种意图的这种礼仪性质的宴飨乐舞形式是很常见的。它不同于伎乐，需要由另外专门的乐工演奏娱乐，这种乐舞的参与者是宴会的主人与客人。宴会当中有人开始起舞之后，他可以随时将接下来歌舞的接力棒，交给他选中的另外一个人。但是不能强行令他人起舞，因为这不符合传统典章礼仪制度的规定，不是

女真崛起：辽朝后方的强大部族

君子的行为，容易受到指责，甚至会丢掉性命。同时，被邀请起舞的一方应该及时起舞以对对方的邀请进行热情的回应。如果坚持不起舞，实则是对邀请者的大不敬，属于严重失礼的行为。所以这种宴飨当中的歌舞唱跳，是强调秩序和彰显礼制的。

对待春捺钵头鱼宴会之上的、汉人称作礼仪秩序的这些行为，完颜阿骨打一定是没有已经立国200余年的契丹人懂得更多。这就意味着，契丹人对自己的行为心里是非常清楚的，分明就是对完颜阿骨打这些属国属部的鄙夷与不屑。

纵观辽代宫廷举办的各种宴饮聚会，演奏乐舞已经不仅仅是宫廷教坊伶人们的工作，有时候皇帝会亲自充当演奏者进行乐器演奏，有时候来朝贡贺寿的使者们即兴起舞，还有一种情况就是如完颜阿骨打这般被辽帝强制命令献舞。完颜阿骨打觉得自己是被强制的，但很有可能，天祚帝根本就没在意完颜阿骨打是怎么想的，因为他根本不用在意，他以为这件事稀松平常也理所当然。加之完颜阿骨打起兵之心已有，他再看到辽帝的任何行为都觉得是在有意为难他，即便是其他诸部酋长的舞蹈都已经跳过了，甚至他以前也跳过，但是这次，他就是不想跳。从很多件事情中，都能看出完颜阿骨打确实反辽决心已下。比如完颜阿骨打担任生女真部族节度使之后，就一直有条不紊地进行着兼并邻

第二章 "共苦契丹残扰，而欲自立国尔"

近诸部族的行动，其中有赵三、阿鹘产顽抗到底、誓死不从，完颜阿骨打一怒之下带人将其家掳掠一空。二人眼见武力上不占优势，无奈之下来到咸州详稳司状告完颜阿骨打，还扬言如果详稳司不管，就告到辽朝最高军政权力机关北枢密院。完颜阿骨打知晓后，带500余骑兵直接来到咸州详稳司。辽朝官府一见完颜阿骨打这个排场，上下都十分震惊。想不到一个不受待见的小小部族节度使，竟有这般气魄。第二天，赵三、阿鹘产和完颜阿骨打三人一并跪在堂下接受审问，完颜阿骨打别的不说，只提出要求让他回去取他的诉状。结果天刚黑，完颜阿骨打便趁着夜色带领全部骑兵迅速离开了这个是非之地，只留下一人带着诉状到详稳司，通知他们："不是我自己要走，是因为你们不怀好意意欲加害于我，所以我才不得不离开的。"完颜阿骨打这用的分明是"坏人"先告状的把戏啊。这时详稳司派人追赶，却早已无能为力了。这是发生在天庆三年（1113）三月的事情，也就是完颜阿骨打从"头鱼"宴会返回之后仅仅一年之内发生的事情。可以想见，此时的完颜阿骨打如若不是已经决意反辽，是不敢明目张胆骑马闯入咸州官衙，而后又不辞而别的。也正是因为回来之后，完颜阿骨打猜测天祚帝定然已经知道他意欲起兵，所以才决定撕破脸皮的。

第三章

取辽成功

史书当中关于金太祖完颜阿骨打外貌形象的记载并不多见，但他的一桩桩事迹给足我们尽情想象的空间。金上京遗址东面山脉花岗岩上有一幅武士的壁画。武士穿着少数民族传统的胡服，头戴战盔，手握弓矢，足蹬长靴。他仪表堂堂，目光炯炯有神，气宇非凡的外表下俨然透露出一种刚毅坚定和勇往直前的神情。给人的形象是矜重庄严、沉稳干练，给人的感觉是气贯长虹、英姿勃勃，有气吞山河的气概。有学者从各方面分析认为，眼前这位武士确是一位帝王，似为金太祖完颜阿骨打。

第三章 取辽成功

辽道宗咸雍四年（1068）七月，已经进入夏天的东北，褪去了冬季的朔风凛冽与春季的乍暖还寒，俨然已经长天大日，夏水汤汤。七月初一，一个再平凡不过的日子，因为完颜阿骨打的出生而载入史册。完颜阿骨打是金世祖的第二个儿子，他的母亲是翼简皇后拏懒氏。他的哥哥是康宗乌雅束，叔叔是肃宗颇剌淑和穆宗盈歌。哥哥康宗乌雅束去世之后，完颜阿骨打继承节度使，后建立金朝成为开国皇帝，他就是历史上赫赫有名的金太祖。英雄人物的出生总是伴随着祥瑞的降临，完颜阿骨打也是如此。夏日的雷雨，仿佛永远都是小孩子脾气，说来就来，说走就走。头顶厚厚的乌云只要被风一吹，便像是急着要去干些什么一样四处散开。雨后初霁，太阳仍然是天空中的霸主，射出耀眼的光芒。蔚蓝的天空，瞬间挂上一道七色的彩虹。辽道宗时，东方天际频频出现五色云气，大的就像能装2000斛粮食的粮仓，犹如那雨后彩虹般耀目璀璨。完颜阿骨打就是那天空中炽热的太阳，是那个时代真正的霸主。天空中的这一幕异象，或许可以瞒得了你我，但怎么会逃得过掌管天象的司天的眼睛。见到此景，司天孔致和心中暗自忖度，冥冥中有了不好的预感，他偷偷告诉身边人："这等天象预示着有异人降生，此人将成大事。这是天意，并非人力所能阻止。"其后，太祖完颜阿骨打降生。那时候契丹

女真崛起：辽朝后方的强大部族

人丝毫没有把这个小娃娃放在眼里与心上，直到他慢慢长大……

一、不遣罪人引燃导火之线

日复一日，年复一年，完颜阿骨打一直在很好地长大。女真人生性勇猛坚毅，做事果敢。小时候的完颜阿骨打就淋漓尽致地展现出了先祖们的优良基因。幼时的完颜阿骨打在父兄们四处征战的环境下长大，自小舞刀弄枪、气度非凡。他与伙伴们一起玩耍斗武，不仅那股生猛的劲儿是其他小伙伴不能比的，他的力气也是小伙伴中最大的。年幼时的完颜阿骨打不仅身强体壮，还能做到举止端庄持重，丝毫没有小孩子那般的任性放纵与习武之人的粗野鄙陋。正是如此种种良好的秉性特征加持在一起，金世祖因此十分疼爱这个儿子，更看重这个儿子。

金世祖在与腊醅、麻产于野鹊水进行的激战中受伤，病势沉重之际，他把完颜阿骨打叫来身边，一把将完颜阿骨打置于膝上揽在怀中，抚摸着他的头发，目光中满是欣赏与骄傲地看着眼前这个未满10岁的儿子，意味深长地对他说："我儿已经长大，而且成长得已然这般威武，我还有什么要忧虑的呢？"这番话或许让旁人听了觉得十分伤感，但这也是父亲对儿子的信任，更是作为部落联盟长对后继有人的欣慰。完颜阿骨打也不负父亲的期望,自小饱经风霜但百折不挠。

生女真生活在东北地区北部,周边自然环境艰苦,这造就了他们吃苦耐劳、坚韧不拔的性格,也给足了他们一身渔猎的看家本事。完颜阿骨打10岁时就能够把弓矢练得有模有样。射箭狩猎早已成为成年之后的完颜阿骨打的拿手绝活儿。曾记得有一天,辽朝使者出使来访生女真,辽朝使者当时正端坐在大帐当中。他看见帐外的完颜阿骨打手持弓矢,正准备射天上的乌鸦群。辽使目不转睛只笑不语,心里正盘算等着看这个女真人出丑。可是让他大跌眼镜的是,眼前这个甚至叫不上名字的年轻人连着射了三支箭,支支命中。辽使意外之余更是震惊万分,直呼:"这绝对是个奇男子。"在二者关系胶着的情况之下,可以充当使臣的人,一定都是朝廷内出类拔萃、见过世面的能人,能够让他们都赞叹,可想而知,完颜阿骨打的射猎水平至少在契丹人那里也是一等一的。

史书当中记载完颜阿骨打善射的例子,绝不止这一件。又有完颜阿骨打与众人以远处土堆作为标志比试射箭,看谁射得更远。在所有人当中,谩都诃是公认号称射得最远的那个,当时完颜阿骨打还没有什么名气。前面的人依次射完之后,射得最远的

女真崛起：辽朝后方的强大部族

那个人最终射出的距离，离目标还是差了近百步，也就是说根本连土堆都还没有射到。等轮到完颜阿骨打，他不慌不忙，一箭射过去，远远超过了土堆320步。史书记载此事虽有夸张成分，但据正史当中多次对完颜阿骨打射猎本领的描述，足以证明他精于射猎且弓不离手。

金朝建立之前，勇往直前且拥有一身好武艺的完颜阿骨打，协助父亲世祖劾里钵、叔叔肃宗颇剌淑、穆宗盈歌、兄长康宗乌雅束，克服、战胜部落联盟内部的不统一因素，立下了很多的功劳，也积累了他沙场上的经验，锻炼了他的心性。父亲世祖劾里钵在世时，有父亲和兄长冲锋陷阵在前、出谋划策在后，所以年轻气盛的完颜阿骨打血气方刚，打起仗来天不怕地不怕。乌春死后，窝谋罕听闻世祖劾里钵要继续讨伐他。他自知正面迎战肯定打不过，于是眼睛一转，八百个坏心眼子就来了。窝谋罕找到契丹人，想让契丹人出面当和事佬，与世祖和解。辽朝方面同意了窝谋罕的请求，已经如约前来。当时世祖也答应与窝谋罕握手言和，军队也已经到了约定的地点。可就是这箭在弦上之时，窝谋罕突然请求世祖暂缓进军，说是要把之前逃到自己阵营的完颜部部众，全部归还给世祖。世祖心里盘算，都到这个节骨眼上了，难道窝谋罕还会耍出什么其他的花样？肯定不会。于是他为保存

第三章 取辽成功

实力减少流血牺牲,也是为顾及辽廷,不想与辽廷为敌,便同意了窝谋罕的建议,停止行军,并且派乌林答故德黑勃堇前去接收这些被归还的部众。但血淋淋的现实告诉世祖,奸诈诡谲、反复无常之小人的话绝对不能轻易相信。窝谋罕临时反悔了,他根本就是想以此为借口暂做缓兵之计,给予自己喘息的机会。等他准备好之后,窝谋罕随即便以300名骑兵进攻世祖,世祖一败涂地。这一战既是败给了窝谋罕的老练,更是败给了世祖的天真。

这一事件发生的整个过程,作为局外人的辽朝使者看得一清二楚。他看不惯窝谋罕这种战场上的言而无信和背信弃义,决定不再支持窝谋罕与世祖和解,打算与完颜阿骨打一起围攻窝谋罕。因此,双方结盟组成临时战队。世祖派出完颜阿骨打冲锋在前,将窝谋罕一举困在城中,准备攻城。当时完颜阿骨打年仅23岁,虽初出茅庐但胆识过人,他只身冲在最前方号令诸军,身上也只穿了个短甲,头盔也不戴,战马也没有甲衣。城中窝谋罕军队将士一眼便认出完颜阿骨打,而且眼见他并没有做好战斗的防护措施,认为这是擒杀完颜阿骨打的绝佳时机,所以即刻就有一名叫太峪的壮士自告奋勇乘骏马持枪出城。他想要趁此机会降服完颜阿骨打,向窝谋罕邀功。太峪径直飞奔出城,驰刺完颜阿骨打。完颜阿骨打一个没注意,躲避不及,幸得舅舅活腊胡把他救

119

下。可以看出，年轻气盛的完颜阿骨打在战场上，有着年轻人的冲劲与天不怕地不怕的闯劲，绝不是贪生怕死之辈。他常常偷偷溜出部落联盟的大营杀伐于敌阵当中，而不让父亲知道。曾经有一次返回大营的时候，对方重兵在后面紧追不舍。完颜阿骨打没有办法，孤身飞奔进了隘巷，眼看已经无路可走。追兵见此情形，更加不想错失擒住完颜阿骨打的良机，于是死死盯住完颜阿骨打，最后完颜阿骨打靠着战马才侥幸逃过一劫。据史书记载，女真人的战马十分厉害，可以飞檐走壁。

完颜阿骨打虽然年纪尚轻，也不是次次都能全身而退，但绝对是身经百战。这么多年战场上的死里逃生，练就了他坚韧不拔、果敢勇猛，不到最后决不放弃的刚烈个性。而动荡年代里弱肉强食的残酷现实，则养成了他心思细腻、知人善任的行事风格。

后来世祖卧病在床，嘱托完颜阿骨打到辽统军司去完成他交代的一项任务。将要出发之际，世祖对完颜阿骨打千叮咛万嘱咐："办完事情一定要速速返回，五月十五之前回来，尚还能见上我一面。倘若再晚一步，恐怕咱们父子就阴阳两隔了。"完颜阿骨打完成父亲交代的差事之后，不敢有一丝一毫的耽搁，即刻启程往回赶。终于赶在世祖去世前一日回来了。世祖见完颜阿骨打事情办得顺利，他握着儿子的手，悲喜参半。喜的是儿子已经长大，完

第三章　取辽成功

全能够独当一面。悲的是儿子已然成事，自己却无缘再陪伴他。他使出全身的力气，挺了挺已经不再结实的臂膀，搂着完颜阿骨打的脖子，轻轻地抚慰他。当时的世祖，得有多么的欣慰与不舍啊！他转过头对弟弟穆宗盈歌说道："我的大儿子乌雅束，性格生来温柔善良，对待他人太过于信任。唯有阿骨打能够了却我们与契丹人之间的恩怨。"这是弥留之际，一位父亲对儿子的寄托，更是一位首领对未竟事业的不甘与惦念。说完之后，这位生女真的英雄首领，带着一生的辉煌与对未来的期盼闭上了眼睛。

世祖去世之后，母弟颇刺淑承袭节度使一职，是为肃宗，肃宗是景祖的第四个儿子。肃宗去世之后，景祖第五个儿子、世祖母弟穆宗盈歌袭位节度使。穆宗盈歌是完颜阿骨打的叔叔，天生的血脉相连加上一路的相互扶持，使得盈歌对完颜阿骨打一直以来也十分倚重。由于盈歌对完颜阿骨打的日常表现十分清楚，又十分信任他，所以往往交给他重要且关键的任务。这一时期生女真部落联盟内部以及周边诸部之间征伐不断，为了争夺地盘与财物常常打得你死我活。

温都部跋忒与唐括部跋葛早有旧怨，双方早就互相看不顺眼了，终于温都部跋忒将唐括部跋葛杀害。当时生女真完颜部在周边诸部当中已然取得了很高的声望，两部之间的这种兼并对于树

女真崛起：辽朝后方的强大部族

立完颜部的威信和继续统一大业十分不利，所以穆宗就命令完颜阿骨打前去讨伐跋忒。完颜阿骨打行军打仗绝非仅靠着一股子莽夫之力，他思路清晰能够随机应变，很有自己的判断。接到任务之后，完颜阿骨打认为这次出征讨伐跋忒，不能有丝毫迟疑，应该立即动身。他告诉穆宗："昨晚我夜观天象，发现有兵火灾变的征兆，这预示着此行一定能大获全胜，所以应该立即出发。"并且让穆宗放心，静候佳音。当时正值冬季，鹅毛般的大雪也好像是接到了什么紧急的秘密任务一样，一场接着一场不停地下。因此，天气较以往格外的寒冷，最重要的是如此恶劣的天气导致不好辨认方向，行进更为困难，这样就给完颜阿骨打行军增加了很大的难度。而且，这也让对方隐藏得更加隐蔽。在这样的极寒天气作战，考验的不仅是军队士兵的实战能力，更是检验主帅的意志与能力。越是面对这样的情况，打的越是心理战。完颜阿骨打面对这场硬仗，气定神闲，胸有成竹。他明白，此时他更应该沉着、冷静。皇天不负有心人，他找到机会之后便一路穷追猛打，丝毫没有懈怠，不给敌人一点儿喘息的机会，一路将跋忒赶到了绝境，最终将其杀死。完颜阿骨打大军凯旋，穆宗亲自迎接他。这不仅仅体现了叔叔对侄子出门在外的惦记，更是体现了主帅对部将的尊重与信赖。

第三章 取辽成功

完颜阿骨打不仅获得了穆宗的认可，也逐渐在军中占有很高的地位。都统撒改准备征伐留可，撒改与军中将帅商议作战方针。当时有两种方案：第一种，先扫平周边部落，目的是避免他们串联，而使得后院起火；第二种，不留余地地径直进攻留可城。现下可行的就只有这两种进攻方案，但是撒改他们怎样也无法在权衡利弊之后拿定主意，作出最后更适合的决定。可是他们都知道，战场上一分一秒都非常关键，为了不贻误战机，保证战事的绝对胜利，无奈之下，撒改请示穆宗，希望能让完颜阿骨打快速赶来军中坐镇，以决定最终的进攻策略。这既表现出军中将士对完颜阿骨打的绝对信任和服从，也侧面反映出作为将帅，完颜阿骨打是何等的睿智与让人信服。穆宗了解到撒改方面的军情之后，立即决定派遣完颜阿骨打前往撒改军中，他嘱咐完颜阿骨打："行事千万小心。现在我们营中只剩70名甲士，其余的都已外出参战，这70人你都带走。"完颜阿骨打没有让相信他的人失望，当然也没有让对手们"失望"。他来到撒改营中，紧接着就对留可城连夜发起进攻，留可城天亮即破。攻破留可城之后，完颜阿骨打一鼓作气攻打坞塔城，城中人大开城门投降。但留可与坞塔提早一步溜之大吉，逃到了契丹人那里。此战算是暂时告一段落。

撒改征伐留可的同时，还有一条战线也在激战当中，那就是

女真崛起：辽朝后方的强大部族

谩都诃与石土门联合，正迎战敌库德。谩都诃大部队先行一步，已经到达米里迷石罕城下，而石土门大军仍然未能赶到与其会合，这就给了他人渔翁得利的机会。当地部落有人想要在谩都诃和石土门还没会师之前，先擒住谩都诃交给敌库德。谩都诃探查到这个消息，发现大事不妙，急忙派人向穆宗告急，请示下一步的作战计划。好巧不巧，派出的将士在一个叫斜堆甸的地方遇到了出发去撒改军中的完颜阿骨打。谩都诃的人见到完颜阿骨打像是见到了救星一般，将事情的经过一一详细说给完颜阿骨打听。完颜阿骨打仔细了解情况之后，不紧不慢，一句话解决了谩都诃的燃眉之急。他告诉谩都诃的信使："营中所有将士都即将赶往此地与你们会合，联合攻打敌库德。即便是他们先拿住了谩都诃，在敌库德那里邀了功，最后也一定是落得个满门被诛杀的下场。所以让他们现在先得意一下，又有什么关系。"这轻描淡写又充满自信的几句话，瞬间指明了下一步的作战计划，更鼓足了军队的士气。由此看来，完颜阿骨打绝不只是一名能征善战的将军，他更是可以做到指点江山，气吞山河。说完之后，由于石土门还未赶到，为了增加将士们作战的信心勇气，完颜阿骨打还是将自己仅有的70名甲士留下40名，自己只带着30名甲士直奔撒改营中。谩都诃手下听明白完颜阿骨打的意思之后，即刻返回

第三章　取辽成功

告知谩都诃，谩都诃依计行事。完颜阿骨打虽然只是只言片语，但是在这个关键时刻，起到了稳定军心的重要作用。并且可以看出，在谩都诃眼中和生女真众将士心里，完颜阿骨打和穆宗是一样的。这样看来，称完颜阿骨打是生女真完颜氏军队当中的一根定海神针，一点儿也不为过。这种同等地位，不仅表现在对两个人作战战略的完全信任，更体现在对两人命令的无条件执行上。他们完全不会因为完颜阿骨打与穆宗存在职位上的差距，而对待完颜阿骨打有异样。他们信任完颜阿骨打，听命于完颜阿骨打，也不会因为听命于完颜阿骨打而不请示穆宗，感到不合程序。这一方面反映出完颜阿骨打优秀军事家的个人品质，另一方面也体现出此时生女真内部等级秩序并不森严。

　　除此之外，完颜阿骨打去往撒改军营的路上，还发生了一件事情。当时他路过盆搦岭，途经坞塔城下时，由于急于行军，被坞塔城人从军队后方偷袭。坞塔城人夺走了完颜阿骨打行军做饭使用的炊具。完颜阿骨打得知后驻马呵斥，命令他们将这些吃饭用的行军必需物品放下。那时候坞塔城人还不知道他的厉害，只觉得轻易就能被偷袭的军队，能有多厉害。于是用轻蔑的语言挑衅完颜阿骨打，打趣他说："既然你能来到这儿，难道还担心弄不到吃的？"坞塔城人根本没把完颜阿骨打放在眼里，也没有打

女真崛起：辽朝后方的强大部族

算把东西还给他。完颜阿骨打并没有因为对方的言语刺激而采取过激的行动。他当时情绪稳定，并未因此驻足开战因小失大，而是用马鞭指着对方，戏谑地告诉他们："那就暂且先让你们保管，等我破了留可城，再到你这儿来取。"争分夺秒且能够权衡轻重缓急，既不激怒对方使敌人多个盟友，也能够专注自己此行的目的完成任务。完颜阿骨打头脑清晰，作战方针明确，执行力超强，这完全体现了他的王者风范。等完颜阿骨打破了留可城和坞塔城，还没来得及去取那些炊具，那帮坞塔人已经知道了完颜阿骨打的厉害，主动将东西送到他的面前，唯唯诺诺，再也不是之前的那般嚣张模样。这个时候完颜阿骨打也已经不再是父亲、叔叔保护下的一名金军中的普通将帅，他已经同叔叔穆宗等人一样被辽任命为详稳，地位显然已经不能同日而语。他的这些荣誉地位的获得，完全是由于他久经沙场立下的赫赫战功。

完颜阿骨打作战，无论对方是谁，他一直都有自己的原则和方略，史书当中有非常多的例子。穆宗将伐萧海里时，从双方参战的军士数量来讲，二者实力悬殊。尽管生女真完颜部作战无数，但是真正的将士数量一直都不多。此时生女真仅募兵千余人，生女真兵员一直未尝满千人，到这个时候才刚刚凑足千人。即便如此，完颜阿骨打还是对自己的军队实力有绝对的信心，他成竹在胸，甚至感叹道："有此甲兵，何事不可图也。"萧海里来战，完颜阿骨打告诉契丹人，无须他们参战，生女真自己足以迎战。渤海留守打算赠给完颜阿骨打一些盔甲，完颜阿骨打也不接受。对于侄子的这些行为，叔叔穆宗万般不理解，完颜阿骨打凑到穆宗身边，告诉穆宗："我们与萧海里交战，让契丹人掺和进来，其实一点儿实际的用处都没有。因为他们不仅作战能力差，还想借此机会深入我境探我虚实，所以我坚决不答应。我们生女真人征战四方，靠的是作战的实力，披着渤海人的战甲作战，胜利之后的军功又算在谁的头上，那渤海人定是要说胜利了是因为他们的铠甲厉害。既然以我们自己军队的实力足以消灭萧海里，就无须给自己平添那么多不必要的麻烦。"穆宗听罢，频频点头。他也不曾想到，曾经少不更事的少年，如今已经成长得这般老练成熟。

面对周边诸部以及辽朝等多方势力，正是因为完颜阿骨打有如此清醒的认知，才让那些人尤其是契丹人另眼相看，这也奠定了完颜阿骨打在生女真人当中的绝对领袖地位。自从接受辽廷给予的详稳一职之后，完颜阿骨打已不只是沙场之上的一员猛将，他已然变成从更高的站位和更长远的角度去处理族内事务的领导者。穆宗末年，他责令诸部不得擅自制造信牌用以驰驿通讯，将号令权完全掌握在生女真按出虎水完颜氏手里，这也是完颜阿骨

女真崛起：辽朝后方的强大部族

打的建议。

穆宗盈歌去世，完颜阿骨打的哥哥康宗乌雅束袭位。有一年，天灾导致部众生活难以为继，为了能有口饭吃不至于活活饿死，很多人只得上山为盗。留下来的人也经常因偿还不了欠下的债务，卖妻鬻子偿债。欢都等为了稳定当时的局面，打算重重惩罚这些流民强盗，将他们全部斩杀示众。完颜阿骨打则有不同的看法，他表示反对并及时进行了制止。在他看来，金钱财物是一个人努力奋斗一生想要追求的目标，这并没有错。何况他们只是因为想要活下去而劫持财物，远远到不了非要处死他们杀鸡儆猴的程度，因为那解决不了根本的问题。他提出"减盗贼征偿法为征三倍"，三年内不准催债，三年后允许他们再慢慢想办法讨论等建议。乌雅束听了完颜阿骨打的解释，力排众议采纳了他的提议。完颜阿骨打的这个提议，既避免了生女真贫苦部众破产，又缓和了社会矛盾，使生女真部落联盟得到进一步的巩固壮大。

完颜阿骨打就是在这一场场腥风血雨的考验中，慢慢成长起来的。

辽天庆三年（1113）十月的一天夜里，康宗乌雅束做了一个梦，梦中他一直在奋力追赶一匹狼。狼在前面飞奔，他紧跟狼后，飞扬而起的尘土顿时让天地一片昏暗，使他分不清东南西北，场面十分紧张。可是无论他怎样使尽浑身气力紧追不舍，屡次挽弓射箭，都不能将狼射中。康宗立在偌大的草原中间，额头浸满汗珠，头晕目眩，再看看那匹狼却早已不见了踪迹，康宗顿时仿佛失去了方向一般。就在这时，完颜阿骨打及时出现，将这匹狼一箭射死。恍惚之中惊厥而醒，醒来之后，他百思不得其解。第二天，康宗急忙把梦中发生的情景向近侍大臣描述了一番，众大臣一致认为这预示着好事发生。为什么？因为，他们认为兄长不能办到的事情，最后弟弟替哥哥完成了。史官们将康宗梦中逐狼之事记录在册的目的，已然意味着要改朝换代了。当月，康宗乌雅束去世。完颜阿骨打并没有一味等待辽朝授予他生女真节度使的封号，而是直接继任联盟长，称"都勃极烈"。

不到一年，辽天庆四年（1114）九月，完颜阿骨打诸路兵皆会于涞流水，宣布要致辽之罪，并申告于天地。除了之前我们已经提到的辽朝对生女真施行的高压政策之外，完颜阿骨打起兵还有一个理由，那就是罪人阿疏，屡请不遣。

阿疏是谁？到底是什么响当当的人物能让完颜阿骨打大费周章，以索要他为借口对辽发兵？

阿疏是女真星显水（今吉林延边布尔哈通河）纥石烈部人，全名纥石烈阿疏，又被称作阿鹄产。《金史》中只有"阿疏"并无

女真崛起：辽朝后方的强大部族

"阿鹘产"。《辽史》中两个名字都有记载,《契丹国志》《三朝北盟会编》中有"阿鹘产"无"阿疏"。据学者研究,"阿鹘产"就是"阿疏",属于一人两名。纥石烈阿疏的父亲纥石烈阿海在景祖、世祖时期,担任纥石烈部勃堇。"勃堇"是生女真诸部长的官称。这么说,阿疏的父亲在景祖、世祖手底下做官。难道那个时期阿疏的父亲与世祖劾里钵的关系就十分不融洽吗?并非如此。史书曾记载,世祖当时大破乌春凯旋,阿疏的父亲阿海率官属士民亲迎世祖,并献黄金五斗以表忠心。世祖当时拿乌春举例,告诫阿海:"乌春出身微贱,是父亲景祖乌古乃提拔他,他才成为部长的。但是成为部长之后他忘恩负义与我结怨酿成大乱。现在我讨伐他,根本就是他自取灭亡。现在乌春溃败,你我诸部以后可以安稳过日子了。等我死后,你可要念着我当年对你的那份恩情,竭力辅佐我的继任者。如若有非分之想,当与今日的乌春是同样的下场。"听完世祖这番话,阿海携部众跪倒在地,边哭边发誓:"太师(太师是辽人对节度使的称号)定长命百岁,太师要是都没了的话,我们还能仰仗谁呢,莫要说这等不吉利的话。"没过多久,世祖去世,肃宗颇剌淑袭位,阿海也去世,他的儿子阿疏继任父亲勃堇的职位。就史书所记载不多的史实来看,纥石烈阿疏的父辈与完颜阿骨打的父辈之间的关系,应该是和谐的。即便纥石烈

第三章 取辽成功

阿海有其他想法，也是没有付诸实际行动的。

纥石烈阿疏在其父亲还在世时，就经常因大事小情随同父亲一同去到景祖处报备商议。世祖母亲也就是景祖的昭肃皇后唐括氏十分喜爱纥石烈阿疏，每次都要将他留在身边月余才肯让他回去。这无疑能够看出，纥石烈阿疏定是情商极高的。能够哄得唐括氏开心，对他喜欢不已，这是一件极需要智慧的事情。后来肃宗颇剌淑时期，纥石烈阿疏的父亲已经去世，他继任勃堇之后，一度与徒单部诈都勃堇互争雄长。事情闹到肃宗那里，肃宗当时是明显偏袒纥石烈阿疏的。由此可见，很长一段时期，纥石烈阿疏与完颜阿骨打叔、父辈之间的关系是融洽的。无论是公事还是私事，纥石烈阿疏是取得了他们的信任的。

纥石烈阿疏有叛离之心，是在肃宗的弟弟穆宗盈歌继任节度使之后。穆宗盈歌对纥石烈阿疏有异志之事十分震惊。但是穆宗心里清楚，这不管是不是纥石烈阿疏个人的意愿，现在他有其他想法就代表整个纥石烈部都有了反叛女真部落联盟之心，此事非同小可。穆宗气愤之余仍然冷静应对，他一方面对纥石烈阿疏进行拉拢，召他前来并对他多加抚谕，将数量众多的鞍马赐予他，但是背地里仍然暗中调查他，确认他是否真的起了反叛之心。另一方面，纥石烈阿疏领赏回到纥石烈部之后，对于穆宗释放出的

女真崛起：辽朝后方的强大部族

缓和信号丝毫不予理睬，对反叛之事并无悔改，逆反之心反而有增无减。为何？因为此时纥石烈阿疏以为找到了比女真部落联盟更可靠的靠山——辽朝。他想依靠辽廷，吞并穆宗，自己成为部落联盟长。穆宗盈歌知晓纥石烈阿疏的心思之后，想再次召纥石烈阿疏前来。但纥石烈阿疏早已不把穆宗放在眼里，他不但丝毫没有要来的意思，反倒与同部毛睹禄勃堇等预谋起兵，想再成立一个大的部落联盟。如果纥石烈阿疏成功，女真部落联盟就面临解体，或者多一个对手，这与按出虎水完颜氏想实现统一的愿望就越行越远，所以穆宗是绝对不允许这种情况发生的，他必须要扫除纥石烈阿疏这一支反叛力量。为应对纥石烈阿疏的这次反叛，穆宗兵分两路。一路从马纪岭围攻，穆宗亲自带队；另一路派撒改自胡论岭方向进攻。两路最后于阿疏城会合，一举拿下纥石烈阿疏。撒改是穆宗哥哥劾者的儿子，时任国相，他首先安抚平定了潺蠢、星显两路，紧接着攻下钝恩城，目的是切断阿疏的后路。穆宗一路招募将士，直抵阿疏城。穆宗与撒改于阿疏城会合的当日，天空东南方突然下起了暴雨，霎时间乌云遮挡住太阳，天色阴暗、狂风肆虐。远远望去，一道闪电劈下来，正坠阿疏城中。这已然是纥石烈阿疏溃败破亡的征兆。

纥石烈阿疏听闻穆宗带兵前来剿灭他，自知军事实力上无法

第三章 取辽成功

与穆宗抗衡，便与弟弟狄故保偷偷逃亡到辽朝，请求契丹人从中斡旋。契丹人当然不想看着按出虎水女真一家独大，威胁到自己的统治，所以紧急派人前来阻止穆宗进攻。穆宗思考再三，认为此时的他仍然不能与辽廷为敌，所以不得已只留下劾者勃堇（史书记载，"金初亦有两劾者，其一撒改父，赠韩国公。其一守阿疏城者，后赠特进云"。）围困阿疏城，自己带领大部队撤退，此事就暂且告一段落。

不知不觉，劾者守阿疏城已经整整2年的时间。纥石烈阿疏一直没有找到能够回来的机会，所以始终都在辽朝过着看似锦衣玉食的日子。但是，他时刻不忘打听家乡的情况，等着回去的那一天。一日，纥石烈阿疏得知与他一起起兵的毛睹禄实在经受不住劾者对阿疏城的围困，最终投降了穆宗。纥石烈阿疏终于坐不住了，因为他深知一旦毛睹禄就范，阿疏城被攻下的可能性大大增加，他就真的再也回不去了，更不可能东山再起。于是，他故技重施求助于契丹人，让契丹人当说客。辽廷得知这个消息之后，一方面出于探听穆宗军队虚实的考虑，另一方面确实害怕穆宗吞并整个纥石烈部，所以准备再次派遣使者干预此事。

得知辽廷又要因为纥石烈阿疏之事找上门来，穆宗也默默确认了自己的打算。两年之前的穆宗因为各种原因无法一举攻下阿

女真崛起：辽朝后方的强大部族

疏城，悻悻而归，这次他认为势必要想办法拿下阿疏城。于是，他一方面派乌林答、石鲁军队增援劾者，另一方面不能像上次一样硬来，还需要计取，所以给劾者出谋划策。他让劾者通知全军上下换上与阿疏城中叛军相同颜色的衣服和旗帜，目的是迷惑辽朝来的使臣。辽使到了之后，穆宗让蒲察部胡鲁勃堇、邈逊勃堇与辽使一同赶往劾者军中。当时劾者军中衣服旗帜已经与阿疏城中叛军完全一致，辽使根本就分辨不出彼此。正在这时，劾者又趁机对辽使说："我们是因为纥石烈部内斗而打算进攻阿疏城，跟你们有什么关系，谁认得你们封的那什么太师！"说完还刺杀了胡鲁和邈逊所乘的战马。辽使看到这个场景，心想这是遇到纥石烈部内讧了，这仗打起来能有什么好？所以根本还没搞清楚状况，就赶紧返回逃命去了。穆宗计谋得逞，顺利攻下阿疏城。纥石烈阿疏因尚在辽朝而毫发无损，但是他的弟弟狄故保因为先回到阿疏城而遭到诛杀。

消息传来，纥石烈阿疏万分生气但无能为力，只能再一次向辽帝哭诉。这次辽朝仍然选择站在纥石烈阿疏这一边，派出奚节度使乙烈来质问穆宗，并要求穆宗对纥石烈阿疏进行赔偿。穆宗不想答应契丹人，因为如果接受辽朝的调停，对纥石烈阿疏进行大量赔偿，就意味着不但在经济上受到损失，更是助长了他的气

第三章 取辽成功

焰,而且还让女真部落联盟的威信扫地。但是穆宗又不敢明目张胆地与辽廷反目,所以他只能"曲线救国"。穆宗又使出一计,他知道契丹人十分喜爱"海东青",所以重视"鹰路"。因此他故意让主隈、秃答水人假意破坏"鹰路",致使"鹰路"阻绝,然后又马不停蹄地派鳖故德部节度使将这个消息透露给辽廷,并强调:"要想重新打通'鹰路',非得完颜部不可。"辽人得到消息后,对于这件事情是没有任何怀疑的,他们认为"鹰路"真的阻绝,而且只有女真人才能将其疏通,因此只能请穆宗出面平"鹰路"。于是,穆宗领辽帝命,平"鹰路"。领命之后穆宗实际上一直都在土温水一带狩猎娱乐,只管慢慢等待日子过去,时间差不多后,他就派人去告诉契丹人:"'鹰路'已经畅通无阻了。"辽廷一听"鹰路"通了,比什么都高兴,还为此大大奖赏了完颜部。穆宗一收到奖赏,就把所有的东西都给了从中出力的主隈、秃答水以及鳖故德部,一举两得。不仅解决了纥石烈阿疏的问题,还收买了人心。从此之后,辽朝也不再过问给纥石烈阿疏赔偿和把阿疏城还给纥石烈阿疏的事情了,但是仍然收留阿疏。

纥石烈阿疏心有不甘,仍想东山再起,所以一直蠢蠢欲动。穆宗十年(辽乾统三年,1103),纥石烈阿疏唆使达纪煽动曷懒甸(今朝鲜半岛的咸兴一带)人作乱。曷懒甸正好位于女真和高

女真崛起：辽朝后方的强大部族

丽之间。曷懒甸一旦发生动乱，纥石烈阿疏就可以趁机反扑。穆宗将达纪擒获之后直接将其送往高丽，并告诉高丽王："之前在你们边境作乱的，就是他。"借由高丽人之手处置了女真的敌人，纥石烈阿疏没有捞到任何好处，还得罪了高丽。等到金太祖伐辽，完颜阿骨打几次三番以返还罪人阿疏为由与辽廷交涉，都没有结果。天辅六年（1122），阇母、娄室经略天德、云内、宁边、东胜等州，终获阿疏。

二、涞流界水迎来问罪之师

辽金时期的涞流水，是女真人和契丹人的一条天然界水。根据考古工作者的实地考察得知，在现今拉林河200—500米处存在高出地表的断崖4—20米，这佐证了史料当中涞流水是往昔契丹、女真界水的事实。金太祖完颜阿骨打正是在这里举起兴兵伐辽大旗的。涞流水现在叫作拉林河，属于松花江的一个支流，大概位置在吉林省东部山地向西部平原过渡地带的山前洪积台地上，这条河流现在依然是吉林省和黑龙江省的一段天然交界线。辽天庆二年（1112）二月，完颜阿骨打在当年春捺钵头鱼宴会上，拒绝了辽朝天祚皇帝让他起舞的命令，混同江头鱼宴归来之

第三章　取辽成功

后，猜测辽朝皇帝可能已经觉察到他有起兵反叛的念头，所以一不做，二不休，打算进一步行动。于辽天庆二年（1112）九月称兵，武力强行吞并旁近部族为最终一战做准备。在这个过程中，完颜阿骨打丝毫不顾及辽朝的不满，对于之后辽廷对他的数次征召要么充耳不闻，要么就谎称身体不适拒绝前往。终于在辽天庆四年（1114）九月，女真诸路兵马在涞流水会集。他们在完颜阿骨打的带领下，来到涞流河畔，将辽人犯下的桩桩罪行申告于天地："我女真完颜世代谨奉辽国，按时朝贡。平定乌春、窝谋罕之乱，大破萧海里之众，战胜一切部落联盟内部的不统一因素。反观辽廷，我们有功绩却不加奖赏，反而侵侮更甚。对于叛逃到辽朝的女真罪人纥石烈阿疏，我们多次请求归还却遭到拒绝。今天，我们将带着这些罪行质问契丹人。天地众神一定要明辨是非，庇佑我们。"随即完颜阿骨打命令诸将传梃誓师："我等同心协力伐辽，战场上有功的奴婢部曲可以脱离奴籍，普通百姓可以授予官职，已经有官职在身的一律根据功绩大小加官晋爵。如果我有违此誓言，将被乱棍打死，我的家人也绝不被轻饶。"涞流水誓师之后，完颜阿骨打与完颜撒改兵分两路进军宁江州。

涞流水畔的这支问罪之师，实际不过2500人，相较于辽朝的军队数量，显然九牛一毛。为何这仅仅2500名将士就给了完

女真崛起：辽朝后方的强大部族

颜阿骨打起兵的决心和勇气？

一方面，辽帝无所作为，辽朝国力衰退。所谓苍蝇不叮无缝的蛋，辽天祚帝后期游猎娱乐成性，常常因为饮酒无度而将政事荒废，朝臣奏事找不到人是常事。完颜迪古乃的父亲直离海是始祖弟弟保活里的四世孙，虽属同宗，但是不相通问已经很久。完颜阿骨打一直十分器重他，也并非是因为血缘关系，而是欣赏他的才华。完颜阿骨打虽然已经决定举兵伐辽，但面对立国如此之久的辽朝，他心里难免还是有些担忧。所以他找完颜迪古乃商量，想听听他的想法。完颜阿骨打告诉完颜迪古乃："我此次前来绝非贸然拜访，是专程有事与你商议，你一定帮我下个决心。辽朝虽名为大国，其实现在国力已然大不如前，十分空虚。辽主骄肆蛮横而将士士气低落，战斗力极弱，是我们取而代之的好机会。所以我想要起兵，替天行道，你看如何？"完颜迪古乃两眼放光，附和完颜阿骨打说道："主公，你英明神武，众将士定乐意跟随为你鞍前马后。况且辽帝醉心于游猎娱乐，朝廷内外一片混乱，主公若想要夺取易如反掌。"天庆四年（1114），完颜阿骨打又派遣习古乃与完颜银术可前去索要纥石烈阿疏。其实早在康宗乌雅束时，就曾经以辽廷不归还纥石烈阿疏为由，拒绝接纳辽朝来的"鹰路"使者。完颜阿骨打袭位节度使之后，也已经派遣蒲家奴去辽朝索要过纥石烈阿疏。这次完颜阿骨打再次索要纥石烈阿疏，实际上是让习古乃与完颜银术可去探察辽朝军队的内情，确认他们所听闻的消息是否准确，为起兵做准备。习古乃回来告诉完颜阿骨打，现在辽帝骄纵放肆，辽朝纲纪废弛，属实不堪一击。

另一方面，完颜阿骨打为了打响反辽第一枪，也是早有准备。

20世纪80年代，对吉林省扶余市境内拉林河沿岸进行全面考古调查，是吉林省考古推进工作内容之一，其中发现的"大金得胜陀颂"石碑是具有代表性的辽金遗址之一。这块石碑是金世宗在大定二十五年（1185），为纪念女真军事胜利所立的颂碑。这场军事胜利指的就是金太祖涞流河畔的誓师。这里有密集的古城遗址，呈有序的排列。考古报告当中是这样描述这些古城的："它们间距基本相同，形制基本一致。古城四角都有角楼，城垣之上有马面，城外有护城河，每城有开于北墙的大门。很明显，这些都属于军事性质的古城堡。加之，这些古城的建城时间是完颜阿骨打起兵反辽初期，所以考古学者们推测，这些古城的建立从一开始就有着自己的使命，那就是在女真与契丹边境上，对契丹军事力量进行防御、进攻辽朝。"完颜阿骨打从头鱼宴会回到

女真崛起：辽朝后方的强大部族

完颜部之后，即刻召集族中长老亲旧，让他们做好伐辽的最后准备。双方一旦反目必然兵戎相见，所以首先就要在边境要冲之地修建城堡防御。

但此等大兴土木之事即便女真人有意隐瞒，如此大型工程肯定瞒不过辽人。辽朝文献清楚记载，天庆四年（1114）秋七月，女真人再次遣使到辽朝索要罪人纥石烈阿疏，辽廷依然不打算归还。辽廷数次拒绝女真人索要纥石烈阿疏的请求，女真人表面上并没有激烈且直接的反抗行为，但处处显示出不满。此时女真逐渐吞并周围邻近部落，部落联盟实力大增。契丹人惧怕女真人背地里搞小动作，所以对女真人也是严密监视。于是，辽统军司很快得到消息，女真人疑似在双方边境之上修筑堡垒，并及时将此消息上报辽廷。辽廷立刻派节度使捏哥找女真人问话："你们莫不是有了反叛之心？不然如此大动干戈整饬军备，是想要防御谁？"完颜阿骨打并没有否认，而是直接告诉辽使："我们的确是在加固城防，但都是为了自守，这不是很正常的嘛，有什么值得你们专程来询问的。"完颜阿骨打的那点儿心思，虽然早已经是司马昭之心，但是面对辽使的质问，完颜阿骨打好像没有说什么，但似乎又说了什么，一语双关，甚是巧妙。辽人自是也听出了其中的玄妙之处，心里也已经认定，女真人一定是准备干什么

第三章 取辽成功

大事，于是又一次派遣使者。这回派出的是枢密院侍御阿息保，阿息保质问女真人："为何在边境之上建如此多的城堡？"阿骨打这次声泪俱下，一反之前的态度，主打感情牌。他将女真自比小国，说自己侍奉辽朝这个大国从来不敢不守规矩或是忘乎礼法，反而是作为宗主国的辽廷德泽不施，藏匿我部罪人，怎么能不让我们失望？如果能够将纥石烈阿疏还给女真，我们将一如既往地称臣纳贡。但是不把纥石烈阿疏还给我们，给了他喘息和壮大实力的机会，来日纥石烈阿疏卷土重来，我们怎么能够就这么傻傻地等着束手就擒呢？完颜阿骨打的这一番说辞妙啊，直接把矛头指向了纥石烈阿疏。明确说明修建堡垒是为了防御纥石烈阿疏卷土重来，这是他们部族内部的事情，并不是为了防备辽人，和辽廷一点儿关系都没有。阿息保回去将完颜阿骨打的话转达给辽帝之后，天祚帝自知根本不可能将纥石烈阿疏遣还完颜部，这就给了人家建防御工事的借口，也就没有理由再去管人家修建堡垒这件事了。因为纥石烈阿疏的事情，双方已经来回拉扯了不是一天两天了，天祚帝认为即便完颜阿骨打有怨恨，他的军事实力在逐渐增强，也定然不是辽朝的对手，因此只是让统军萧挞不野调军于宁江州以做防备罢了。

完颜阿骨打知道辽廷增援宁江州之后，为了摸清楚辽军的真

女真崛起：辽朝后方的强大部族

实情况，又以索要纥石烈阿疏为借口，派仆聒剌前去辽朝交涉。仆聒剌很快便返回完颜部，他告诉完颜阿骨打："宁江州所驻辽兵众多，不计其数。"此话一出，显然与完颜阿骨打所想有出入，依他多年行军打仗的经验，辽廷刚刚开始调集军队于此，短时间之内是没有办法有如此规模实力的，这当中一定有蹊跷。为了证实他的想法，他又派胡沙保去走一趟。胡沙保带回消息："宁江州只有四院统军司与宁江州军及渤海军800人而已。"完颜阿骨打认为这个信息更为准确，跟他预估的差不多。他深知军中战机不可贻误，所以立即召集军中高级将领，与他们商议："辽人已经预料到我们早晚会举兵，所以才齐集各路军马到前方宁江州以备不时之需，在这个情况之下，我们必须先发制人，占尽先机，这样才不会被他们占了上风。"完颜阿骨打心里清楚，一旦辽人占得了先机，仅凭女真人现在的军事实力和契丹人火拼，肯定不能保证百分百的胜利。倘若这一战失败了，很可能前功尽弃，再也无力卷土重来。众将当然也明白这个道理，所以力挺完颜阿骨打，表示要破釜沉舟、誓死一战。完颜阿骨打随即请示婶婶肃宗宣靖皇后蒲察氏，得到允许之后，他叩拜皇天后土，号令诸部伐辽。完颜阿骨打从各方面做好准备：他指使安帝五世孙婆卢火征移懒路迪古乃兵，婆卢火因征兵超过了限定的日期而受到杖刑；

斡鲁古、阿鲁抚谕斡忽、急赛两路系辽籍女真,斡忽、急赛两路皆降;实不迭去往完睹路,控制辽障鹰官达鲁古部副使辞列、宁江州渤海大家奴;劝谕达鲁古部来投……

天庆四年(1114)九月,誓师伐辽。

涞流界水一系列的考古遗迹告诉我们,直到女真灭辽之后,他们的势力范围才得以达到拉林河的西南岸,也就是现在吉林省的扶余市、榆树市。在拉林河的东北岸是现如今的黑龙江省双城区、五常市。

三、宁江州首战凯旋

天庆四年(1114)九月,完颜阿骨打进军宁江州(今吉林松原宁江区伯都讷古城)。大军首先在寥晦城集结,等各路兵马全部到齐之后,便到涞流河畔大金得胜陀颂碑所在地誓师,随即由东向西挺进宁江州,并取得首战胜利。

宁江州是辽道宗清宁年间(1055—1064)为了控制东北女真各部设置的军事重镇,在军事上最开始属于黄龙府管辖,东北统军司建立之后归属于后者管辖。宁江州地处辽金边境,军事地位自然不用多说,另外此地还设有榷场,以供契丹人和女真人进行

女真崛起：辽朝后方的强大部族

贸易。相较辽朝，女真人生产力发展水平有限，需要将地域性比较强的土特产品拿到榷场上，向辽朝换取日常的生活用品和生产工具。女真人地处契丹东北，土产名马、生金、大珠、人参及蜜蜡、细布、松实、白附子、牛、羊、麋鹿、野狗、白食、青鼠、貂鼠，花果有白芍药、西瓜，多大鱼、螃蟹，物产极为丰富。这些都是辽人喜欢买的物品。为了对榷场进行有效管理，辽人还设置专门的官员、机构，将榷场贸易纳入辽朝的整个国家机构运转当中，比如商品税成为辽朝当时国家财政收入的重要组成部分。所以，宁江州在经济上的地位也很重要。关于宁江州城的具体位置，学界有几种观点，包括伯都讷古城、榆树大坡古城、扶余市三岔河镇石头城子、吉林市乌拉街满族镇、敦化市厄黑木站等。

宁江州是女真人称兵之后攻打的第一站，这无论是对契丹人还是对女真人都显得格外与众不同。完颜阿骨打内心非常笃定，伐辽打响的第一枪必须要有平地一声雷的效果。这样不仅能够有力地助长女真军的士气，更能灭掉契丹人的威风，为之后一路南进奠定基础，所以完颜阿骨打为了赢得这场胜利做了万全的准备。

誓师之后的第二天，完颜阿骨打率领大军来到扎只水（今吉林松原伯都讷东）。女真军必须要渡过扎只水才能到达宁江州城。

第三章 取辽成功

据考古学者分析,扎只水即今天的夹津沟。在辽代,扎只水根据松花江水涨落情况发生变化,在松花江枯水期扎只水就是一条无水的沟堑,夏季涨水时就形成一条河流。完颜阿骨打誓师之后首先来到辽金交界地,他让庶长子完颜宗干督促一众人等,将辽人所挖的防御女真人的沟堑填平,随即顺利通过扎只水。渡过界沟,就等于迈入了辽人的地盘,完颜阿骨打必须打起十二分的精神行事。东北路统军司收到完颜阿骨打军队越过边境线的消息之后,不敢擅自拿主意,快马加鞭将这一军情报告给天祚皇帝。当时天祚帝正在庆州(今内蒙古自治区巴林右旗西北)射鹿。完颜阿骨打已经越过边境线,准备直逼宁江州的消息,丝毫没有引起他的重视。因为在他看来,这偏居一隅的区区女真人无论如何也不可能闹腾出什么大事儿来,所以只派遣当时的海州刺史高仙寿统领一部分渤海军前去应对,自己仍然继续秋猎娱乐。

完颜阿骨打小心翼翼顺利渡过边界进入辽境,此次再踏上辽朝的土地,和往常有着完全不一样的心境。以前他去往辽朝,是作为属国属部酋长前来宗主国尽义务,需要俯首帖耳。而这一次,完颜阿骨打抬头挺胸,他是来替天行道的。完颜阿骨打刚刚渡过扎只水,就遇到前来支援宁江州的高仙寿所部渤海军,完颜阿骨打军队左翼军七谋克被打了一个措手不及。无奈之下,完颜

女真崛起：辽朝后方的强大部族

阿骨打只得暂时后退，想要与中军配合再行进攻。在这个关键时刻，高仙寿岂能允许就这么放虎归山，于是他紧追不舍，直捣完颜阿骨打中军。完颜阿骨打同母弟完颜杲看战况胶着，随即出战，并令哲垤为先锋。完颜阿骨打行军多年，智勇兼济，他派遣完颜宗干紧急召回完颜杲，因为战场上最忌讳随意更换将领。宗干、斜也（即完颜杲）、哲垤虽然无奈，但也只能一起返回军中。女真军的突然撤退，让辽军以为女真人害怕了，这让他们兴奋不已，一直紧跟女真军撤退的步伐，想要将女真人赶出辽境，让他们退回到自己的领地。完颜阿骨打的接连撤退让他们以为有了打胜仗的希望。由于追赶女真人时行军速度太快，耶律谢十还不慎从战马上坠落下来，可见当时战争场面之激烈。辽军士兵眼看自己的将帅坠马，肯定想要上前救下耶律谢十。此时，完颜阿骨打不急不躁，瞅准机会将前来搭救的辽军士兵一箭射死，躺在地上的耶律谢十被乱军包围逃过一劫，仅仅中了一箭。看到这种情况，辽军想要搭救耶律谢十的心更加迫切，又有契丹人驰马前来，完颜阿骨打搭弓又是一箭，直接将那个人的胸膛扎透。耶律谢十眼看战况根本没有反转的可能，他徒手拔掉身上的残箭，想趁机逃走。完颜阿骨打瞅准他的后背又是一箭，这一箭直接要了他的命。辽人和女真人首次直面冲突，辽军中的主帅就率先被女

第三章 取辽成功

真人射死，辽人哪受得了这般羞辱，于是两军彻底放开了，打得不可开交，场面十分激烈。这时，完颜宗干带领的一小部分女真军陷入辽军包围之中，始终找不到突围出去的缺口，完颜阿骨打看到之后头盔都顾不得戴，驰马前去奋力营救。就在这千钧一发之际，辽军中有人瞅准时机，拉弓搭箭射向完颜阿骨打，也准备擒贼先擒王。可没想到的是，这个士兵射箭的技术水平还是差那么一点点，那支想要完颜阿骨打命的箭，就擦着完颜阿骨打的额头飞了过去，没有射中。战场之上，就是这一分一毫的差距，很可能就造成了生和死截然不同的结局。完颜阿骨打回头锁定这个想要他命的人，两眼充满杀气和斗志，朝着他就是一箭，那人当场毙命。完颜阿骨打大呼一声："将士们，今天不将契丹人赶尽杀绝，决不罢休。"听见主帅完颜阿骨打如此热血的激励，所有女真士兵顿时热血沸腾、勇气倍增，他们兵锋所指所向披靡。辽军刹那间被冲乱了阵脚，队伍四处奔散，踩踏而死者十之七八，辽军很快败下阵来。

撒改并没有参加这条路线之上的这次战役，完颜阿骨打胜利之后，为了鼓舞将与他会合共同在宁江州作战的撒改军将士，他马不停蹄将这个消息通知撒改，并将所得耶律谢十的战马赐给了撒改。撒改听闻之后，心中大喜，认为这是宁江州之战胜利的好

女真崛起：辽朝后方的强大部族

兆头，急忙派他的儿子完颜宗翰以及完颜希尹前去完颜阿骨打军中祝贺，并且劝阿骨打称帝，这是第一次近侍朝臣劝完颜阿骨打称帝。完颜阿骨打思考再三，拒绝了撒改的提议，他觉得时机未到，而且才取得一次胜利，就如此骄傲自大，不妥。完颜阿骨打进军宁江州首场小战告捷之后，与诸路女真军会合，直逼宁江州城。

宁江州在辽代州城五种等级当中属于中等偏上，是边境上的军事经济重镇，所以无论是城池建设还是军事防御都不错。完颜阿骨打也知道不能硬攻，只能智取。但是女真军想要攻城，首先要过的第一道关就是进城。眼下没有其他更好的方法，完颜阿骨打只得命人将城外护城河填平。靠填平护城河进城，这显然是最费时费力、最不可取的方法了。但也许就是完颜阿骨打想要凭借人力，填平护城河的魄力和毅力以及女真起兵以来一往无前的气势把辽军给吓住了。加上他们得知耶律谢十与萧挞不野战败，哪里还敢坚守城池等着被杀，所以宁江州城中的守军丝毫没有迎战的想法，纷纷从东门出逃。阿徒罕奉命守卫东门，见辽军从东门逃出，他率领女真军四处截击。阿徒罕是温迪罕部人，17岁就跟随撒改、斡带等讨平诸部，次次身先力战。斡带是完颜阿骨打的同母弟弟，他刚毅果断，临战决策有世祖当年的风范，完颜阿骨

第三章 取辽成功

打在同母弟弟当中最喜爱他。在他们的身边久经沙场，阿徒罕绝对也是响当当的人物。面对从宁江州城中逃出的守军，阿徒罕把他们一一歼灭。辽军没等攻城交战就纷纷逃窜，所以没过多久，辽天庆四年（1114）十月初一，宁江州城就被攻破。

完颜阿骨打擒获辽朝防御使大药师奴，他把大药师奴叫到面前，清楚地告诉他："我们可以不杀你，甚至可以将你放回去，但是你要替我们招降辽人。"此时大药师奴心里想的可不是自己的辽朝防御使的职责，而是自己的性命。于是，他爽快地答应了完颜阿骨打的要求，灰溜溜地回去了。之后，辽朝属国铁骊来投降。完颜阿骨打觉得这一招好用得很，所以又如法炮制，召渤海的梁福和斡答剌前来，也让他们回去招谕渤海人，借口就是：女真、渤海同出靺鞨，本就是一家人，女真现在兴兵伐辽，绝对是替天行道，肯定不会滥杀无辜。完颜阿骨打的意思再明确不过，那就是同是一家人的这层关系，我们得团结在一起，一致对外才行。之后，他又派完颜娄室前去招谕加入辽朝籍贯的那部分熟女真人。女真人想要通过不动用武力的方式，对辽朝同盟者实现逐个击破。

第四章

"变家为国，图霸天下"

迈入12世纪的辽朝，已然早早进入王朝末期的衰落阶段。辽朝最后一位皇帝天祚帝耶律延禧继承大统之前，辽政权内部已然矛盾重重、内外政局动荡。登上帝位的耶律延禧既丁末运，又治国无方，辽政权眼看土崩瓦解。与此同时，以按出虎水完颜氏为核心的女真军事大联盟在北方逐渐崛起，天庆四年（1114），完颜阿骨打率领2500名女真将士于涞流水誓师，正式伐辽。之后经过宁江州战役、出河店战役，大大助长了女真军的士气。收国元年（1115），完颜阿骨打建立金朝。组成新政权的女真人继

第四章 "变家为国，图霸天下"

续对辽朝展开军事进攻，经历了达鲁古城之战、黄龙府之战、护步答冈之战后，辽军已经丧失了主动进攻的军事能力，而女真人则开始坐拥天下。

一、出河店再战告捷

天祚帝耶律延禧还未继承皇位时，六院部大臣萧兀纳就数次因为谏言"女真人侵我朝应予以重视"而惹得天祚皇帝不高兴。等到天祚嗣位，身为锦州临海军节度使的萧兀纳又上书耶律延禧："自萧海里之战后，女真人就越加的轻视我辽军，而且在边境活动频繁，所以我军的眼下之策是增兵，以备不时之需。"萧兀纳有理有据，言辞恳切。但是，这一次天祚帝仍未理睬。天庆元年（1111），萧兀纳知黄龙府（今吉林农安）事，改东北路统军使。萧兀纳认为他任职的地方与女真境相接，他得到的信息属于一线情报，即便天祚帝信不过他本人，也肯定不会对来自前方的军情有所质疑，他坚信天祚帝这次一定会采纳他的建议，所以再次上书天祚帝。他在奏章中提道，女真人的一举一动显然已经十分明显，他们定是在准备一场大的军事行动。我军应该趁他们正在备战的空隙率先发兵，打他们一个措手不及，一举降服他们。只可

女真崛起：辽朝后方的强大部族

惜奏章递上去之后宛如石沉大海，天祚帝仍然置之不理。

女真人攻取宁江州之时，辽朝天祚皇帝还在秋猎。女真人的强势进攻，天祚帝压根儿就没放在心上。天庆四年（1114）十月金兵攻陷宁江州，天祚帝召群臣商议下一步对付女真人的对策。时任汉人行宫副部署的突吕不部人萧陶苏斡提出中肯建议："女真军人数虽少，但是天生的武士，十分擅长射猎。自从萧海里一战之后，无论气焰还是军事实力都大为增强。而反观我方军队，士兵将帅久不操练，一旦遇到劲敌，战场上稍有失利，将可能诸部离心，到时候场面将一发不可收拾。当务之急就是集结诸部兵力，用强大的阵势先压制住女真人进攻的势头，然后从长计议，这样才有胜利的可能。"

北院枢密使萧得里底听了萧陶苏斡的建议之后，有不同的想法："如果像萧陶苏斡所说的那样，就如同在向女真人示弱，我朝何时需要做这样的举动了？我们现在只需调发滑水以北的兵力，就完全可以与女真人抗衡了。"这么自信满满两三句貌似鼓励的话，就把天祚帝忽悠住了，萧陶苏斡的建议很快被否定。

直到完颜阿骨打起兵进犯宁江州，萧兀纳也没有等来天祚帝的信任，等来的真的是阿骨打席卷宁江州。萧兀纳的孙子移敌蹇誓死抵抗，萧兀纳才得以退守到宁江州城中，免得一死。萧兀纳

第四章 "变家为国,图霸天下"

看见战况胶着,根本无胜利可能,于是留下其他人继续守城,自己带领300骑渡混同江往西逃去,随后宁江州城陷落。东北路统军使萧兀纳宁江州一战失利之后,天祚帝即命萧奉先的弟弟萧嗣先为东北路都统,静江军节度使萧挞不也为副都统,遣契丹奚军3000人,中京禁兵及土豪2000人,别选诸路武勇2000余人,以虞候崔公义为都押官,控鹤指挥邢颖为副,引军屯兵出河店(今黑龙江肇源西南,另说今吉林省扶余市境内、吉林前郭尔罗斯蒙古族自治县塔虎城)。辽军打算从鸭子河北进攻女真军。

十一月,辽都统萧纠里、副都统挞不野共率步骑10万,会于鸭子河北。辽军数量上明显胜于金军,但是辽军轻敌,而且最重要的是,辽军长时间不行军作战,军队的战斗力大大下降。完颜阿骨打听闻辽军屯兵出河店,决定亲自挂帅。关于完颜阿骨打攻打出河店的原因,学界有几种不同的说法:一是与辽朝保护春捺钵之地有关;一是辽军屯驻出河店只是想将女真起义军在交通要道剿灭。女真军则是想以此为基点,打通南下大门,乘胜攻取宾州(今吉林农安东北红石砬)、祥州(今吉林农安万金塔东北苏家店)、咸州(今辽宁开原)。

完颜阿骨打行军未到出河店时,天已经黑了下来。完颜阿骨打命令大军暂时驻兵休息,明日再行赶路。起兵以来完颜阿骨打

女真崛起：辽朝后方的强大部族

也是日夜奔波，当晚想早早休息以备明日。但是当他准备入睡时，冥冥之中觉得有人在抚摸他的头，睡梦中的完颜阿骨打一开始并没有很在意。可是过了一会儿，似乎又有人摸他的头，他还是没有当回事。当第三次被摸头之后，完颜阿骨打猛然醒来，他随即起身召集将士们："这难道是有神明在指点我？我想躺下睡觉，但是梦里面有一只手一直在摸我的头，似乎是想让我赶紧起来即刻进军。分明就是在告诉我不要耽搁，现在马上进军，一定能够获胜。是的，肯定是这样的。"女真军将士听完完颜阿骨打如此描述之后，个个兴奋不已。全军上下信誓旦旦，赞同即刻出发。于是完颜阿骨打随即鸣响战鼓，一路上点着火把前进。

黎明时分，女真军赶到了鸭子河。他们正准备渡河，发现辽兵为了阻止他们也是早做了准备。辽军正在破坏前方道路，打算加大女真军出兵的难度。可是他们万万没有想到，完颜阿骨打由于梦中受到神明指引将出发时间提前了，因此到鸭子河的时间比辽军预计的要早，所以辽人根本不知道完颜阿骨打现在正在暗地里偷偷观察着他们的一举一动。此时女真军在暗，辽军在明。完颜阿骨打挑选身强力壮的女真士兵，很容易就把他们送上了西天，估计直到最后他们都没想明白自己到底是被什么人偷袭了。拔掉了这个路障，女真大军继续前进，准备渡过鸭子河。

第四章 "变家为国，图霸天下"

完颜阿骨打为了趁辽军没有准备进行突然袭击，打他们一个措手不及，他在3700名甲士中只有三分之一渡过河水的时候，就命令军队对辽军发起正面进攻。这时天上突然刮起大风，顿时尘埃蔽天，伸手不见五指。完颜阿骨打心里嘀咕，这分明就是有神明庇佑，连老天都在帮我啊！完颜阿骨打审时度势，他立即命令女真军利用自然条件乘风势巧袭辽兵。辽兵当然也可以采取同女真军一样的战术，但是当时辽兵心理上的懈怠迎战，导致他们的实际行动十分涣散。面对女真人的提前到来，他们没有丝毫准备，再加上当时的沙尘遮天蔽日，辽兵根本就分不出哪些人是自己人，哪些人是前来要他们命的女真人。辽军作战毫无章法，怕死与有意识的主动防卫心理，使得他们还没来得及看清对面是谁，就已经挥舞起了手中的武器。因为他们无法分辨对面是敌是友，所以发现杀错了人之后，那种惊恐错愕使得他们的心理防线一下子降到了最低。他们认为自己阵营的人越来越少，对方阵营幸存的人远比他们要多。因此，害怕、悔恨、无奈各种复杂的情绪交织在一起，使他们下一箭都不知道要射向哪里才是朝着敌人的方向。在这样的心理状态下作战，怎能获得胜利。相反，女真军是有备而来，无论心理方面还是军事作战的准备方面，都胜契丹人一筹。女真军穷追不舍，斩杀崔公义、邢颖、耶律佛留、萧

女真崛起：辽朝后方的强大部族

葛十等人。

女真军追到一个叫斡论泺（今吉林松原查干湖）的地方，缴获的辽军将领和车马甲兵珍玩不可胜计。完颜阿骨打将这些战利品都分给了将士们，将士们的士气更加高涨。女真军从涞流誓师时的不足2500人，到现在已经发展到万人之多。辽人曾经预言，女真军如若满万则再也不可战胜。的确，现在的女真军对于辽人来讲，已经宛若铜墙铁壁般不可轻易摧毁了。

萧嗣先果然又败下阵来。据史书记载，萧奉先这个人表面是给人心胸宽广的感觉，实际上内心十分狭隘。萧奉先害怕弟弟萧嗣先因战败而受到惩罚，于是又上书天祚帝："如果严惩这些因战争逃窜的将士，他们很有可能被逼上绝路，啸聚为患。"话中之意很是明显。此时自知多一事不如少一事的天祚帝也没有办法，只能听从萧奉先的建议，没有处罚逃跑的将士，萧嗣先也只是被免官罢了。诸军听闻这个消息，心凉了半截，不禁互相质疑道：对待为国杀敌、战死沙场的将士们，一点儿功劳都不给。只知道一路后退的逃兵，不仅没丢掉性命，还没有受到惩罚。现如今朝廷到底意欲何为？有了这样的先例，辽军将士日后一旦遇到相似的情况，肯定纷纷选择逃亡。此风气一开，士无斗志，遇敌即溃，辽朝所失郡县一日日增多。

第四章 "变家为国,图霸天下"

完颜阿骨打以3700人战胜辽朝10万大军,出河店之战堪称历史上以少胜多的著名战役。出河店再战的胜利,是女真军队众人拾柴火焰高的结果。首先完颜阿骨打是想要亲征的。因为完颜阿骨打心里十分清楚,与辽军的这次对战,原本就是以弱击强。无论是从作战工具来说还是从作战人数来说,绝对是一场硬仗。想要赢下这场战争,必须全力以赴、不遗余力。完颜阿骨打如果亲自上场,在军事实力本就不占优势的前提下,更能够增强战士们的自信心,起到鼓舞士气的作用。这一点在历史上以弱胜强的战役中更为重要,是取得胜利的关键所在,所以完颜阿骨打是做好了亲征的准备的。这个时候,也是他刚刚袭位拉拢军心的时候。

完颜阿骨打正准备翻身跨上战马,挞懒三步并作两步,迅速来到完颜阿骨打战马前,一把拽住马的缰绳,坚决制止完颜阿骨打亲征。挞懒16岁就跟着完颜阿骨打东征西讨。夸张一点儿讲,二人甚至形影不离。他告诉完颜阿骨打,这场仗他不用出战,靠挞懒就可以。为了让完颜阿骨打信服,挞懒随即一连杀了7名辽兵。兵器都折了之后,仍然徒手将9名辽兵从战马上拽下,空手搏斗直至对方被降伏。挞懒跟随完颜阿骨打身边多年,完颜阿骨打对他非常了解,但是在这敌我两军实力悬殊的关键战役中,挞

女真崛起：辽朝后方的强大部族

懒的勇气与魄力还是令完颜阿骨打感叹："如若有这等壮士数十，即便有再多的辽兵，他们都不可能获胜。"后来海陵王南迁，一并迁诸帝陵于大房山，挞懒因为忠心侍奉于完颜阿骨打近旁，海陵王命人做挞懒石像，放置在睿陵前面。出河店战役虽然胜利了，但这场胜利得来实属不易。完颜阿骨打以区区不到4000人，战胜了辽朝的10万大军，女真人的军队人数从此超过万人，这些都大大助长了他们的士气。

而辽兵恰恰相反，败于出河店之后，辽兵的战斗意志被女真人重重打击，他们无奈之下只能退守临潢。辽兵人困马乏，军粮补给不足，只能暂时散居周围汉人民户家中。他们命令这些百姓给他们提供吃喝等一切所需。战争年代本就缺衣少食的普通百姓，还要供养军队，已经青黄不接。辽军却不懂得体谅百姓，更别说感激了。如此境遇之下仍然纵恣侵扰，导致百姓叫苦连天。临潢留守耶律赤狗儿亲身经历了辽军到来之后的日日夜夜，面对这番景象，他内心十分焦虑。他并不奢望能够彻底杜绝这种情况，但也期盼着驻扎在这里重整旗鼓的辽军不要过于无礼。为了安抚百姓，耶律赤狗儿试图从朝廷的角度劝说他们，让他们以大义为先，互相理解，彼此体谅。他说："咱们契丹与汉人早就是相爱一家亲，唇亡齿寒。如今女真人来伐，边防危急而国用却不

第四章 "变家为国,图霸天下"

足,这才导致军中士兵暂住父老乡亲家中。即便其中有不便的地方,各位乡邻也应该本着国仇家恨当先的原则包容他们。"耶律赤狗儿这一席话明显带有震慑的意味,老百姓哪还敢多言,唯独卢彦伦敢站出来说两句公道话。这又是何人?天祚帝天庆初年的时候,临潢之地就盗贼猖獗,唯一能够对付这帮匪徒的临潢城中士兵却群龙无首,连个正儿八经的统兵将领都没有,导致这伙人更加肆无忌惮。这个时候,经临潢府推荐,卢彦伦临危受命,被授为殿直、勾当兵马公事。所以他此时站出来,是不愿意看着自己亲手重新建立的临潢城再一次遭到破坏。再者,卢彦伦是本地人,有着对家乡的天然热爱与维护之心,所以他敢当面直言:"自从兵兴以来,民间财力本就困竭,如今还要供养兵士,如同雪上加霜。虽然现在正是国家有危难的时候,百姓们也知道他们义不容辞。但是驻扎在临潢的军中将士不但行事粗鲁,而且态度恶劣,这些都像是尖刀一样,深深刺进临潢百姓的心中,他们实在是不能承受。契丹人与汉人同为辽朝子民,把汉人的东西从他们手中硬生生夺走,而转头就理所应当地给了契丹人,这又是哪里来的道理?"

凡此种种表明,当时辽朝上下、辽军内外,矛盾累累、困难重重。

女真崛起：辽朝后方的强大部族

二、一次"平静"的改朝换代

辽天庆四年（1114）十一月，取得宁江州、出河店战役胜利之后，女真军士气大振，初尝胜利果实的他们出于对完颜阿骨打个人的英雄崇拜以及考虑到女真军事大联盟也同样急需核心人物引领方向，所以吴乞买、撒改、辞不失带领诸将劝完颜阿骨打称帝，希望完颜阿骨打在新岁元日这天上尊号。这是众望所归，也是民心所向。但是，完颜阿骨打再次拒绝了众将士的请求。他心中明白，女真军刚刚起兵，虽取得接连胜利但前途仍未明朗，将士们此时劝进称帝或许只是被成功冲昏头脑，一时兴起。他如果应允的话，略显仓促。完颜阿骨打不断警醒自己，在这个关键时刻做决定，不应该冲动，他需要静下心来再做计议。

间不容发之际，一个叫杨朴的人站了出来。他对完颜阿骨打说："技艺精湛的工匠可以教给你制作器具的诀窍与方法，但是并不能保证人人都可以成为能工巧匠。德隆望尊的师长是我们做人的楷模，但是他的德行与品性也没有办法让每一个人都能够心领神会。所以我们需要技艺精湛的工匠和德隆望尊的师长引领，一步一步在人生路上慢慢有所突破。你完颜阿骨打带领我们

第四章 "变家为国，图霸天下"

举兵伐辽，一路高歌猛进，连连胜利，现如今已经到了变千乘之家为万乘之国的时候。你就是那个领路人。我们创建了一支战斗力如此强大的军队，而且诸部兵众紧紧团结在你的周围听从你的指挥，这样的军事实力可以拔山填海，更能够改朝换代、创立新制，我们真心地希望你能够上帝号，封授诸蕃，传檄文而晓谕千里。这样一来，四方归应。定能建立一个东濒海、南连宋、西通西夏、北安远处边境众藩国的强大国家。这等天时地利人和的情形之下，你如果还是迟疑不能下定决心，那么接踵而来的祸患就犹如箭在弦上。所以，你还有什么可担忧和犹豫的呢？"

杨朴的这番话有理有据，完颜阿骨打听完他的劝进之词，心中大悦。杨朴在金朝建立这件事情上，起到了很大的推动作用。由于金代正史当中并没有杨朴个人的传记，因此也就没有关于他劝进的事情的描述。相较而言南宋方面的相关记载不少，文献当中的记述都能够证实在完颜阿骨打建国前后的活动当中，杨朴确实都有参与。关于杨朴这个人物，学界也有不同的研究结论。杨朴也作"杨璞"，铁州（今辽宁大石桥东南汤池镇）人，为渤海大族。年纪轻轻中了进士之后，一直做到正七品的秘书郎。有的学者根据史料记载的杨朴相关活动，总结出他在金初所做的贡献，包括献策完颜阿骨打变家为国称帝号，请求辽朝册封，参与

女真崛起：辽朝后方的强大部族

册封礼的制定，建议确定朝廷礼仪制度，敦促女真社会建立尊卑秩序，参与金宋交涉事宜，等等。很显然，杨朴的眼光是具有前瞻性的。既然杨朴的地位如此重要，金代文献为何没有大肆赞扬而只有只言片语甚至遮遮掩掩呢？根据学者们的推测，杨朴记载较略，原因可能在于杨朴劝完颜阿骨打称帝建国的史实，与金朝官方撰写的开国史相互矛盾。也或许是因为金人不愿意把完颜阿骨打称帝这件开创大金基业的大事，说成是渤海人杨朴的主意。这可能更与金初贵族政治遏制皇权关系密切。

杨朴的劝进之词，已然勾起了完颜阿骨打想称帝的念头，就差脱口而出，这个时候阿离合懑、蒲家奴、宗翰等又进一步进言，劝阿骨打说道："如今大功已然建立，如若不称帝号，又如何能够团结天下人之心？"这些人的再次劝进，使得完颜阿骨打心中的那团烈火愈烧愈旺。这些劝进之人可都是完颜阿骨打身边的关键人物：阿离合懑是景祖第八子，也就是完颜阿骨打的叔叔。完颜阿骨打擒萧海里之时，是阿离合懑献萧海里馘于辽的。完颜阿骨打举兵期间，阿离合懑屡战有功。完颜阿骨打即位之后，阿离合懑与宗翰以耕具9件为进献之物奉给完颜阿骨打，寓意他成为九五之尊，希望他不要忘记农业劳动的艰难，带领女真人继续开疆拓土丰衣足食，完颜阿骨打高兴地收下并且对其更加

第四章 "变家为国，图霸天下"

尊重；蒲家奴是景祖的孙子劾孙之子，从辈分上论，与完颜阿骨打同辈，属于叔伯兄弟。曾经与完颜阿骨打一起伐留可、坞塔，招降诈都、系辽籍女真纥石烈部阿里保太弯及边民等，保一方地土，是完颜阿骨打最初建立大业时候的功勋之臣。之后与完颜宗雄管理泰州，完颜阿骨打还迁徙万家屯田于其地；宗翰是撒改长子，辽都统耶律讹里朵以 20 余万人戍边之时，完颜阿骨打使宗翰为右军，大败耶律讹里朵于达鲁古城。因此他们的建议对完颜阿骨打来说，是十分中听的。他告诉这些跟随他南征北战、视死如归的战友们，他会认真考虑这件事情的。

终于，辽天庆五年（金收国元年，1115）正月元旦，群臣奉上尊号，完颜阿骨打即皇帝位，庙号金太祖。金太祖完颜阿骨打终于登上帝位，心里自是十分高兴，当日又正值正月初一，完颜阿骨打大宴群臣。他端起酒杯，看着与他共生死的这些功臣们，心中感慨万千："我们出生入死换来今天的局面，听闻辽朝以镔铁当作他们的国号，是因为镔铁坚硬无比。但是镔铁虽然坚硬，却总是要腐烂朽败，只有金子是不变也不会坏的。我们就把我们的国号定为'大金'，年号为'收国'吧。"

随着史料不断被深挖，关于金朝的国号与建国时间，有的学者认为金代正史的记载值得信赖，有的学者则给出了新的解读。

女真崛起：辽朝后方的强大部族

比如完颜阿骨打1114年起兵以后，直到1117年或1118年才建立国家而并非1115年，国号是"女真"并非"大金"，年号为"天辅"并非"收国"，1122年才改国号为"大金"，等等。关于"金"的来历，文献本身就存在多种说法。《金史》当中除以上记载外，在其他篇章曾记载国号为"金"是因为"按出虎"意为"金"，所以按出虎水源名为金源。另有，金朝国号以水命名，因水产金，所以取"金"为号。不仅如此，关于"女真"族号的讨论也是百家争鸣。有学者给出自己的观点，认为"女真"称号是当时的契丹人借用汉字，对女真族号发音的一个译音，而汉人对女真称号的译音有许多，早期写成肃慎、息慎、稷慎，后来又有虑真、女贞、朱先、朱真、诸申、周先、珠儿山，等等。蒙古人同契丹人一样，需要借助汉字为女真的称号进行标注发音，但不同的是，因为民族发音的不同，所选用的汉字是极不相同的。比如蒙古人汉字音译所呈现的女真称号，就是文献当中看到的朱里扯特、主儿扯惕、主儿彻惕或拙儿察歹。这些复杂多样的女真称号在汉字当中，是解读不出任何含义的。音译的称号众多，那么本名应该是什么？学者认为是"珠里真"，以上汉人、契丹人和蒙古人给女真称号的诸多译音都不是他的本音。"女真"一词的含义又是什么呢？翻译成汉语应该是"东方之鹰""海东青"的意思。《金史·兵制》开篇中写道，金朝兴起，用兵如神，战无不胜，当世无敌，短短不到10年便大业初定。究其原因，那是因为女真人本就有着俊鹰一般的勇猛。这里的"鹰"也就是海东青。海东青的重要作用在女真人生活中的方方面面都有明显的体现，包括族称的命名。当然了，这也只是一家之言。

三、达鲁古城之战

收国元年（1115）正月初一，完颜阿骨打即皇帝位。金朝上下，普天同庆，沉浸在一片欢乐祥和的气氛当中。完颜阿骨打由女真军事联盟首领摇身一变成为一国之君，这是何等的变化。他幸福、他激动，但是他更深知其中的艰难。他也有担忧，更有英雄领袖般的高站位考虑。所以，他想趁着将士们斗志昂扬的这个时机，继续他心中谋划已久的那个帝国梦。完颜阿骨打决定暂时收起元旦称帝的喜悦，亲自带兵进攻辽人为防控女真人设置的前线重镇黄龙府（今吉林农安），进一步将金朝的统治疆域向南推进，突破辽人的防线。为确保成功进攻黄龙府，金太祖打算以邻近黄龙府的益州城（今吉林农安小城子乡）为跳板，首先夺下益州。听闻刚刚登基的金朝新帝完颜阿骨打要来攻打他们，震慑于

女真崛起：辽朝后方的强大部族

女真军威的益州城内守军不战而退，连连撤退，一直撤到黄龙府。金太祖没动一兵一卒成功攻陷益州，将城内百姓悉数收归己有。

这时的金太祖原本打算趁势追击直捣黄龙府，但是此时辽朝已然派遣都统耶律讹里朵、左副统萧乙薛、右副统耶律张奴、都监萧谢佛留屯驻在达鲁古城（今吉林松原境内），而且辽军数量可观。达鲁古城与黄龙府距离十分近，唇亡齿寒。辽军准备在此与女真军长期作战，拖垮进攻黄龙府的金朝军队，从而声东击西保住黄龙府。金太祖分析了眼下的这种情况，不得不临时调整进军策略，只留下完颜娄室和完颜银术可继续围攻黄龙府，而自己则直奔达鲁古城，准备消除攻打黄龙府的后顾之忧。

面对业已建国的女真人，契丹人是又气又恨。他们紧急召开会议，商讨下一步如何对付女真人。天祚帝最终决定，一面效仿金太祖御驾亲征，一面派遣使者议和。金太祖急速行军，刚到宁江州西，便遇到辽朝派遣使者僧家奴带着国书前来。虽然遣使来金议和，但还是一副天朝上国的姿态。由僧家奴带来的这封国书上，辽帝直呼金太祖名讳，依然将金朝当成辽朝的属国对待。金太祖一眼看穿辽人的这副议和嘴脸，"他们分明是想用缓兵之计瞒天过海，其实根本就不承认金朝的地位"。因此，完颜阿骨打

第四章 "变家为国，图霸天下"

派遣赛剌携带国书出使辽朝，回复辽帝。赛剌向天祚帝传达了金太祖的意思："如果把罪人纥石烈阿疏归还金朝，将黄龙府迁到其他的地方，这两个条件都答应了，我们再来商议另外的事情。"

金太祖知道天祚帝根本不可能答应他提出的条件，他派赛剌前去也只是为了迷惑天祚帝拖延时间罢了。因此，没等赛剌出使回到金朝，金太祖就下令进军达鲁古城。

据史书记载，当时屯驻达鲁古城的辽兵有20余万，金太祖为了保证一举夺下达鲁古城，将之前留下围攻黄龙府的完颜娄室与完颜银术可的兵力，紧急调到此处支援。完颜娄室接到命令，立即快马加鞭赶到达鲁古城。由于日夜兼程，战马大多十分疲乏，金太祖又拨了300人马给他，让他跟随完颜宗翰隶左翼军作战。

当参加作战的女真军全部集结完毕，向达鲁古城进逼时，天空突然呈现出正圆形的火光，整个天空瞬间被火光照亮。但刹那间，火光便从天空中坠下。大家看到后都被这眼前的景象惊住了。金太祖看到这一幕心中大喜，他脱口而出："这是吉兆啊，这场仗将有上天助我呀！"他赶紧命人酹白水而拜。众将士听金太祖这么一解释，信心倍增。

收国元年（1115）正月二十九，女真大军进逼达鲁古城。

女真崛起：辽朝后方的强大部族

金太祖完颜阿骨打先登上占领的一块高地，远眺观察敌情。只见辽兵好似连云灌木般排列，太祖低头暗自盘算，心中窃喜。他告诉左右将士："辽兵的排兵布阵呈现连云灌木状，代表着他们内部已经出现分裂，到了貌合神离的地步。所以即便他们的数量再多，都已经不足为惧。"可以说，金太祖战前给女真将士们的心理建设做得实在是太到位了。无论什么样的现象，经过他的分析，都是极其鼓舞人心的。心理建设做足了，实战战术自然也需要认真对待。金太祖让完颜宗雄以女真右翼军攻打辽的左军。完颜宗雄乃康宗长子，也就是完颜阿骨打的亲侄子。完颜宗雄刚出生，他的爷爷世祖见到他，就觉得他风骨非常，认为他日后必为国器。史书记载完颜宗雄长大之后风表奇伟、善谈辩、多智略、孝敬廉谨，人爱敬之。待到金太祖攻打宁江州、败辽兵于出河店之时，完颜宗雄一路摧挫敌人的兵刃，誓死力战且功绩众多，确是国家重器。达鲁古城之役中，完颜宗雄率领右军身先士卒，辽的左军很快被完颜宗雄率领的右军击溃。金太祖又立即命令完颜宗雄辅助金军左军进攻，与辽右军力战。与此同时，金太祖命完颜娄室与完颜银术可主攻辽军的中路军，二人率领将士冲进辽军的中军当中，虽然被辽中军团团围住，但完颜娄室与完颜银术可不辱使命，突围而出。紧接着再次冲杀进辽中军当中，如

第四章 "变家为国，图霸天下"

此反复了9次，都力战而出。完颜宗翰见辽军中军实力不可小觑，便向金太祖请求金朝的中军力量援助。金太祖发现硬拼打不穿辽中军之后，及时调整策略。他决定分散辽朝中军的力量，让完颜宗干率领一队部众故意伪装成疑兵，引开部分中军兵力，减小进攻中军的阻力。这时候完颜娄室、完颜银术可和完颜宗翰集中力量进攻辽军剩下的中军力量，完颜宗雄则趁其不备，绕到辽兵大军之后偷袭。女真军前后夹击，使得辽兵首尾不能相顾，辽军大败，只得逃回大营闭门不出。

辽军仓皇北逃，而完颜宗雄紧追其后。追到辽军大本营的时候，天已经黑了下来，完颜宗雄将辽军大营团团围住。时近黎明，辽军突然从营中突围而出，完颜宗雄一路追杀，将辽军全部歼灭，胜利而归。金太祖见到凯旋的完颜宗雄，抚摸着他的后背说道："我要是有这样的儿子，还有什么事情办不成的。"随即将自己的御服赏赐给了完颜宗雄，以表示对他的信任和钦佩。

达鲁古城之战辽军全军覆没，由于辽军原本打算在达鲁古城一边屯田一边作战，所以随军携带了许多耕具，战败之后女真士兵得其耕作使用的农具无数，金太祖将这些战利品一一分发给诸路士兵。

女真崛起：辽朝后方的强大部族

四、黄龙府大捷

　　无论是女真兴兵举旗伐辽后前方捷报频传，还是辽军屡次应战虽将士数量众多但仍败绩连连，天祚帝始终都没有严肃认真地将女真当作如北宋一般的对手真正对待，他一直认为这只是边疆属部的小打小闹，任其翻滚，即便涟漪再大也掀不起多大的浪花。直到完颜阿骨打建国称帝，辽帝仍是一副居高临下的姿态。这次达鲁古城之战辽军再次败北之后，天祚帝于收国元年（1115）四月又派遣耶律张家奴、蒲苏、阿息保、聂葛、纥石保、得里底等拿着国书出使金朝，犹如上次僧家奴来的时候一样。代表着双方议和态度的国书上面，天祚帝仍然直呼金太祖的名讳，此外辽帝还口口声声让完颜阿骨打速速归降。这明摆着就是压根儿瞧不起完颜阿骨打，更别说承认完颜阿骨打建立的新政权了。面对如此姿态的辽朝皇帝，金太祖也是不让分毫。他知晓辽朝使者来意之后，没有半分的怯懦与退让之意。他以其人之道还治其人之身，也立即撰修国书一封，上面同样直呼天祚帝名讳，并且将其余几位辽朝使者扣在金朝，只允许耶律张家奴一人带着国书返回辽朝。

第四章 "变家为国，图霸天下"

耶律张家奴回到辽朝之后，将金太祖与其之间的对话如实转达给辽帝，辽帝震怒，再一次派遣耶律张家奴前往金朝。因此，仅仅两个月之后，耶律张家奴带着国书就又见到了金太祖。此次国书之上辽帝仍不改以往，还是直呼金太祖完颜阿骨打的名讳。因为他深知如此操作，代表着双方地位的尊卑等差，唯有这样才能显示他辽朝是地位高的那一方。金太祖见辽帝仍是这一副居高自傲的样子，当然是有样学样，故技重施，又修国书一封，也直斥辽帝的名讳，让辽帝投降。耶律张家奴带着国书再次回到辽朝，辽帝看过国书之后，他不敢相信现如今女真人已经狂妄到这等地步，心里十分恼火。加之近期连战连败，辽军急需鼓舞士气。因此，天祚帝决定要亲征女真并传谕诸军。天祚亲征的打算自女真建国时就有，只是一拖再拖罢了。

但是，此时辽朝内外早已不可与昔日相提并论，军中士兵不具备与女真军硬拼的实力。所以决定亲征的同时，天祚帝还是希望多条腿走路，能走通更好，走不通再说。因此仅仅一个月之后，他又派遣使者出使金朝，这回派出的是萧辞剌，目的还是同前两次一样。

短短几个月的来回拉扯，金太祖对议和的结果早就有所判断。没有实质性利益的驱动，哪一方都不会轻易松口。金太祖心

女真崛起：辽朝后方的强大部族

里知晓，金朝政权刚刚建立，内部兵将实力虽强但数量太少，外部也仍面临诸多邻近部落叛服不定的混乱形势。而此时的辽军虽号称数量众多，但军心涣散、战斗力弱，如果现在能够一举灭辽，就是自己翻身的绝佳时机，错过了就可能真的错过了，所以不容有任何闪失。因此面对辽帝的多次议和，金太祖只是不咸不淡地附和着，不想耗费人力物力财力。如今，天祚帝再次派遣萧辞剌前来议和，金太祖打算不再给辽帝回信，直接将使者扣在了金朝。这预示着辽金双方开战的箭已然搭在了弦上。金太祖认为既然多次都谈不拢，那就还是使用武力解决。

金太祖决定继续进攻黄龙府。黄龙府乃是古扶余之地，辽太祖耶律阿保机居西楼夜宿毡帐中时，曾有一天早上起来，发现一条长千余丈的黑龙蜿蜒在毡帐之上。耶律阿保机随即引弓向黑龙射去，黑龙腾空的瞬间被耶律阿保机射中，坠落于黄龙府的西边，故称此地黄龙府。据说那时这黑龙的骸骨还放置在大金内库当中。完颜娄室得知金太祖将取黄龙府，向他建议道："黄龙府城池坚固防守严密，硬攻难度很大。而且它地处僻远，一旦局势有变，相邻诸郡定会相继叛乱。所以请求太祖您允许我先行一步，扫清周遭势力，断了黄龙府的外部支援，以绝后患。"金太祖听后欣然同意。

第四章 "变家为国，图霸天下"

完颜娄室很快就将黄龙府周围势力扫清，金太祖随即率军进攻黄龙府。

当金太祖行军来到混同江（今松花江）时，江面上一艘船都没有，这就意味着他们根本没有办法渡江，众将士一下傻了眼。金太祖不慌不忙，他走上前去，在一名士兵的引领下，乘一匹赭白马向前渡江，然后回头对将士们说："有我在，咱们定能安全渡江。你们跟着我，我的马鞭指到哪里，你们就往哪里走。"大军浩浩荡荡就这样一路跟随金太祖向江对岸走去。令人称奇的是，这江中之水看上去也就刚刚没及马腹，众人上岸之后觉得渡河似乎也没那么难，就让人测量他们渡江时涉过的地方的江水深度，得到的答案却是水深不见底。大家都觉得这是上天在庇佑他们，由此更加坚定了他们跟随金太祖伐辽的决心，也坚信这次黄龙府之战定能取得胜利。

渡江之后在完颜娄室等一众将士的拼死奋战下，女真军很快攻陷黄龙府。金太祖攻下黄龙府，又想要乘胜追击攻取长春州。完颜宗干劝太祖不要心急，先让将士们好好休息。金太祖听了完颜宗干的建议，决定班师。回军时再次经过混同江，仍如前次一样，不用舟楫便渡江而去。天眷二年（1139），以黄龙府为济州，设置军镇叫作利涉。大定二十九年（1189），改名隆安，即今吉

女真崛起：辽朝后方的强大部族

林农安。

五、辽帝御驾东征失败

天祚帝听闻金太祖要进攻黄龙府，加之那时天祚帝罢猎于岭东，又得闻都统耶律斡里朵等在白马泺战败，因此一气之下将耶律斡里朵免官，又正式下诏亲征女真。天祚帝从金太祖刚建国时就扬言要亲征辽东，但一直都未成行。即使女真人起兵以来取得众多胜绩，但是他们也深知，要面对天祚帝的全方位东征，仍然需要周密部署。金太祖想起他们还扣留着辽朝的使者萧辞剌，这时候他该派上用场了。金太祖将萧辞剌专门送回辽朝，并让赛剌一同前去。带给天祚帝国书一封，表示如若辽朝将罪人纥石烈阿疏归还于女真人，女真军就立即班师回朝。还没等到辽帝回复，金太祖迫不及待地又修国书一封。这次他的态度来了一个一百八十度大转弯，让完颜宗翰、完颜宗弼卑躬屈膝地乞求辽朝的怜悯，放金朝一条生路，其实是想以此掩盖他继续进攻的事实。此时天祚帝终于精明了一回，发现了金太祖的诡计，他大发雷霆，立即下诏，声称完颜阿骨打出尔反尔，行为实属过分，必须剪除其大军。

第四章 "变家为国，图霸天下"

从史书记载来看，天祚帝亲征的前期准备工作还没有做完，黄龙府就已然失陷。但是辽帝这次亲征其实也是下了真功夫的。他精心挑选了枢密使萧奉先为御营都统，耶律章奴为副都统，集结蕃汉兵 10 余万从长春路出发。部署精兵 2 万充当先锋，其余剩下诸军分成 5 部作为正兵，各大臣宗室贵族子弟千余人作为硬军，扈从百司作为护卫军，北出骆驼口（今吉林松原松花江南岸）；天祚帝以都检点萧胡睹姑为都统，枢密直学士柴谊为副都统，命 3 万名汉军步骑，南出宁江州路。史书上明确记载，当时亲征大军车骑绵延百里，战鼓、号角齐鸣，旌旗迎风招展，场面震耀原野。

天祚帝寄予这次亲征很高的期望，他给诸军准备了数月的军粮，暗自下定决心，必灭女真。据史书记载，某天夜里，辽军中兵器乍现白光，战马突然嘶鸣不止，众人见了都认为这是此次出兵不祥的征兆。天祚帝也内心狐疑，在与女真的多次交战中，这次无疑是他最重视的一次，不应有凶兆出现呀？因此，他急忙召来掌管天象的官员李圭询问，李圭来到天祚帝面前却无言以对。李圭的默默无语，非常到位地演绎了什么是此处无声胜有声。显而易见，此等现象出现，属实就是凶兆，预示着天祚帝此战必败。就在这千钧一发之际，宰相张琳上前说道："古时曾有唐庄

女真崛起：辽朝后方的强大部族

宗攻梁，那一战之前矛戟等一众兵器也是在黑夜中有耀眼的白光显现。当时郭崇韬是这样解释的：'火出兵刃，乃是破贼之兆。'那一战，庄宗灭梁成功了。"天祚帝一听张琳的这番话，顿时脸上由阴转晴，一下把刚才的忧虑、不安抛在脑后，毅然决然准备继续行军。张琳这个例子举得好、举得及时啊！张琳是谁？史书称张琳为人忠义，慷慨有大志。在宁江州、出河店两役失败之后，张琳曾经受命统兵再战女真，史官记述此事时称他乃一"碌碌儒生而非经济才，统御无法，器甲听从人便，往往以枪刀毡甲充数，弓弩铁甲百无一二"。也就是说，张琳并不擅长带兵打仗。此时他的这番话，纯属是为了鼓舞士气，消除将士们的消极作战情绪，属实是安慰和圆场的成分居多。

而金太祖这边眼见计谋被识破，两军开战不可避免。为了鼓舞士气，金太祖也采取了行动。他将诸部长集合起来，用女真人自己的习俗，拿刀划开自己的脸颊，仰天痛哭道："我与你们志同道合，一起替天行道起兵伐辽，是为了什么？是因为辽人实在残暴。今辽人来攻，气势汹汹，如若我们每个人不抱着誓死战斗到最后的决心，是肯定不能胜利的。如果你们害怕上战场与他们决一死战，那现在就杀了我完颜一族，带着我们的尸首前去投降，想必是可以转祸为福的。"金太祖言辞恳切，十分煽情，众

第四章 "变家为国，图霸天下"

将士听后义愤填膺，并连连保证："事已至此，我们定会誓死一战。"并请金太祖放心，"我们既然跟随您起兵，就不怕死。辽人恨我们杀了他们很多将士，占领了他们很多地盘，我们现在已经没有后路可退了，我们必须全力以赴，将辽军击败。"金太祖见到一众跟随他的将士如此诚心实意地追随，心也算是暂时放下了。

收国元年（1115）十二月，金太祖的大军行进到爻剌（今吉林松原境内松花江北岸）一带，下令召集众将商议进一步的作战方针。可以想见，女真军方面是十分认真地在对待这次的辽帝亲征。军中将士一致认为，辽兵既然胆敢号称70万大军，无论他们真正的作战实力如何，数量上他们肯定是非常自信的，他们坚信即便论人数，也定能胜得过我们。我军虽接连打了胜仗，士气高涨，但是作战人数确实与辽军不可相提并论。加上我们一路从内地奔袭而来，路途遥远、人马疲乏，会大大降低我们本就人数少的军队的作战实力。所以，现在最好的制敌之策是以静制动，以不变应万变。我们暂且就在此地驻下，筑好深沟高垒以防万一。

起兵后这一路走来，金太祖虽然表面流露出的都是万般坚忍，但也是身心俱疲。听完大家的建议，他决定暂且驻军爻剌，

女真崛起：辽朝后方的强大部族

伺时而动。即使暂时待兵不动，金太祖也没有放松警惕。第二天一早，他就率几名得力的将士来到辽营周围打探军情。他们躲在暗处观察了许久，也没看见辽军大营里有什么异样。这时候，只见辽朝督缴粮饷的一小队辽兵经过，金太祖迅速将他们擒住，带回了驻地。通过对他们的拷问得知，辽帝早已经不在营地，他因为耶律章奴造反已西还两日有余了。金太祖心头一阵暗喜，原来此时辽朝内部发生叛变，天祚帝急着回去平叛了，怪不得辽军没有丝毫的备战状态。

这里说说耶律章奴。耶律章奴到底是何许人也？史书记载他天性聪明机敏而且口才特别好，能说会道。天祚帝亲征女真，他原本也是其中的一员，任当时的御营副都统。那他为何还要谋反呢？此次东征过程中，耶律章奴早就看透辽兵此次即便有天祚帝亲征，也改变不了注定要失败的最终结局，更改变不了现如今辽廷腐败、上下离心的境况，于是便起了谋逆之心。他与魏王耶律淳妻子的兄长萧敌里及其外甥萧延留等密谋，试图另立耶律淳为新主。关于耶律章奴谋反的原因，他与众人谋划叛逆之初曾经说道："耶律延禧失道寡助国势日衰，而皇叔魏国王耶律淳亲近贤人爱慕贤才深得民心。如果废耶律延禧而迎立魏国王，女真人还有什么可让我们害怕的，即便不动用武力也可以让他们归降。"

第四章 "变家为国，图霸天下"

这是耶律章奴为自己找的借口，谋逆的理由很是冠冕堂皇，要不然也不能让耶律术者忠心追随，这样才能够获得更多的同盟者。耶律术者知道耶律章奴从鸭子河败逃之后，他即刻便带领麾下数人前去打算与耶律章奴会合，参与他谋立新主的大计划。但是还没等他见到耶律章奴，在前往的路上就被辽兵擒获，并被送往辽帝营帐。天祚帝见到耶律术者，十分不解地质问他："到底是什么原因，你要冒着杀头的风险，背叛我参与谋反？"耶律术者面对天祚帝的质问，丝毫没有惧怕与悔意，反倒义正词严地说道："杀头？杀头又算得了什么，我等岂是贪生怕死之人？即便今天我被赐死，也死而无憾，因为我为了正义而努力过了。如今天下大乱、小人满朝而贤臣却被放逐，我实在不忍心看着老祖宗留下的基业葬送在你的手上。你以为我就心甘情愿地被扣上谋反的帽子吗？我是因为国不成国而心痛深入骨髓，才做出这样的决定，并非是为了我自己啊。"天祚帝听后若有所思，陷入沉默，并没有立即处罚耶律术者。数日之后，天祚帝想给耶律术者一个机会，再次提审他。耶律术者仍然不改之前强硬的态度，并且言辞激烈地将天祚帝的过错一一列举。他告诉天祚帝，这已然是动摇社稷根本、危及朝廷了。天祚帝一听此言，气得即刻下令将其诛杀。耶律术者定是因为觉得与耶律章奴意志相投，才前去投奔他的。只能说明，耶律章奴这谋反理由找得好啊。

耶律章奴既想谋反，他就早已做好了准备。他首先紧急派遣萧敌里和萧延留去劝说魏王。萧敌里把女真兴兵，辽军节节败退的原因都推到天祚帝的身上，认为这是皇帝不作为导致的。他进一步述说天祚帝的不作为不仅导致辽军失利，现如今天祚帝更是不知去向、不知死活。所以当下的情况就是天下无主而诸公年幼，势力还都远不如耶律淳，恳请耶律淳一定要担起这份事关天下百姓生死的重担。不仅如此，萧敌里还提示耶律淳，如果他一味推脱而最终拒绝，让小人钻了空子，那就是天下人的祸事，到那个时候如若我们再想图得大业就太难了。

魏王耶律淳听完，背过身去低头沉思，即便他心中默认萧敌里所说的诸种事实，但心中仍是疑窦重重。他转过头问萧敌里："即便现下天祚皇帝生死未卜，也理应由其他诸王继立。你所说由我接替天祚帝这件事，确实不是小事。所以，此事理应通过南北面大臣和诸王来通知我，为何会是你们呢？"

耶律淳这一问把耶律章奴给问住了，所以耶律章奴虽说已经立起了谋反的大旗，但其实若说他做足准备了吧，还真是有点冤枉他了。为什么这么说呢？他想要谋立的这个新主，人家压根儿就不知道他的详细计划，更别说是一起谋划，甚至耶律淳对他的

第四章 "变家为国,图霸天下"

这个提议本身就持怀疑态度。因此,结果可想而知。耶律淳为保险起见,密令左右将萧敌里直接拘了起来。

耶律章奴谋反之事一出,天祚帝就已经知晓,并第一时间对他采取抓捕行动。天祚帝一方面派遣驸马萧昱领兵到广平淀保护他的妃子们,另一方面让行宫小底乙信带着他的亲笔书信,回燕京速速告知魏王耶律淳。同时命令御营退行30里,做好西返平定耶律章奴叛乱的准备。此时正是金太祖抓住辽朝士兵,得知天祚帝西返的时候。

原本大张旗鼓信誓旦旦的东征,现在突然要撤退,一定会有大臣持不同的意见进言天祚帝:"我大军东征已然深入,况且女真军就近在眼前,咱们全军上下齐心,愿意誓死一战,所以我军没有理由选择后退。"建议天祚帝派人回去平定耶律章奴叛乱,他们还是按照原计划与女真人一较高下。天祚帝当然也懂得战场之上,贻误战机会带来多么严重的后果,因此面对这种情况,他也对自己之前做出的决定产生了一丝怀疑。于是紧急召集诸位统兵官将,询问是否还有两全其美之策,而将士们虽各持己见但此时也都是持观望态度,并没有形成一种坚定的声音。

再说回耶律章奴,原本正在等待萧敌里回复的他,得知天祚帝要西返剿杀他,也顾不上再等耶律淳那边的回信了,急忙逃到

女真崛起：辽朝后方的强大部族

了上京（今内蒙古自治区巴林左旗南波罗城）。

天祚帝得知耶律章奴发动军事政变，一面准备西返平定耶律章奴叛乱，另一面派遣信使及时通知耶律淳。这时，天祚帝派去通知耶律淳有关耶律章奴叛变一事的使者也携带书信见到了耶律淳。耶律淳证实了自己的怀疑，即刻就将萧敌里、萧延留斩首。耶律淳在天祚帝派来的信使面前痛哭流涕，诉说自己的忠贞不贰。随后带着萧敌里的人头只身一人，避开耶律章奴的人马，从乡间小道直奔广平淀向天祚帝请罪。此等内忧外患、兵荒马乱之际，天祚帝也知盟友更是珍贵，树立敌人绝不是明智之举，于是并没有怪罪耶律淳。

耶律章奴得知这位他想要拥立的新主，根本不跟他一条战线之后，当即就率领麾下将士，攻掠庆、饶、怀、祖等州。耶律章奴来到祖州时，到辽太祖庙前进行祭奠，他感慨万千："我大辽基业，太祖百战而成。今天下土崩，唯有兴宗皇孙魏王耶律淳，道德隆厚能理世安民，我们就想让他来权知国事，可谁知竟没有成功。反观天祚，不理朝政只顾个人贪图享乐，面对女真人的接连入侵用兵连连失败。因战争而蜂起的盗贼日渐猖狂，朝廷上下因为如此众多的内外打击，危如累卵。我等忝预族属，世蒙耶律恩渥，正是因为想着要上安九庙之灵，下救万民之命，才

第四章 "变家为国，图霸天下"

有此举动。此至诚之心，希望得到太祖你等圣人的庇佑。"耶律章奴在太祖庙前的这一番痛斥哭诉，听起来是何等正义与饱含家国情义，怪不得史书上记载耶律章奴口才特别好。他西至庆州之时，也是这一顿猛如虎的操作，并且还将檄文下发到各州县和诸陵官那里。在耶律章奴的煽风点火下，属意耶律章奴的人越来越多。不仅如此，他途中还勾结渤海群盗，一路直奔广平淀天祚帝行宫。这其中就包括当时饶州渤海籍人侯概等，他们相继来应，人数一度达到数万。应援耶律章奴的这个侯概是个什么人物？高永昌逃跑入海，被兀室、讷波勃堇率3000名骑兵追至长松岛。高永昌被斩杀之后，剩下的溃散的汉儿军，大部分相聚为盗，侯概即是其中之一。他们互相勾结，自称"云队""海队"，净干些烧杀抢掠之事。他的同党耶律女古等横行不法，劫掠妇女财畜不断。说白了，这就是一群强盗。但耶律章奴当时一心想攻下上京行宫，哪还管得了这些。这种队伍攻打上京，根本不可能获胜。果不其然，这群人攻打上京城失败，当场就被斩杀，那些将领的妻子则是被罚派到绣院做苦役。没被擒获的也都逃到女真人那里去了。耶律章奴慌了，他偷偷地打扮成使者的模样，还弄了个假的号牌带着，直奔女真近境泰州去了。但是耶律章奴太不走运了，他在逃跑的途中被辽朝巡逻兵擒获，直接被送到辽帝面前。

女真崛起：辽朝后方的强大部族

天祚帝抓到耶律章奴之后，将他腰斩于市，并剖其心献于祖庙当中，剩下的部分就大卸八块送给征伐女真的五路大军以泄心中的仇恨。

说完耶律章奴，我们再回到金太祖获悉天祚帝西还的事情。得知天祚帝西还，金军中有的将领便提出建议："我们应该趁着辽主因后院失火西还撤退乘胜追击。"金太祖听了训斥他说："敌人进攻的时候不去迎战，等到他们跑了才去追，你们难道一直都是以此为荣、以此为勇的吗？"听金太祖这么一说，众将士顿时深感惶恐，纷纷表示愿意为了金朝基业，无私贡献自己的力量。果然姜还是老的辣啊，金太祖看到将士们的态度，就知道他的目的已经达到了，立刻说："如果你们是真心想要追击他们，你们就少带东西轻装上阵。为什么？因为你们肯定能战胜他们，战胜了他们，什么都有了，哪还用得着咱自己带着？"金太祖这一番欲扬先抑的御人策略之后，众将士既感觉自己的想法被理解，又感觉自己被重用与信任。于是女真军轻装上阵，紧追天祚帝到了护步答冈（今吉林农安，另有学者认为此地为今吉林榆树）。

护步答冈一战，金军只有2万人。金太祖深知此战势必艰辛，于是和众将领一起分析军情：敌人众多而我们还是一向的人少。所以将兵力分散，对敌人进行分批消灭是不可取的。金太祖发现

第四章 "变家为国,图霸天下"

他们的中军势力最强,辽主一定藏在其中。所以我们要擒贼先擒王,将所有的兵力都集中在进攻辽朝中军上。一旦获胜我们就掌握了主动权,这场仗基本上就算打赢了。商量好作战计划之后,女真大军一刻也没有耽误,立即执行。

当时正值隆冬盛寒,地上大雪深足有尺余。两军交战时一度尘土亘天,日色赤暗。金太祖使金军右翼先战,数回合之后,与左翼再合而攻之。天祚帝虽亲督诸军,但战场上的众多女真将领依然是力战不已,史书记载这一战死者尸体相属百余里。随即众将士便看见天祚帝的御旗向西南奔出,众军随而败溃。原来矛戟有光真是凶兆啊,辽兵大溃,护步答冈之战对金朝来说又是一次以少胜多的战役。最终女真获舆輂帘幄兵械军资众多,其他宝物马牛不可胜计。女真乘胜,并渤海、辽阳等54州。天祚帝一日一夜疾走500里,退保到长春州一带。

收国二年(1116)正月,金太祖下诏:"自破辽兵以来,诸邻四方来降者众多,理应更加优恤地对待他们。自今契丹、奚、汉、渤海、系辽籍女真、室韦、达鲁古、兀惹、铁骊诸部官民,已经投降或者被俘获、逃走但又返回的,通通不降罪。诸部酋长官复原职,找个适宜居住的地方让他们好好生活。"

自此之后,辽朝的军事政策由进攻转为防守。

第五章

血雨腥风克上京

辽朝立国200年有余,历任9个皇帝。《辽史》当中这样评价他们:太祖、太宗英谋睿略,辑新造之邦;世宗中才,穆宗残暴,虽连遘弑逆,但帝位牢固。这是因为祖宗积攒下的祖业,尚且足以震慑国人;圣宗以来,内修政治,外拓疆宇。维持200余年之基,有自来矣。当史官评说天祚帝的时候,话锋一转,说他"既丁末运,又觍人望,崇信奸回,自毁国本,群下离心"。天祚帝的童年经历造就了他多疑多虑又缺乏安全感的个性。如此性格,让长大后的他,变得刚愎自用又昏聩懦弱。一位接着一位大

第五章　血雨腥风克上京

奸大恶之人登上历史舞台,走进他的生活,他掉进了一个又一个别人设计好的阴谋诡计里……

辽朝五京就在这腥风血雨中,沦陷了。

一、初定东京

收国二年(1116)正月初一,正值隆冬的夜晚似乎格外的寒意袭人。当所有人都还沉浸在梦乡的时候,东京城内闪现10余个黑色的人影儿。他们自己或许都不知道,接下来他们做的事情即将成为东京城命运改变的导火索。这一行人借着酒劲,趁着夜色,悄悄翻墙进了东京留守的府邸。他们到底想要干什么?我们接着往下看。

当时虽正值兵荒马乱的年代,但堂堂的东京留守府依然是戒备森严,岂是他们这等毛贼想进就进的。结果可想而知,他们前脚刚进入留守府,后脚就被侍卫抓住了。处理这等贼人哪还需要惊动上面的领导,侍卫们更是无须跟这几个贼人多什么言语,随即就想斩杀了他们。正当侍卫想要处置他们之时,这帮恶贼顿时就醒了酒,眼珠子滴溜儿一转,为了保命,这主意可就来了。于是,他们一脸堆笑,顺势扑通一声就跪在了地上:"官爷们饶命,

女真崛起：辽朝后方的强大部族

官爷们饶命。自己人，自己人，我们是来给官爷们通风报信的。"这侍卫一听"通风报信"四个字，十分敏感，尤其是在这样动荡的年代里，这四个字更是格外的刺耳。"莫非有大事发生？"侍卫们暂且放下手里的长刀，几个人走到墙脚商量。他们心里明白，如若真的有事关紧要的事情发生而被他们耽误了，他们可承担不了这样的责任。因此互相看了一眼，那胆小且怕事的眼神告诉彼此，应该听听他们到底有什么事情要来舍命相告。于是示意这几个贼人接着往下说。跪在地上的这几名恶贼，虽不敢抬头但从余光略微瞥见的那几名侍卫们的表情中，收到这样的讯息：他们相信了。眼看侍卫中了自己的圈套，他们继续绘声绘色地说："你家留守萧保先现身在何处？我们确有要事相告。如今城外发生哗变，很快就要攻到府内，还请留守早做准备，以防不测。"侍卫们一听这话，哪还顾得上分辨这消息是真是假，必须先向领导萧保先汇报啊。因此也就放松了对这一帮人的警惕。府内的萧保先听闻此消息更是不明所以，十分惊讶，他急忙从后院走出来想问个究竟。就在这时，这几个人提起携带的兵器，直接将萧保先一刀毙命。事情也不知道为何会发展成这样，报信变成了害命，东京留守萧保先就这样一命呜呼了。

萧保先死后，东京户部使大公鼎继任留守，与副留守高清

第五章 血雨腥风克上京

明，召集奚、汉兵共千余人，在全城大范围无死角地大力搜捕这几个渤海贼人。史书记载，他们最终还是被抓住了，官府将他们斩首示众，这才得以稍稍抚定东京城内恐慌的百姓。

萧保先为何被杀，史书并没有给出明确的答案。但东京城乃渤海故地，萧保先任东京留守期间，属实是上不能匡主，下没法益民。因此，城内的渤海民众苦不堪言，对他早有积怨。这次刺杀事件发生，绝对是民愤长期积累的结果。可是即便贼人被绳之以法，但此时东京城内仍然一片混乱，人心惶惶。这恰恰给高永昌作乱提供了借口并为他打了掩护。

高永昌是何人？这还要从头说起……

女真起兵，天祚帝与女真对阵作战接连失败之后，无论是将士士气还是军备物资都受到巨大的影响，事到如今各方面已经不具备主动进攻女真军的实力。所以，对女真的军事政策由主动进攻转为战略防御。因此天祚帝任命高永昌为东京副将，率3000人屯八甗口驻守，主要是防范女真人进一步西进。

高永昌见天祚帝即位以来，辽朝统治日渐衰落。加上金太祖起兵伐辽，金兵就犹如风卷残云般，横扫数量更胜一等的辽朝军队。生死存亡之际，战场上的场场战役，都显示出辽朝根本无力招架女真人的进攻。此等性命攸关的情形之下，天祚帝带领的辽军，属实是不堪重任。高永昌认为，这分明就是败亡之象。恰好此时又发生了萧保先被刺杀事件，整个东京城内外交困。高永昌看到如此局势，认为复国有机可乘。于是他想要发动政变的心蠢蠢欲动。

高永昌一清二楚，想要推翻天祚帝，必须要有顺天理与合民意的充分且正当的理由。因此，高永昌打算利用萧保先在任东京留守期间打压渤海人的由头，激怒城内渤海人，而使得他们倒向自己的阵营，从而支持他复国。

他为何会找这个理由？因为高永昌原本就是渤海人，渤海人怎能够坑害渤海人呢？而且东京城内的汉人与渤海人素有仇怨，萧保先作为地方父母官，不仅不调和，反而熟视无睹，甚至对汉人有所偏袒，还因此杀了不少渤海人。就因为这样，城内的诸渤海戍卒，经高永昌这么一番忽悠之后，还真是一呼百应。高永昌就依靠这些渤海士兵，进驻到东京城内。旬月之间，远近的渤海人也纷纷响应，兵士数量一度达到8000人。高永昌信心满满，他占领东京之后，很快就僭越称帝，自称大渤海国皇帝，改元隆基，建立大渤海国。

这个消息犹如平地的一声炸雷，震惊了天祚帝。刚走了一个想要立新主的耶律章奴，从哪里又来了一个自封的大渤海国皇帝呢？听闻此消息后，他当即派遣萧乙薛、高兴顺对高永昌先进行招抚。高永昌刚刚当上皇帝，哪能听得进去天祚帝的那一套虚情假意的说辞，表示坚决不从。软的不听，就只能来硬的了。所以紧接着，天祚帝就下令派遣萧韩家奴、张琳对高永昌进行武力讨伐。

双方交战激烈且互有胜负，高永昌以一己之力对抗辽兵，一时是精疲力竭。几个回合打下来，现如今的结果，也并不如高永昌之前所预想的那般美好。他原本以为天祚帝失道寡助，自己幸运地抓住了机会，短时间内就能够从中获得利益，并迅速壮大自己，但是现实无情地击碎了他的幻想。因此，无可奈何之下，为了不再进一步消耗自己，他打算向女真人求救。他让挞不野、枂合带着贵重的礼物去到女真处，表示自己要求救于金太祖，并且诚意满满地表示，愿意与女真齐心协力对付他们共同的敌人——大辽。

金太祖是何人，他久经沙场、能征惯战，不仅懂得战场上的这一套阴谋阳谋，更是使用高手。他一面派胡沙补前去告知高永昌，合作当然没有问题，但又明示高永昌，你不仅抢占邻近我女真地盘的东京近地，还僭越称帝，实属不该。而且合作是有条件的：第一，你要归附女真，我们给你加官晋爵，让你后半辈子享

女真崛起：辽朝后方的强大部族

尽荣华富贵。意思还不明显吗？你必须要先把你那皇帝头衔给拿了，然后还要臣服于我。第二，遣系辽籍女真胡突古前来。高永昌收到金太祖的示意之后，派挞不野与胡突古一起去见金太祖。但是他不仅不同意归附女真，而且还言辞不逊地表示要女真归还俘获的渤海人。金太祖多半也会想到是这样的结果，于是将胡突古扣留，派大药师奴与挞不野再次前去招谕高永昌。另一方面，金太祖命斡鲁统女真诸军，与阇母、蒲察、迪古乃、咸州路都统斡鲁古等，武力征伐高永昌。金太祖发布檄文：高永昌引诱威胁东京城内的戍卒，他们是钻了这个空子，才得以打开东京城的大门，从而窃据一方的。高永昌并非什么深谋远虑有大计之人，想必他的政权长久不了。况且，东京渤海人之前也是受到过我们的恩惠的，我们招抚他们一定不难。如若他们不接受招抚，我们再商议是否讨伐他们，但一定不要滥杀城内无辜之人。

收国二年（1116）五月，斡鲁攻沈州（今辽宁沈阳）并迅速夺取沈州。高永昌得知沈州城已经失守，大为惊慌。他连忙派家奴铎剌拿着1枚金印、50个银牌前去金军那里求饶。他表示自己已经知错，愿意去除帝号，向金称臣。

本打算继续进攻的斡鲁一听，信以为真，立刻差胡沙补、撒八前去同高永昌商谈此事。此时有一个名叫高桢的辽阳渤海人，

第五章　血雨腥风克上京

因为他母亲身在沈州城内，他前去探望因而被俘。被俘之后因见不得辽廷的无道就在沈州投降了女真。据他说，此次高永昌派人来告知要投诚归降，其实根本就是缓兵之计，并非真的有意归附。战场之上，甭管这些消息是故弄玄虚还是确有此事，都要做好最坏的打算。鉴于此，斡鲁决定继续进攻高永昌，不给他丝毫喘息的机会。不出所料，高永昌得知计谋被揭穿，原形毕露，将前去商议的女真使者胡沙补等抓了起来。胡沙补被抓之后，面不改色、神情自若地大骂高永昌："你高永昌叛君逆天，今天杀我，明天就是你的死期。"胡沙补一直骂不绝口，直至被高永昌杀害。杀了使者泄愤之后，高永昌对女真军进行顽固的抵抗。斡鲁眼见自己派去的使者被杀，马不停蹄地继续挺进东京城。

女真军刚刚渡过沃里活水，高永昌的一众部下便被女真军队将士的士气和军容军貌吓破了胆。还没等两军开战，就灰溜溜地逃到了东京城下。第二天，高永昌以为自己休整妥当，便率领他的部将前去迎战，但又一次败下阵来。走投无路之下，只得以5000名骑兵逃奔长松岛（今辽宁瓦房店西海中长兴岛）。

金太祖当初攻下宁江州的时候，把俘获的渤海人都放了回去，目的是让他们招谕更多的渤海人。后来在诸多战役当中俘获的渤海人，有许多选择在中途逃跑，军中的将领为了杀一儆百，

女真崛起：辽朝后方的强大部族

要求金太祖将他们处死，以儆效尤。金太祖长叹一声，说道："我们已经占领了他们的家乡，他们既然连家都没有了，我们又何必再赶尽杀绝，要了他们的命呢！我曾记得当初世祖一战俘获百余人，世祖将他们全都释放了。结果，他们将其他邻近渤海部众都招谕来归附了我们。倘若今天我们也如世祖一样将他们放回去，指不定有朝一日也会得到如此的回报。"没有几日，金太祖当时用以堵住悠悠之口的话应验了。东京渤海人恩胜奴、仙哥等，趁机抓住了高永昌的妻子，连带东京城一并献给了斡鲁，而这两个人正是在宁江州释放的众多东京渤海人中的一员。最终，高永昌和铎刺竟被自己人挞不野擒至女真处，落得了被杀的下场。他建立的大渤海国存在了短短的几个月便轰然倒塌。

除了渤海人的帮助，在与高永昌的激战中，众多的女真将士身先士卒，立下了汗马功劳。比如，高永昌事先占据了津要之地兔儿陀，导致女真大军难以越过。在这个时候，一定要有人站出来为国家而战。于是，夹谷吾里补与撒八将其先锋射杀，高永昌将士因此被灭了士气，往后退了退，这才使得女真军渡过辽水。后来，夹谷吾里补以数骑奋击高永昌于辽水之上，接着又以40名骑兵伏于水路冲要的地方，抓住了当时承担侦察巡逻任务的骑兵，得以尽知高永昌虚实，为进攻高永昌进一步行军计划的制定，提供了重要的战略依据；高永昌盘踞东京，意欲招谕曷苏馆女真人，曷苏馆女真人畏惧高永昌的势力，有归附高永昌的念头。完颜胡十门不但不肯归附，还劝说族人不要归附。当高永昌来进攻之时，完颜胡十门力战，实在抵抗不住才投奔撒改。后来高永昌攻开州，完颜胡十门以粮饷给军，及后攻保州，辽将打算从水路逃走，完颜胡十门降其士卒。

经过众人的努力，高永昌叛乱终被平定。金太祖夺下东京城之后，邻近州县更是纷纷投降。

二、攻克上京

收国二年（1116），金军攻占东京，标志着契丹人东北军事防御中心彻底被击溃。之后，东京周围几十个府州也接连被收复，契丹人用以控制女真人的前沿阵地已经沦陷。

自从女真起兵以来，短时间内战场上的他们是节节胜利的。打胜仗的喜悦在女真人的心中可谓挥之不去。无论从哪方面讲，辽朝也是立国约200年的大国，能够打得他们连连撤退，毫无招架之力，女真人确实高兴。正当女真人沉浸在兴奋中时，杨朴当头给他们泼了一盆凉水，他提醒太祖：自古以来英雄开国就见过

女真崛起：辽朝后方的强大部族

两种形式，或者是受到前任皇帝的禅让，或者是受到大国的册封。如我们这般，实际上是属于没人承认的自封的皇帝，根本就没有得到周边部族以及宋、辽等政权的承认。一个自己给自己封的皇帝，在这打打杀杀的圈地，这是不符合礼仪制度的，属实不妥。

杨朴这样一番描述，金太祖听明白了。他也深知仅凭现如今的势力，没有十分的把握迅速灭了辽朝，倒不如以退为进，先请求他们的册封，取得对等的政治地位，其实更主要的是要使自己的政权取得合法的地位。因此，一张请求封册的大网就向辽朝铺开。关于如何请求封册、都要请求什么内容，杨朴早就有了打算。

杨朴告诉金太祖，我们虽然是向辽朝请求封册，但也要有自己的立场和考量。根据史书上面的记载，杨朴一共提出了10个条件：

第一，册封我们皇帝的时候，名称必须是叫作"大圣大明皇帝"。

第二，我们国家的国号由我们自己来定，叫作"大金"。

第三，我们皇帝出行所乘的车子需同中原皇帝同等级别。

第四，我们同样使用中原皇帝所穿的礼服和礼帽。

第五章 血雨腥风克上京

第五，使用中原皇帝所用的玉制玺印。

第六，彼此约为兄弟之国，但需辽朝皇帝称我们皇帝为兄长。

第七，每年正旦和皇帝生辰，两国互派使者，友好往来。

第八，将宋朝给予辽朝银绢数量的一半，送给我们。

第九，将辽东、长春两路割让给我们。

第十，将赵三、阿鹘产送还给我们。

金太祖和一众大臣听完杨朴列举的这10个条件之后，无一不拍手叫好，纷纷表示赞同。因为从杨朴列出的封册条件看，金朝明显是以战胜国的姿态提出条件。但其实，仗才刚刚开始打而已。这明显表示，在金人眼中他们的实力是绝对要强于辽朝的。灭了辽朝，只是时间问题。

所有的条件都是有利于金朝的，于是他们很快就向辽朝派出使者。

天辅元年（1117），金朝正式向辽朝遣使，商谈封册之事。

攻打辽上京就在金朝请求辽朝册封的过程中落下帷幕。

话说回来，天祚帝得知金人要来请求册封，并且提出了一系列的苛刻条件之后，他意识到了问题的严重性，于是将这件事情拿到南北大臣会议上进行商议。大家七嘴八舌纷纷提出自己的意见，史书记载辽人对此事的态度是"悉从所请"，除此之外并没

女真崛起：辽朝后方的强大部族

有过多的描述，但事实绝不是这四个字讲得这样云淡风轻，大概率是此事根本没有谈成，所以才会很快迎来第二次互派使者。

天辅二年（1118）正月，辽朝派遣使者耶律奴哥等再次前来商谈封册事宜。

天辅二年（1118）二月，耶律奴哥出使金朝归来，携带的金朝册封回信大概是这个意思：如果满足以下的几个条件，两国就能够坐下来好好商议封册的事情。第一，辽朝与金朝约为兄弟之国，但是辽朝要称金朝为兄，以其为尊；第二，每年要遵守向金朝进贡土产的约定；第三，辽朝需将上京、中京、兴中府三路州县割让给金朝；第四，让辽朝亲王、公主、驸马、大臣的子孙来金朝当人质；第五，归还金朝出使辽朝时被扣押的使者，并将原来属于金朝官员的信符一并还给金朝；第六，要把辽朝与宋、夏、高丽交往的所有书诏表牒等也送去金朝。

从这次金太祖回复天祚帝的信中可以明显看出，经过第一次派遣使者商议封册之事失败之后，完颜阿骨打丝毫没有打算让步的意思，反而条件越提越高。这次除了仍然坚持让辽视金为兄之外，其余条件相较之前无疑是更加苛刻的。苛刻的表现有两个方面：第一个方面，向辽索要的东西数量和内容越来越多。两国商谈不成，如果想要进一步将和谈推进，肯定是要双方作出让步，

第五章 血雨腥风克上京

降低提出的条件。但是金太祖不但条件不减，反而又增加了新的内容：他要让辽朝亲王、公主、驸马、大臣等皇亲国戚、权臣的子孙来金朝当人质，这是之前杨朴所提条件里没有的。而且要求归还金朝出使辽朝时被扣押的使者的数量有所增加，让辽朝割让的州县越来越多。上京、中京、兴中府三路对于辽朝来讲，是何等重要，怎么可能拱手割给金朝。很显然，金太祖这根本就不是想深度合作的态度。第二个方面，从这次商谈内容看，金朝显然是将自己放在了更高的政治地位上。如果说，当初金太祖接受杨朴的建议请求辽朝册封时，对这一政治行为还不甚了解的话，现如今的他，早已深谙其中的利害关系。所以他们最初只是索要宋朝给予辽朝的部分岁币，现如今金朝还要求辽朝进贡土特产品，并将辽朝与其他周边政权之间来往的文书统统带来。这哪是要点东西那么简单，他们索要这些更深一层的含义是将自己的身份地位凌驾于辽朝之上。以此告诉辽朝皇帝，金朝才是宗主国，而辽朝已然沦为金朝的臣下之国。名义上约为兄弟之国，实则就是君臣关系。另外，金朝想要将之前辽朝任命他们职官的信符一并要回来，一方面八成是想着要销毁以前为人臣子的证据，另一方面这是金朝在建立政权之后为日后国家管理做参考。辽朝对于此次金朝提出的条件，是万不可能答应的。

女真崛起：辽朝后方的强大部族

天辅二年（1118）三月，天祚帝又派遣耶律奴哥出使金朝。

天辅二年（1118）五月，耶律奴哥携带金太祖国书回复天祚帝：金人不打算降低和谈的条件，如果我们还想要进一步推进此事，就必须在这个月给他们一个满意的答复，否则此事就不要再议了。天祚帝听后思忖片刻，他心里清楚，现在战场上的硬拼谁也占不了多大的便宜，还很有可能损失惨重。但是，让他心甘情愿地接受金朝提出的这些极尽屈辱的条件，他又心有不甘。因此，即便金朝都已经下了最后通牒，他衡量来衡量去，还是决定再一次让耶律奴哥代表辽朝去到金朝，再去试试和金太祖达成一个折中的方案。唯有如此，才能既不动用武力，又不丧权辱国得太过于明显。关于辽朝提出的折中之策，史书中并没有详细地介绍，但是最后的结果就是，金太祖拒绝了天祚帝的这次提议，他派遣胡突衮与耶律奴哥一块儿到辽朝，告知辽主，和谈的条件不变，仍然和以前一样，没有可商量的余地。

天辅二年（1118）六月，天祚帝眼见事情没有转圜的余地，不得不作出了让步。他再次派遣耶律奴哥出使金朝，这次把辽朝与宋、夏、高丽政权之间来往的官方文书等真的带给了金太祖。这是金朝乞求封册提出条件以来，辽朝首次携带国书以外的金朝索要之物来到金朝。可以想象，即便再不像样，天祚帝也是个正

第五章 血雨腥风克上京

儿八经的皇帝啊，作出如此决定也必定是万箭锥心一般。

天辅二年（1118）七月，金太祖仍然是派遣胡突衮前去，表达了金朝的想法。此次，鉴于天祚帝的表现，对于和谈之事金太祖也顺势作出了让步。他们决定不再索要辽朝达官贵人的子孙来金朝当质子，上京和兴中府所属州郡也不要了，并且将岁币的数量也进行了缩减。唯一不变的是，辽朝如前约，仍然要将金朝当作兄长国对待，并且使用中原传统的那一套礼乐制度对其进行册封。这些条件，辽朝如若都能够一一办到，金朝方面也就不再追加其他条件。

到此为止，关于封册条件的相关事宜的商定，暂时告一段落。

金朝之所以从一开始的绝不退让，到现在的可以商谈，一方面是因为战场上的节节胜利给他们带来自信并助长了士气，他们坚信，他们想要的这几路州郡，给与不给的决定权更大程度上在于他们自己而非辽朝。双方谈判阶段，辽朝陆续有周围州郡投降金朝。即便是在辽朝想要达成折中方案之时，通、祺、双、辽四州之民800余户还投降了金朝。而此时，他们之前想要的辽东、长春两路也早已被金人攻下。因此，金太祖十分有把握，现在追加的这几路州郡早晚会落到他们手里，因此根本就无须在这件事情上揪着不放。还有那些人质，对于现在的金朝来讲作用不大。

女真崛起：辽朝后方的强大部族

人质的作用无非就是钳制，但是现在金朝靠武力就可以完全碾压辽朝，用不上这些人。又或者说，金太祖了解天祚帝的为人，恐怕到时候两国剑拔弩张，人质未必真的有用。所以，这些个条件仔细分析分析，都不是当务之急。另一方面，辽朝眼观时局，又做足了和谈的姿态，所以金朝就坡下驴，先将自己政权的合法地位挣到手，这才是上上之策。

因此，接下来双方虽仍然互派使者，但主要围绕封册礼仪问题，而非条件内容展开。

天辅二年（1118）八月，天祚帝派遣耶律奴哥、突迭使金，商议封册礼相关事宜。

天辅二年（1118）九月，出使金朝一个月之后，只有耶律奴哥一个人返回辽朝，突迭被扣留在了金朝。而且金太祖让耶律奴哥转告天祚帝，如果不能满足金太祖所提的封册礼仪相关要求，以后就不要再互遣使者，此事就此作罢。关于两国第一次就册封礼仪进行的商谈内容，史书当中没有细节性的描述。但就结果来看，双方不欢而散，商谈没有成功。

天辅二年（1118）闰九月，天祚帝想要就此事再次进行商定，于是派遣耶律奴哥再次出使金朝。

天辅二年（1118）冬十月，耶律奴哥回到辽朝，这一次没有

第五章　血雨腥风克上京

白去，他把扣留在金朝的突迭带回来了。关于封册礼商量得如何，不知详情。但我们推想，肯定是依然没有商量出一个双方都满意的结果。

转眼到了天辅二年（1118）十二月，天祚帝又再次主动派遣耶律奴哥使金，议定封册礼仪。从史书记载来看，此时辽朝定是满足了金朝的诸项要求，才得以迎来封册礼仪事宜的再次议定，但具体是否保持之前的约定内容，已经无从知晓。无论此次金朝提出的条件是什么，辽朝暂且是答应了。原因何在？

此时的辽朝，可以算得上是顾得了这边，顾不上那边。两国多次磋商的阶段，女真人大规模的南侵战争虽暂时停止，辽朝短时间内不用再因为战争，被动地丧失土地和百姓。但是，境内不停地有大批的辽朝官员带着州县户主动投降金朝。除了朝廷腐败导致达官显贵前途惨淡、战火连天致使百姓流离失所外，当时很多地区还时不时地爆发天灾，百姓填饱肚子都是件天大的难事。吃树皮的比比皆是，人吃人也是常见之事。那个时候，一斗粟甚至可以买数量可观的丝绢这样的奢侈品。面对这样的局势，辽朝也只能不情愿地答应金人的条件，勉强促成和谈。

天辅三年（1119）正月，既然封册事情已经议定，金太祖志在必得，他便派遣乌林答赞谟启程前去辽朝迎接封册金朝的册

女真崛起：辽朝后方的强大部族

书。

天辅三年（1119）三月，天祚帝差遣静江军节度使奚王府监军萧习泥烈、翰林学士杨勉充册封使副，归州观察使张孝伟、太常少卿王甫充庆问使副，卫尉少卿刘湜充管押礼物官，将作少监杨立忠充读册文官，出使金朝。

天辅三年（1119）六月，萧习泥烈带着封册玺印来了。杨朴听闻后急忙赶来，想要在封册典礼举行之前，先行过目一遍册文内容。他认为这次肯定不会再有什么差池，因为你来我往的商谈也进行了不止一次了。况且上次是封册条件谈妥了，才进行到下一步的议定封册典礼。因此，这个举动多半是心思细腻的杨朴一贯的行事作风罢了。但当他将这个想法告知辽朝使者后，遭到辽朝使者的一致否决。他们给出的解释是：册文属于国家机密，只有在封册大典之上才能开启宣读，任何人都没有事先获得知晓的权力。辽朝使者说得句句在理，杨朴又怎会不知道这个道理。但是，他最初也就只是通知他们一声，让他们先拿来，给这个首先提出封册建议的人审阅一下，根本没想着他们是否同意。在杨朴眼中，你们既然来了，我想什么时候看，就什么时候看。因此当他听到辽朝使者严词拒绝之后，先是一惊，接着心里就开始盘算："难道辽朝皇帝又要搞什么名堂？"既然如此，那还真就要

第五章 血雨腥风克上京

先看一看。萧习泥烈一行人眼见此时身在金朝的地盘之上，作为使臣该给辽朝要的颜面，也已经向金朝表达过了。册文带都带来了，早晚得知晓，面对金朝咄咄逼人的气势，就在封册大典举行之前，将册文的副本拿出来，允许杨朴先行审视。

不看不知道，一看还真吓一跳。得亏杨朴看了，册文中记载：天祚帝并没有册封金太祖为"大圣大明皇帝"，而是册封他为"至圣至明皇帝"。按照常理，我们完全能够理解天祚帝的做法。因为辽太祖耶律阿保机被称为"大圣大明神烈天皇帝"，因此在契丹人眼中，金太祖怎么可能与辽太祖相提并论，也被称为"大圣大明皇帝"？此外，"大金"也不是他们准备册封的女真政权的国号，辽帝封他们为"东怀国"，使用"东怀国印"。

金朝很自信地认为辽朝此时已是强弩之末，即便不全部答应封册条件，但也应该差不多。可拿到册文之后，杨朴脸上立刻由晴转阴。只见他眉头紧皱，一看就知道此刻他的心里腾地冒出一团火。杨朴告诉金太祖，他说辽使带来的册文，以非为是，以是为非，完全罔顾咱们的善意。辽朝违背誓约，侮辱我女真，字里行间充满着对金朝的轻视与不尊重。金太祖勃然大怒，他怒斥辽使，命令将辽朝使者全部处以腰斩之刑，替他们那无视大金的皇帝接受惩罚。亏得完颜宗翰等人说情，辽朝使者才得以保全性命。死罪可免,活罪难逃。金太祖用鞭子在每个辽朝使者身上狠狠地抽了百余下,才得以发泄怒气。

金太祖绝不可能接受这样的册封,因此他命宗翰、宗雄、宗干、希尹重新商定撰写册文内容,然后由杨朴进行润色,再使胡十答、阿撒、高庆裔翻译成契丹文,最后让乌林答赞谟与萧习泥烈一同去辽朝,将此次修订之后的册文重新递交给天祚帝。

萧习泥烈返回辽朝之前,金太祖将他叫到跟前让他给辽主带话:"你回去告诉你们皇帝,别以为你们那册文骂我,我不知道。我们有自己的徽号、国号、玉辂、御宝,无须你们再赐予那些个不属于我们的名号。你们契丹必须称我女真为大金皇帝兄。如果能够答应这些,到今年秋天为止,可以直接到我军前再行商议封册大典相关后续事情。如若你家皇帝仍然一意孤行,不久我定举兵攻取上京。"

乌林答赞谟与萧习泥烈一同前去辽朝,转述了金太祖的意思,希望辽朝方面尽快修改册文。萧习泥烈也将金太祖临行前让他转达的金朝皇帝的意思,一一进行了传达。

辽朝故技重施,同意修改册文。修改完毕之后,乌林答赞谟阅读辽帝再撰的这份册文后发现辽朝方面仍然是自说自话,一如既往地不尽如金朝旨意,因此他想当面跟辽主见个面,谈谈这件

第五章 血雨腥风克上京

事情。是的，你猜对了。乌林答赞谟从来到辽朝到现在，愣是还没见到天祚帝本人，所有的事情都是由专人进行传达的。他想见天祚帝，但是契丹人不让他见，于是他就自己偷着去了。但他还没走到天祚帝住处，就被门口的侍卫拦下了。没有天祚帝的授意，这哪是他一个敌国使者想进就进的地方。乌林答赞谟才不管这些虾兵蟹将，他竟与这帮侍卫打了起来。他一把抢过守门人的信牌，折为两半。在契丹人的地盘，金朝的使者竟然有这般勇气与魄力，可把辽朝的这帮官宦权贵惊着了。他们心里盘算着，得赶紧找个理由先把这个人送回去，以免夜长梦多。

乌林答赞谟的这一趟出使，表面上看起来是无功而返，但是实际上让辽朝更加认清楚一个事实。那就是一份金朝使臣都不满意的新册文，金朝的皇帝哪能同意。但是，此时他们也确实没有更好的计策应对此事，因此这件事也就被搁置了。

直到金太祖与天祚帝约定的最后期限，金朝仍未见辽朝再派遣使者前来议定，这明显表示辽主再次失约。金太祖正好以此为借口，召集诸路军队过江屯驻。

消息很快传到了天祚帝的耳朵里，害怕迎战金军的契丹人这才又派遣萧习泥烈和杨立忠带着修改好的册稿，再次前往金朝打算故技重施。

女真崛起：辽朝后方的强大部族

天辅三年（1119）十一月，萧习泥烈等带着修改后的册文来到金朝。

天辅三年（1119）十二月，天祚帝派遣使者送乌林答赞谟回到金朝。

由此来看，十一月萧习泥烈带来的册文一定又没有使金朝满意，所以金朝又派遣乌林答赞谟去了辽朝，这才会有十二月乌林答赞谟再次返回金朝的记载。

转眼时间来到天辅四年（1120）二月，金太祖又派遣乌林答赞谟出使辽朝。这次金太祖派遣乌林答赞谟去往辽朝，带的是金朝自己撰写的册文副本。乌林答赞谟转告天祚帝，这是我们太祖的意思，因为你们辽朝带来的诸多版本的册文根本不顾及金朝用意，一味地我行我素，册文一而再，再而三地违背我们的本意，所以我们自己来撰写册文。这次拿来写好的副本给你们，你们就不用费事了，直接按照我们册文上面的内容执行就可以了。

此外，金朝针对辽朝向高丽请求支援这件事情，严厉质问他们：你们一面与我们和谈罢兵，一面又找高丽当盟友想要灭了我们，这分明就是阳奉阴违啊。我们前后互相派遣使者十多次都没有和议成功，原来症结不在于条件如何，而在于你们压根儿就没有想过真诚地与我们合作，反而是想一石二鸟，坐收渔翁之利

第五章 血雨腥风克上京

啊。

天辅四年（1120）三月，天祚帝看完金朝撰写的册文副本之后，尽管金太祖已经下了最后通牒，让辽朝方面慎重考虑此事，但是据史书记载天祚帝还是不同意用"大圣"二字册封金朝皇帝，原因还是在于此二字与辽朝太祖耶律阿保机帝号相同。辽主想要休战但是还不想答应这些条件，因此，他再次派遣萧习泥烈携带国书去往金朝商议此事。

金太祖得知此消息之后，勃然大怒。他当即召集群臣，告诉他们：契丹人自从与我们开战以来，屡战屡败、越挫越弱。他们为了挽救战场上失利的局面，就想通过议和的方式，让自己喘口气。但是在我们双方多次互派使者的过程中，他们不讲诚信，屡次通过玩一些文字游戏来搪塞、拖延和欺侮我们，有意破坏双方议和。我们是时候要对此事进行重新考虑了。倘若辽朝方面仍然坚持他们之前的想法，那我们就要将进一步讨伐他们的计划提上日程。所以现在我就命令咸州路统军司整顿军队，准备好武器，随时待命。

短短几天之后，金太祖就以与辽国和议失败为由，决定在天辅四年（1120）四月二十五日，出兵攻打辽上京。

天祚帝得知金太祖定下攻打上京的确切日期之后，霎时间就

女真崛起：辽朝后方的强大部族

乱了方寸，想不出应对的办法，只得让萧习泥烈再次前往金朝。史书中并没有记载这次辽朝使者携带册文的详细内容，但是按照辽朝这三年来一贯使用的手段——拖延来推测，此次的册稿一定同以往并无两样。从后来金太祖将萧习泥烈扣在军中来看，我们猜测得没错，这只是演员天祚帝将老把戏又一次搬到台上而已。

天辅四年（1120）四月二十五日，金太祖如期出兵，兵锋直指辽上京。

天辅四年（1120）五月，金太祖来到浑河西，他先将大军驻扎在此，然后即刻派遣完颜宗雄先行前往上京，目的是中途截断想要支援上京的辽朝兵力。一旦能够顺利进入上京城，就对上京城官民进行招谕劝降。

果然如金太祖所料，完颜宗雄中途遇到5000名支援上京的辽兵。完颜宗雄早有准备，率军很快将其击败，来到上京城城外。金太祖大军紧随完颜宗雄而到上京城与其会合。此时的上京城外已被金军围得水泄不通。

但是，上京城可并非一般城市那样容易被攻陷。武力袭取既然十分困难，那么金太祖还是想要先进行招谕。因此，金太祖找来途中俘获的一名叫马乙的俘虏，准备派他带着金太祖的诏令前去完成招谕上京城中契丹人的任务。金太祖的招谕中这样写道：

第五章 血雨腥风克上京

"辽主治国无方却扰民有术，致使全国上下怨声载道。女真自伐辽兴兵以来，武力征伐也只是针对那些顽强抵抗、誓死不降的不识时务之徒。只要诚心投降，金朝方面都是会给予优厚的抚恤政策。想必我们的这些政策，你们也都已经听说了。前段时间，辽主表面上意欲与我朝通好，实际上则对我朝百般欺骗和侮辱，更是想以此拖延时间，联合别人灭了我们。无论哪两国开战，百姓都是无辜的。我不愿意看见你们长期遭受这般灾难，朝不保夕，所以才决定替天行道进讨天祚。我们早就让我朝大将先行对你们进行了招谕，好话也都已经说尽了，但是若你们还是顽固不化，想要试图抵抗而不想投降，如今我大军就驻扎在上京城外，一旦攻城，城必陷落。但是我们不想如此对待你们，我们只是想要讨伐那些有罪之人，所以才再次开诚布公地和你们明示，你们自己要想清楚，到底如何做才能趋福避祸。"

马乙来到上京城，将金太祖的这封招谕书平安送到了上京城内。但是，上京城内的驻兵，出于对上京城内兵力、粮草以及上京城自身城防的信心，决心誓死守城，拒不投降。

对金军来讲，丑话早就已经说在了前面，现在金太祖也没有什么可顾及的了。于是，他即刻命令大军攻打上京。金太祖对攻打辽上京城是信心十足的，当时辽朝的使者萧习泥烈和宋朝使者

女真崛起：辽朝后方的强大部族

赵良嗣都在，金太祖直接告诉他们，你们只在这看看我如何用兵，就应该能够推测得出我是否能够胜利，也就知道你们是去是留，以后该倒向谁的那一方阵营了。上京一战，金太祖亲自上阵杀敌，使得将士们本就高涨的斗志更加昂扬。阇母率军先攻克上京城外城，上京留守挞不野自觉守城无望，于是率众出降。至此，辽上京城就这样被金太祖成功攻陷。

宋朝使者赵良嗣亲眼见到现如今的辽兵已是这等的不堪重用，而金军却这般勇武与善战，属实感到惊讶。他在金人战后庆贺胜利的宴会之上，举杯对金太祖表示祝贺并称其万岁。攻下上京城的当天，金太祖就宣布赦免上京官民，并给予相应的抚恤。完颜宗干等率群臣劝谏太祖，现下时节天气炎热且远离我女真大本营，加上连日作战军马困乏，不易深入敌境，一旦冒险挺进，粮馈乏绝，恐怕给自己带来不利。太祖听从完颜宗干的建议，决定班师，分几路军进攻庆州。

金军围攻上京胜利班师的消息传到天祚帝那里，天祚帝虽再次想要向金人请和，但被金朝拒绝。

第五章　血雨腥风克上京

三、海上之盟

这一时期的东亚政治局势复杂，仅就宋、辽、金三朝而言，辽主天祚帝丁末运、信奸回，又绝人望，但毕竟辽立国已经200余年，势力仍不可小觑。金才立国，虽辽金开战金人屡胜，却与辽朝谈判失败，政治地位始终没有得到辽朝的认可。此外，北宋也有自己的考量，那就是试图从契丹人手中恢复业已割让给辽朝的幽云地区，但历经几朝，都没有取得成功。就在宋帝想着要如何才能收复失地的时候，契机来了……

天辅元年（1117），登州守臣王师中上报朝廷：有3名辽朝人高药师、曹孝才、僧郎荣以及由他们带领的各自家眷约200人，准备坐船到高丽避难。可是他们乘坐的两艘船海上遇到大风，被刮到了我登州地界。经询问得知，他们所在的地方是现在的天津蓟州区一带。他们这次要去的地方是高丽，原因是高丽距离他们近而且可以选择坐船，那样能够避免走陆路遭遇金朝的拦截，所以他们一行人决定从海路去往高丽。去往高丽的原因很简单，就是躲避辽金战乱。传统社会从来都是安土重迁，没有人想轻易地离开自己的家乡。据他们讲，自从女真起兵，两国之间的战争就

女真崛起：辽朝后方的强大部族

没有间断过，而且辽朝屡败。女真兵锋现在已经过了辽河以西。现在海岸以北的苏州（今辽宁大连金州区）、复州（今辽宁瓦房店）到咸州（今辽宁开原）这一片，都已经被女真军占领。眼看就要打到蓟州了，因此他们才下定决心前往高丽避难。

宋徽宗听完之后，顿时就觉得机会来了。他为何会这么想呢？事情是这样的……

后唐石敬瑭出于称帝需要，为了换取契丹人的支援，大笔一挥将幽云十六州割给了契丹。但是，这一地区属于传统汉地，而且是中原汉民族政权抵御北方少数民族骑兵南下的屏障，地理位置历来十分重要。因此，自从宋太祖建立北宋，就一直有收复幽云地区的想法，并且也主动为此付出过努力。他曾偷偷地告诉身边信任的近臣：对于将幽蓟一方割让契丹，使得他们独陷外境，太祖心中万般不是滋味。所以他设立了一个封桩库，每年都存一部分钱到里面，并且事先规定好额度，等到里面的钱存够了，他就准备派遣使者到辽朝，用存下的这部分钱，来换取幽蓟地区的土地和百姓。辽帝答应便罢，如果不同意，他就用这部分钱招募伐辽的勇士，以武力夺取幽蓟一带。宋太宗即位后曾经两度北伐，想要恢复幽云十六州，都以失败告终。宋太宗雍熙北伐失败之后，北宋的治国策略转变为"守内虚外"，但宋神宗时期任用

第五章　血雨腥风克上京

王安石变法图强，哲宗、徽宗时期，尤其徽宗朝蔡京主政阶段，北宋的财政收入大大增加，这些都为北宋再次施行恢复幽云计划提供了条件。而且，宋徽宗崇宁、大观年间，四川、湖南、广西以及西北河湟地区直接被纳入北宋统治范围，也给他们再一次北伐增加了信心。在此基础上，北宋朝廷积极响应恢复燕云的基本国策，并做了一系列的准备工作。

政和元年（1111年）秋九月，宋徽宗派遣郑允中、童贯使辽。在宋、辽、金相互之间议和的过程当中，有很多重要的人物登上历史舞台，童贯便是其中之一。

童贯确是宦官，但绝对不仅仅是一个宦官。刚开始的时候，他因为宋徽宗搜罗奇珍异宝得力，受到皇帝的信任。之后更是在蔡京的帮助下，开始逐渐掌管兵权。他出使辽朝的这年，已经跻身检校太尉，六年之后已然权领枢密院，这意味着他已经成为掌管全国军事的二把手。但是事实是，即便他击败西羌，战胜西夏，实际上他根本不懂带兵打仗。宋徽宗派遣他出使辽朝，有大臣站出来表示反对，置疑他作为使者代表出使辽朝的身份。两国外交，双方互派使者是何等正式且严肃的事情，让一个宦官充当副使，难道是国中没有贤能之人了吗？徽宗皇帝却为童贯狡辩：契丹辽主听闻童贯大破羌人，正想好好认识认识他，而我们趁此

女真崛起：辽朝后方的强大部族

更可以让童贯了解敌国军情，眼下难道还有比他更好的候选人吗？

在宋徽宗的支持下，童贯如期出使辽朝。

童贯来到辽朝，当即就受到了辽朝君臣的嘲笑：原来南朝被传得神一般的人物也不过是个阉人罢了。但是不屑归不屑，天祚帝对童贯携带而来的礼物，还是格外满意的。史书没有记载童贯此次外交行动的具体内容，但是对从北宋带到辽朝的玉帛珍玩却是记载详细。比如两浙髹藤之具和火阁书柜床椅等，绝对称得上是皆极珍奇。天祚帝回赠给北宋的礼物，史书记载"亦称是"。以此来看，这次童贯的使辽之行是愉悦的，也因此能够证实，双方此次并没有实质性内容的交涉。即便有想要和谈的内容，这次出使也只是试探性的，并没有付诸实际行动，双方都在猜测彼此的底线。宋朝皇帝作为主动派出使者的一方，目的性更明显。一方面徽宗想着收复幽云地区。另一方面掌管军权后，童贯有进一步建功立业、开疆拓土的想法。这多半源于他急于证明自己以及忌恨契丹人讥笑自己的个人心理。相对而言，此时辽朝则是兵来将挡，水来土掩。北宋你给我什么，我都全盘接收，甚至要得更多，但是你要是想要从我这里拿走什么，就没那么简单。所以后来天祚帝数次发檄文向北宋索要珍贵稀有物品，童贯也都避而不

第五章 血雨腥风克上京

予。史书记载,收复幽云地区的计划,就是从这个时候开始真正落地。这其中有一个人的作用非常大,这个人就是赵良嗣。

赵良嗣原名马植,汉人。家中世代为辽朝大族,他本人也官至光禄卿。童贯一行人出使辽朝返回北宋,途中经过卢沟桥。马植等待这个机会太久了,所以他趁夜色,秘密找到童贯的下属,声称有图燕良策,要求面见童贯。收复燕云,这可是童贯日夜都想建立的功业。因此,他得知这个消息之后,立刻让人召见了马植。马植与童贯会面后,将自己在辽朝的境遇与此时辽朝内部的混乱国情述说完毕之后,将自己帮助北宋收复燕云的计谋告诉了童贯。童贯听马植这么一说,心里想:如若能成,这可是彰显他实力的绝佳机会啊。加上之前西夏等战役的胜利,童贯此时自信心爆表。此时此刻的他,心里是真的认为有朝一日收复燕云的大志是要他来实现的。所以他告诉马植,此事可行,他只需回去等待便可。一旦时机成熟,让他一定要前来助自己一臂之力。

收国元年(1115),马植真的来了。他为了掩人耳目,改名换姓为李良嗣,到北宋投诚。马植为什么要主动献策于童贯投宋呢?马植本就是汉人且世居燕京。马家自远祖以来,历代都是为官居位食禄之人,只是子孙后代在仕途方面发展得远不如从前,逐渐衰落。幽云地区被割让给辽朝以后,马植并未忘记自己的汉

女真崛起：辽朝后方的强大部族

官身份。最重要的是天祚帝即位以后，排斥忠良、任用小人，十分地不作为。女真又趁势而起，一路南下攻伐，夺取辽朝的众多重要州县城镇，一时间盗贼蜂起。辽朝为应对女真人的强势进攻，屡次征伐女真。军民听闻后更是惊慌失措又栗栗危惧，因为辽朝军队既无斗志又无实力。辽朝百姓只剩下惨遭涂炭的结局，因此大量官兵百姓生活不下去，只有北逃到女真人那里。李良嗣审度时势，认为辽廷宗社倾斜欲倒，亡国指日可待。面对此等情势，他感到报国无门、偷生无地。日夜筹思之后，终于下定决心举家贪生，投诚北宋。

宋徽宗知道带着收复燕云大计的李良嗣从辽朝投奔北宋，在都城亲自迎接李良嗣。李良嗣也没有让宋徽宗失望，当即就向徽宗献策：辽主荒淫无道，现下的局势是辽朝境内的百姓与女真人一样，都痛恨辽廷入骨，辽廷腹背受敌。如果此时北宋能够主动派遣使者从登州、莱州走海路去往女真处，与他们结好，并相约共同攻辽，幽云之地必将收复，而辽国也只有死路一条。但如果抓不住这次机会，让女真人抢占先机先发制人，结果可就大相径庭了。

甭管李良嗣分析得多么头头是道，但他毕竟只是个从辽朝初来乍到的叛徒。因此北宋方面立刻有大臣站出来反对："这条海

第五章　血雨腥风克上京

上之路虽然早就存在，但是因为女真连接北方诸藩，往来通行十分凶险，因此严禁商贾舟船已经百有余年了。现如今为了收回燕云地区、联金灭辽而重新启用，恐怕并非是对我们有利之举。"

徽宗心中怎会不知道有如此问题，于是问李良嗣："此等情况有没有想好该如何应对？"李良嗣虽言之凿凿，却并没有提出实质性的解决方案，只是一味地给宋徽宗戴高帽："此次北去联金图燕，是陛下顾念燕云旧民涂炭之苦，是代天谴责、以治伐乱之举，是绝对正义的举动。"

宋徽宗哪能禁得住李良嗣这等吹捧。北宋一直以来都想要收回幽云的基本国策，让宋徽宗决定相信李良嗣，联金图燕灭辽。他重重赏赐了李良嗣，并且赐予他国姓。从此马植不再是马植，李良嗣不再是李良嗣，而是变成了赵良嗣。

介绍了赵良嗣之后，接下来我们回到之前讲到的两年之后的天辅元年（1117），守臣王师中奏报，登州来辽船，实往高丽避难之事。宋徽宗立即召集蔡京与童贯共同商议此事。政和元年（辽天庆元年，1111）童贯助力蔡京复相，目的之一就是让蔡京支持他北伐。两人虽然在北伐的问题上意见并非完全一致，但蔡京是童贯北伐的盟友却千真万确。因此针对此时此事，他俩一致认为，现在既然从我朝境地可以直接到达金朝而不经过辽朝地盘,我们应当借此机会主动出击。并且提出建议:自我大宋太祖建国双方就有联系,那时候女真多次前来进贡。太宗时期更是多次向女真人购买上等马匹用于军备整饬。虽由于种种原因在那之后联系逐渐减少。但现如今我们仍然可以效仿前朝故事,以购买军马为由,先派人前去金朝一探虚实。宋徽宗从赵良嗣那里没有得到的答案,从这两人这里得到了,所以徽宗十分赞同二人的想法,于是下诏登州守臣王师中,招募贤能之人,同高药师等携带徽宗购买马匹的诏书,泛海前往金朝。

天辅元年(1117)八月初三,王师中选中将吏7人,搭乘平海军兵船,同高药师等启程前往金朝。

天辅元年(1117)八月二十二日,高药师等眼见离女真海岸越来越近,不知是心里的恐惧作祟,还是事实当真如他们所讲。高药师一行人站在船上,隐约望见女真边境之上,巡逻士兵众多。他们心里有鬼害怕,所以就认为岸上的这些女真兵,是因为早就得知他们此次出行的消息,故意在他们靠岸的地方等着拦截他们。一想到这里,他们竟然连女真岸边都没敢靠近,直接掉转船头返回北宋了。这一行人早就把此次出使的任务抛到了九霄云外,更别说联金图燕灭辽的伟大志向了。第一次出使,他们就这么灰溜溜地回去了。

第五章　血雨腥风克上京

天辅二年（1118）正月初三，高药师等人一路战战兢兢返回了青州。青州守臣崔直上奏宋徽宗："高药师此次出使金朝，船没靠岸就回来了。理由是女真岸上兵甲太多，根本不敢靠近，故而折返，现在已经回到青州。"

宋徽宗听说高药师一行人，竟然只是因为远远看见貌似女真兵的一众人等似在岸上巡逻，就吓得直接返航，顿时觉得羞愧万分，十分生气。在宋徽宗的意识里，金人远远没有达到如此让宋军闻风丧胆的地步。但是，作为天朝上国的大宋朝使者，竟然望风而逃，这是何等羞耻之事。宋徽盛怒之下，将这7名将吏一并发配到边远地区。同时下诏，再命王师中选派智勇双全之人，同高药师二探金朝。王师中有了上次的教训之后，这次选人属实更加严谨。他决定让武义大夫马政和通晓女真语的呼延庆同高药师一起，过海再至女真军前议事。

宋徽宗联金图燕道路上遭到的挫折，并非只有这般，更大的阻力还是来自朝廷内部大臣们的反对。

太宰郑居中上奏徽宗，指出朝廷遣使与金议约夹攻契丹收复燕云，并非明智之举。他表明立场，力陈此事不可行。北宋应该遵守盟誓，罢遣出使女真的使者。他找到蔡京，两个人唇枪舌剑几个回合。

女真崛起：辽朝后方的强大部族

他向蔡京直言："作为国之元老，你不但不能守宋辽两国盟约，还企图制造事端，这绝非妙算。"蔡京不慌不忙地把宋帝搬出来做挡箭牌，告诉郑居中，此次施行联金行动，是因为徽宗不想再支付澶渊之盟许给辽朝的岁币。

蔡京的这一席话看似在理，却让郑居中抓住了话茬，他接话道："两国开战附带而来的戎兵之费，属实压得朝廷内外喘不过气来，一朝天子都能有所考量，难道你就不考虑考虑吗？两国一旦开战，岂止是这些钱的问题。百万生灵肝脑涂地，这完全是因为你造成的。"这话一出，对于此件事情的讨论才算暂时平息。

此时金朝继续南下攻辽，辽朝国势日渐衰颓。

王黼和童贯又跳出来，提出再次与金商议举兵伐辽之事。

郑居中告诫他们："在别人遭遇灾难的时候，不宜表现得过于兴奋，从而冲动地作出决定，甚至忘乎所以、无所顾忌地采取行动。这个时候，只要站在旁观者的立场，等待他们自行灭亡，坐收渔翁之利便可。"但是这个警告，根本没有人理会。

参议官宇文虚中也上书宋徽宗反对此事："一方面，我大宋与辽朝，从澶渊之盟至今，双方维持了百余年的和平。这样的和谐局面，带来各方面繁荣稳定的同时，也致使我朝兵将骄惰，他们的战斗力远没有想象的那样厉害。另一方面，即便联金图燕，

第五章　血雨腥风克上京

蔡攸、童贯作为将领，贪功开边，也绝不是主帅的绝佳人选。沙场作战，将不成将，兵不是兵。所以，这根本就是给自己找的自焚之路。"宇文虚中可谓直言不讳，他接着分析道："行军作战，当先计算一下双方军事实力的强弱，知晓对方朝廷、军营的虚实，做到知彼知己，当图万全。现如今我们主动挑起战争，一旦开战，我朝边境一没有足以应敌的兵甲军备，二没有可以保障作战数月的府库储备物资。那请问，这仗要怎么打？安危存亡在此一举，所以怎么能轻言开战？况且我朝与契丹澶渊盟誓讲和已经超过百年，双方都尝到了和平带来的甘甜果实。如今，契丹遭遇女真重创，对我们是更加地恭顺。而我们却背道而驰，不笼络、不扶植，不让其继续为我们东北地区守边，成为抵御北方少数民族的藩篱，却偏偏想尽办法舍弃恭顺的契丹，远逾海外，将极其强悍的女真人引进来当邻居，这是何等愚蠢之事！反观女真人，他们趁此战场上百胜的势头，更加骄傲自负、狂妄自大，甚至对我们进行恐吓威胁，这都是接下来顺理成章的事情。一旦到了那个节骨眼上，我们对他们进行礼义说教、言辞劝诱，还能起到什么实际的作用？那个时候，女真人倒是坐看我们与契丹人互相打得头破血流，趁机引兵入境了。所以，我朝这是以百年怠惰之兵，以挡新锐难抗之敌。以寡谋安逸之将，角逐于血肉之林啊！

臣恐怕从此之后，我朝祸事再无停下的时候了。"

宇文虚中一席话，句句属实且都切中要害。也正是他血淋淋地直接指出了真正存在的实际问题，惹得王黼大怒。王黼不仅降了宇文虚中的官职，还加快了督战的脚步。因为他想着，如果不快一点儿下手捞功绩，可能真的要如宇文虚中所言了。之后宇文虚中曾建十一策，上二十议，"皆不报"。

童贯交结蔡京，采纳赵良嗣平燕之策，激起众多朝臣反对。

又有一个叫安尧臣的大臣站出来："如今臣害怕的不是别的，正是日后宋辽开战，边境之上让女真人有了入侵我边境的可乘之机。两国唇亡齿寒之际，女真人狼子野心，瞅准这个间隙，以实现他想要南下的欲望，这才是臣日夜担忧的啊。我们应当心里常念先祖们给我们打下这份和平基业的艰难，危急时刻警醒自己，应该时常借鉴历代君臣治国的得失，杜绝边患发生，与辽朝务必守住旧好，不要让女真人趁此间隙得以窥视我朝。这样才能上安宗庙，下慰生灵。"

还有一个例子：童贯经略北方，每以边事想要咨询吴时的时候，吴时从来不搭理他。吴时因为提及取燕之议时说了一句"祖宗盟血未干，渝之必速乱"，结果被蔡攸知道，蔡攸立刻到王黼那里告发吴时。后来吴时西归遇其同乡赵雍，赵雍感叹："取燕

第五章 血雨腥风克上京

之策必定招来祸患。我已经老了,遭遇不到这等家国变故,真是万幸啊。"可见赵雍心里也对此事持反对态度。

尽管众人多以为结女真共图燕云之事不可行,但是王黼仍然一再强调:"北宋与辽朝虽然已经通好百年,但是这百年的和平是北宋用真金白银换来的,辽朝也从来没把我大宋真正放在眼里,而且轻慢之举时常发生。所以现在要趁其皇帝昏庸朝纲混乱之际攻打它,国家不再强大之时兼并它。这绝对是对外征战的绝佳机会。如果现在我们不征取幽云,女真早晚会强大起来,到时候中原故地哪还轮得到我们收回。"

徽宗表面上表现出站在王黼这一边的态度,但是将兵权交给刚刚立下平定方腊起义大功的童贯,并嘱咐童贯,还是以保民观衅为上策。这样看来,诸位大臣的反对,也并非一点儿作用都没有。实际上,此时宋徽宗还是没有下定决心。但是最后是什么导致徽宗下定决心的呢?这其中王黼还是起到了关键的作用。一方面王黼得罪了童贯,王黼了解童贯急于北上的内幕之后,想着讨好童贯。方腊起义后,王黼在徽宗面前告童贯状,他说睦寇的问题其实是由童贯的茶盐法引起的,但是童贯却将过错归于徽宗的花石之扰。这等谗言被童贯知晓后,童贯便想要通过起用蔡京以威胁王黼。史书记载,王黼也着实害怕。另一方面,王黼也着实

女真崛起：辽朝后方的强大部族

想要北上。因此，他急忙向童贯下决心表示诚意，他表示如果童贯准备北伐，定肝脑涂地效力于童贯。而徽宗此时想起先前方腊睦寇起义，朝廷没有趁早进行镇压，导致六郡被破，现在仍是后悔不已。再加上王黼一而再，再而三地进言，于是决定出兵。

天辅二年（1118）八月初四，马政、呼延庆、高药师等一行人从登州乘平海军船向金朝出发。宋朝使臣依然按照交聘出使礼节，随身携带礼物前去与金人商议。此次前去，绝不能再像上次一样"望"女真而逃。

宋徽宗交代他们，由于与金朝多年并无直接联系，无法预判对方态度。所以此次前去，前途未卜。但是我们应该有所应对，还是拿建隆、雍熙以来买马事情为由，试探金人是否愿意进行接触。如果双方有进一步了解与合作的共同愿望，可以试着向金人委婉转达我朝想要与其联手图燕灭辽的想法。这个时候就要看金人的态度，如果他们愿意，就让他们派遣使者前来与我朝商议具体计划。完成以上，这次的出使任务就算圆满完成。

马政他们在海上走了两个月之久，终于在天辅二年（1118）闰九月初九到达金朝。宋朝使者这回倒是靠岸下船了，但是刚一下船踏上金朝的苏州地界，不用想，瞬间就被擒住且挨了一顿揍，岸上巡逻士兵也将他们携带之物统统抢走。不仅如此，金朝

第五章 血雨腥风克上京

士兵发现有外族人入境，想都不想就认为他们一定是他国派来的奸细，所以执意要直接就地解决了他们。多亏高药师几次三番地辩说，这才得以幸免。高药师低声下气地向这些人解释，说他们是大宋派来的使者，是来和金朝皇帝谈合作的，压根儿就不是什么敌国派来的奸细。还让他们想一想，哪有带着礼物、坐着大船，大摇大摆来刺探消息的奸细？这些女真士兵听他这么一说，就暂且将他们绑了起来。高药师看见事情有缓，就又上前一步说道："我们此次前来是想和贵朝谈合作共赢的，还麻烦各位官爷行个方便，将我们一行人带到贵朝皇帝面前。"虽然这次高药师出使并没有携带国书，无法直接有力地证明自己的身份。但是女真士兵仔细端详眼前这些人后，发现他们确实与奸细还是有些差别。他们心想，既然是来谈合作的，还带着礼物，那就把他们送去皇帝跟前一问究竟。当时金太祖尚在阿芝川涞流河，女真士兵就押着这一行人，经过近20天的路程，经过10余州3000余里，终于在天辅二年（1118）闰九月二十七日来到了阿芝川涞流河。

金太祖和一众大臣见到马政等宋人十分惊讶，询问他们千里迢迢跨越大海，从大宋来到金朝到底有何贵干。马政一听就觉得这个金朝皇帝对之前两国交往之事根本丝毫没有印象，因此就又把跟金朝攀关系的车轱辘话，重新添油加醋地讲了一遍："我宋

女真崛起：辽朝后方的强大部族

朝曾在太祖皇帝建隆二年时，就来女真购买军马。咱们两家之前其实早早就有来往，这并非是我们第一次打交道。现如今，我朝皇帝听闻贵朝已经攻陷契丹50余城，气焰正盛。最重要的是，契丹现在是天怒人怨，我宋朝皇帝想要行吊民伐罪之大业，以救生灵涂炭之苦，因此想与贵朝复通前好，商讨共伐大辽。"

金太祖一听宋朝使臣的这番表白，顿时心里犯起了嘀咕。这一时期金太祖正因封册之事与辽朝交往甚密，虽然没谈出个结果，但偏偏这个时候宋朝来人，想要与他联合起来讨伐辽朝。这其中是真是假，仅凭宋朝使臣的几句话，金太祖也一时难以分辨。金太祖知道此事事关重大，急忙找来宗翰等人商议此事该如何定夺。紧锣密鼓地讨论了几天，金朝方面才想好回复宋朝使者的策略。

因为金太祖还是无法完全相信马政等人，以防万一，他们想让宋朝使者王美、刘亮等6人留在金朝做人质，同时派遣渤海人李善庆，生、熟女真2人，携带国书以及北珠、生金、貂革、人参、松子等女真土特产品，同马政一起返回宋朝，商议联金图燕之事。

金人的这番操作让北宋意识到，金朝想要接住他们抛出的橄榄枝。所以在同年的十二月，马政携带国书再次来到金朝，提出

第五章 血雨腥风克上京

联金图燕的条件：宋金联合灭辽之后，金朝要将五代时期割让给契丹的中原汉地归还北宋。金人也很快给北宋回复：他们不同意将此地拱手相让，但是可以约定，两朝配合共同征伐辽朝，谁能攻下此地就归谁所有。这表示，双方决定联合之后的首次谈判并没有成功。

天辅三年（1119）二月，史书记载李善庆跟随宋朝使者来到京城，来的原因想必还是联合的条件如何商议的问题。蔡京、童贯、邓文诰一同接见了金朝来的使者。双方见面之后对如何夹攻取燕、如何分配战果，到底进行了怎样的具体商谈，史书并没有记载。但我们推测，当时对于之前宋朝提出的结盟条件，此次双方并没有过多地提及，不然金朝使者不可能是这一副心满意足的样子。也正是因为如此，在北宋待了十几天之后，宋徽宗就又派遣朝议大夫、直秘阁赵有开，忠翊郎王瓌与马政等，带着诏书和礼物再次与李善庆等渡海去往金朝，这次八成是就联金条件进行再次商谈。此次携带的是诏书而非国书。赵良嗣认为现在的女真已然不同以往，已经成为一个独立的政权，理应使用国书。双方政治地位平等，理应按照国家与国家之间的交往礼仪，携带国书进行外事交往互动。而赵有开不承认女真新政权的合法性，他认为女真国主就是契丹所封的一个节度使、辽朝的臣子罢了，不适

女真崛起：辽朝后方的强大部族

合使用国书，用皇帝给朝臣下达命令的诏书便可。出使前夕，二人因为此事争论不休。无奈之下，询问金朝使臣李善庆的建议。李善庆觉得两者都可以，表示你们喜欢用什么就用什么。最后，宋徽宗还是决定给予女真人使用诏书的"待遇"。

万事俱备之后，使团即刻前往登州。

谁知天有不测风云，一行人刚到登州，使团还没有上船，赵有开就生病去世了。

也就是在这个时候，河北一带的暗探得到消息，并及时上奏宋徽宗。密报中提道：金朝早就尝试与辽朝修好，并且辽朝早已经将辽东割给了金朝，还册封他们的皇帝为东怀国皇帝，金朝皇帝也已经接受了辽朝的册封。

宋徽宗听到这里，警惕性一下子就上来了，他立即终止了此次出使活动，只让呼延庆带着比诏书等级更低级别的登州地方文书，送李善庆一行返回金朝。

天辅三年（1119）六月初三，呼延庆到达金朝。金太祖见到呼延庆非常生气，当众斥责这位北宋使臣："为何两国和议中途间断？最重要的是，北宋皇帝来我金朝与我商议合作，却带着你们登州的地方行移公文。他这是来找我合作的态度吗？是他宋朝要与我合作吗？这分明是登州地方来找我合作呀！你们这是想要

第五章　血雨腥风克上京

来证明我金朝身份地位低下，不如你们宋朝吧？"金太祖歇了口气，继续说道："两家议和，是你们主动挑起的吧，又不是我们先想要议和的。国书都不带，诏书也不拿，拿个地方文书来，你们这是什么合作态度！"

呼延庆急忙上前解释给金太祖听："我们朝廷内部起初因为这件事是有不同意见，但是临来之前，征求你方使臣李善庆的意见了，他表示两者皆可，所以我们也就自己决定了。我们是诚心诚意带着诏书来的。可刚到登州，原本担任我朝使臣的赵有开因病去世了。但是为了能够节省时间，早早到金朝来，我们就只能权令登州地方开出移文携带而来。这个时候我们皇帝又听说你们早就与契丹通好，不仅与契丹联系紧密而且还已经接受他们册封的皇帝称号，与我们议和却只是做做表面功夫。我们徽宗皇帝十分伤心，贵朝与契丹修好却诓骗我们。倘若你们与契丹断绝关系，我朝定会再派使者携带国书前来和议。我说的千真万确，一定还请大金皇帝明察。"这会儿金太祖正在气头上，哪还听得了呼延庆的这些说辞，随即就将他拘了起来，这一拘就是半年之久。很明显，这半年宋金就断了联系。

半年之后，金太祖决定放呼延庆回宋朝。原因很简单，这个时候金朝请求辽朝封册之事一而再，再而三地遇到阻碍，而且基

女真崛起：辽朝后方的强大部族

本已经不可能实现，所以金朝现在也急需宋朝的帮助。

在放呼延庆返回宋朝临行前，金太祖告诉呼延庆："我不是昏庸的皇帝，我让你回去是因为我心里明白，使臣中途去世，朝廷理应另派使臣前往，因此这次致使谈判中断的过错不在你，而在于你们大宋朝，不应该让你来当这个替罪羊。你回去告诉你们皇帝，我们已经夺取辽朝大部分的土地，其他的也不在话下，这不是实力的问题，只是时间问题。要是还想要两家结好，就早早把国书准备好。如果再拿诏书来糊弄，甚至拿地方文书来羞辱我，咱们以后就不要再交往了。"

说罢此话之后，金太祖认为还有一事要交代清楚，不然两家结好还是遥遥无期。因为金太祖知道宋朝现在心里对金辽关系是有所质疑的，如若不针对这个事情给宋朝使臣个官方的说法，让宋朝皇帝安心，恐怕日后和谈仍旧举步维艰。于是，金太祖清了清嗓子，提高了声调，说道："辽朝前些日子曾经派遣使者来册封我为东怀国皇帝不假，但是我朝并没有接受也是真的。你宋朝没有来找我合作之前，我们确实曾经派遣使者去到辽朝要求册封，给予我朝合法的地位。但是使者还未归来，你方的使者就已经来到我朝，并且诚意满满地表明了合作之意，而且我们立刻就答应了。当我们的使者回来之后，我朝知晓辽人并没有按照我们

第五章 血雨腥风克上京

的要求进行册封,没有把我们当成对等的政权对待,甚至还有欺侮的意味,所以我非常生气,不可能答应他们。加之,我们又顾念已经与你们宋朝有了夹攻之议,所以对前来册封的辽朝使臣进行了惩罚,拒绝了他们带来的那一套象征天子地位的车驾。这是我谨守咱们两家和议多么明显的证明啊,却没想到换来你们对我朝如此的不信任和轻蔑,你速速回国将此事实情告知你们皇帝。"

第二天,呼延庆就急急忙忙返回宋朝去了。

天辅四年(1120)二月二十六日,呼延庆回到北宋东京城,当天就向宋徽宗汇报了这趟长达半年之久的金朝之行的情况。徽宗听完,即刻就召见童贯进宫议事,商议之后决定再次遣使前往金朝。此次派遣王师中的儿子王瑰同赵良嗣去往金朝。

天辅四年(1120)三月初六,宋徽宗采纳童贯的建议,仍然继续执行联金图燕计划。正式下诏命中奉大夫、右文殿修撰赵良嗣为正使,忠训郎王瑰为副,仍是走海路由登州前往金朝商议夹攻契丹、求取燕蓟云朔等旧汉地等事。为以防止双方再次因国书问题产生争执,此次前去仍是以买马为名,避免因为此事再影响和议进程。但是,宋徽宗这次让使臣将他的御笔亲书携带到金朝。一方面避免双方明面上的直接冲突,另一方面还是想试探女真人到底是否诚心结盟。如果有意推进此次结盟之事,就邀女真人再次来到宋朝进行面议。

天辅四年（1120）三月二十六日，赵良嗣一行人自登州泛海启程。

天辅四年（1120）四月十四日，赵良嗣抵达金朝苏州地界。

天辅四年（1120）四月二十五日，金太祖如期出兵，兵分三路攻打辽上京城。

金太祖此时并未急于与赵良嗣商议结盟之事，而是让他从咸州赶往青牛山，亲眼见证他是如何占领辽人的上京城的。目的是让宋人知晓，我遵守与宋朝的约定，与辽并无私下瓜葛且已经与辽决裂，更重要的是我们绝对是有强大的军事实力可以与宋朝成为盟友的。直到天辅四年（1120）五月，金太祖攻占上京之后，他才在这个合宜的时刻，约见赵良嗣于龙冈，商议夹攻契丹之事。

宋金双方虽然已经有过几次商谈，但丝毫没有涉及具体细节，也并无正式盟约。最近一次的约谈，也还是浮于携带"国书""诏书"的问题。这次见到金太祖，赵良嗣拿出宋徽宗的御笔亲书，转达了徽宗的意思，和议终于要进入真正的议题了。

赵良嗣对金太祖说道："太祖带领金军攻陷辽上京，已经向我们表明了合作的诚意。既然我们已经决定共同伐辽，战前协议

第五章　血雨腥风克上京

还是要做好的。由于燕京一带本就是我中原旧地，理应由我们攻取。攻下之后也一并归还我朝，贵朝集中兵力攻取辽中京即可。"

金太祖思忖良久之后，让译者向赵良嗣翻译道："契丹皇帝失道天下皆知，现如今我们替天行道，战场上接连胜利，占领了辽朝众多重要的城镇。按常理来说，这些应该都是属于我们的。但是为了表示与你们结盟合作的诚意，也因为燕京本就是汉地，所以我同意，一旦你们攻下燕京，就特许将燕云地区送予你们。你们只管攻打你们的，过几日我就亲自带兵前去攻打辽中京。"

赵良嗣一听金太祖应允了，这可是宋金和议以来取得的突破性的进展。所以他立刻附和道："太祖说得是啊，契丹无道，已经到了运尽数穷的地步。我们相约南北夹攻，他们现在不亡国更待何时呢！"赵良嗣这马屁拍得金太祖十分得意。

趁着金太祖高兴，赵良嗣又小心地补充道："贵国兵马强壮，攻取西京也再合适不过。"赵良嗣又提出了让金太祖攻打辽西京的想法，之后再次强调："契丹人不可与咱们相比，咱们都是讲信用之人。所以今日既然约定好了，咱们就要严格地遵守。贵国绝不可再与契丹提及议和之事。"

金太祖没有答复攻取西京之事，只是接着赵良嗣的话茬说道："既然咱们两家已经通好，契丹也一定不会再来与我议和。

女真崛起：辽朝后方的强大部族

即便他仍然厚着脸皮来了，那我也得跟他讲清楚，我们已经与你们宋朝有了约定，要把燕京等地给你们。如果他想要与我们再次通好，那也得同样将燕京还给你们才行。不然，绝不可能。"金太祖的这一番回复甚是高明，他既答应了宋朝，又把黑锅甩给了辽朝。这样日后即便辽金再次议和，金太祖也有堵住宋人嘴的理由。

赵良嗣赶紧接话："那就这么一言为定。咱们今天虽然没有正式地盟誓，但是天地鬼神都是见证，绝不可再行更改。"

金太祖应和说："绝不更改。"

这次宋金和议到此，算是圆满达成了。既然已经达成了共识，又到了饭点，金太祖便设宴款待了北宋来的这一行使臣。宴会结束，金太祖还领着他们到攻取的辽上京城内参观契丹人的宫殿，在延和楼安排宴席。兴致正浓时赵良嗣还作诗一首："建国旧碑胡日暗，兴王故地野风乾。回头笑谓王公子，骑马随军上五銮。"赵良嗣肯定没有想到，这次和谈竟然会如此的迅速和顺利。殊不知，这件事情远没有这么简单。饭吃完之后，金太祖便提出宋朝要每年赠予金朝岁币的事情。

赵良嗣虽然以为这次和议宴会前就算结束了，但既然金朝又提出其他条件，他也是早有准备。他有之前给予辽朝岁币 50 万

第五章　血雨腥风克上京

的数额做参考，所以只许给金朝岁币每年30万。金太祖一听十分不高兴："辽朝霸占燕云不还给你们，你们还给他们50万的岁币。如今咱们都已经商议好将燕云还予你们，你们为何却只给30万，这是哪来的道理？"金太祖此话一出，双方一改之前一团和气的氛围，为了岁币之事争论了许久。最终，赵良嗣还是答应了金太祖索要岁币50万的要求。

既然金太祖将自己关心的岁币问题提了出来，赵良嗣也趁机想进一步将归还的燕云地区包括的具体范围问题摆上台面，因此他接着说："燕京一带的汉地汉州本就属于我朝，西京也是同样的道理。"

金太祖点了点头说道："我本就不想要西京这个地方，我攻打西京只是为了想要捉拿辽主。等我将辽主抓获，西京之地我也不要，都一并给你们。"

赵良嗣一听，眼珠子一转，立刻接话："平州、营州、滦州本也是燕京地，理应也归还我朝。"

这回没等金太祖发话，旁边的大臣高庆裔听不下去了，立刻反驳说："我们双方结盟商议归还的只是燕京一路，而现在贵朝再想索要的平州、营州还有滦州，并不属于燕京路，我们没有理由给你们。"

女真崛起：辽朝后方的强大部族

金太祖接着补充道："盟约一经商定，不可以随便更改。我们还是按照之前约定好的执行便是。至于进攻的具体时间，我们早已有所打算。我朝兵马进攻时间定于天辅四年（1120）八月初九。你们抓紧回去向你们的皇帝汇报，让他也严格遵守时间准时起兵，与我们形成夹攻之势。"

对于如何形成两军的夹攻之势，金太祖也早已经有了自己的计划，他告诉赵良嗣："我们兵起平州松林往古北口方向，你们则自雄州趋白沟，夹攻辽朝。你们一定要遵守约定，如期按照既定行军计划执行。如果不能履行约定，那我们之前和谈的所有事情将一笔勾销。"金太祖还告诉赵良嗣，由于现在女真军队四处作战，而且双方已经和谈成功，所以这次就不再派遣使者与宋朝使者同去。只是安排了200名骑兵，带着包含所有和谈内容的"事项执行计划书"，护送赵良嗣返回宋朝。赵良嗣这次出使的目的基本已经完成，也就打算回去复命。

赵良嗣等人刚刚走到铁州（今辽宁大石桥东南汤池镇），后面就有女真兵快马追了上来。只听"宋朝使者且慢，我太祖皇帝另有要事相议，请速速返回"。赵良嗣一听这话，心里盘算着，莫不是什么人从中作梗？难道是他刚要返回，金太祖就听信谁的谗言，反悔了？想必一定是中间出了岔子，于是他跟随女真士兵

第五章　血雨腥风克上京

急忙地返了回去。见到金太祖之后，金太祖告诉赵良嗣："你我两朝本已约好夹攻契丹的出兵日期，但是刚刚我朝发生牛疫，我们无法在八月初九如期出兵。我们怕因此失去彼此之间的信用，所以才急忙将你叫回，就是想让你先回去，告知宋朝皇帝我这边的情况。我们等明年再具体约定攻伐的时间。"

金太祖此话一出，还没等赵良嗣表态，杨朴又再次强调："我们商议之后，君臣一致认为，仍然不能将平州划在燕京地界，予以归到你朝境内。此前我们的大臣高庆裔也早就此事提出过反对意见，也还请你们行个方便。"

原本就碍于双方都处于结盟初期，仍是互相试探的阶段，因此关于具体夹攻细节就没有过多深入的讨论。此次折返得知金人暂且延迟夹攻时间，又听金朝大臣再次提到结盟的条件。赵良嗣坐不住了，但他还是沉住气，接着杨朴的话说道："贵朝大臣提出质疑，我们能够理解。你我两朝既已约定要对辽形成夹攻之势，有些事情是要在这之前讲清楚的，以免日后因此产生不必要的纷争。所以我们也有几件事情还要跟各位说清楚：第一条也是最重要的一条，贵朝日后举兵，军队不得越过松亭、古北、榆关之南，这是为了避免两军相见可能带来不可预测的纷争；第二，战争结束，两国的疆界划分可以暂时先以古北、松亭及榆关为界；第三，还是要遵守约定，不可再与契丹谈判讲和。"

完颜宗翰追问道："可还有？"

赵良嗣继续补充："西京路下的蔚、应、朔三州，离北宋最近。日后举兵，我们打算先攻取这三州。为不妨碍你们捉拿辽主，其余西京路辖下的归化、奉圣等州，等擒获辽主之后，你们再交还于我们；我们两国通好是本着遵守伦理道德的基本原则，所以胜利取得燕京之后，你们要是仅归还燕京之地，却仍然索要此地区的钱物，这可是违背义理的，不应如此；事成之后，我们双方在榆关之东设置榷场，进行双边贸易。此外补充最后一点，榆关在平州之东，我屡次提及榆关，意思也是包括平州在内的。"

完颜宗翰一旁也是听得仔细，他认为蔚、应、朔三州很有可能是天祚帝走投无路时逃匿的地方，因此这三州的归属，可待日后金朝大军征战实际情况，再行定夺。至于索要钱财等，思来想去觉得赵良嗣所说有理，这事就作罢吧。

答应了赵良嗣这一系列条件之后，完颜宗翰和完颜希尹也是再次和赵良嗣强调："我们肯定不会再与契丹讲和。我们已经把上京城内契丹的'墓坟宫室庙像'一把火统统烧掉，彻底和契丹决裂了。事已至此，他们如何还会再来与我们通好。这一点，你们尽管放心。只是劳烦使臣你回去告诉宋朝皇帝，不要如之前那

第五章 血雨腥风克上京

样。"

赵良嗣一愣："之前那样，指的又是何事？"

"不要像之前那般，没有缘由地就中断了联系。再者，我朝曾经得到消息，你朝童贯带兵北伐辽朝，只是刚到人家的边境，两军还没有对战，就两手空空地回去了。"

"哪会有此等荒唐之事！定是探报传言错了，你们这等身份之人，岂能相信这些民间讹传的谣言。"赵良嗣急忙解释。

"不是最好。我们两家都遵守约定，如此这般最好。你要相信我们，我们将这些内容，都已经写在给你携带回国的国书里了，你大可放心。"完颜宗翰又说。

这次赵良嗣折返，双方就一些细节进行了磋商，暂时又达成了一致，双方还是比较高兴的，但外聘场上各方也都是较着劲呢。比如金太祖在之后举行的打球、射柳和宴会场合上，都热情地邀请宋朝使者前来参与，目的并非简单的吃喝玩乐，深层次的含义是让宋人见识金朝现如今的综合实力。这当中还有个小插曲：一次宴会之上，众人正把酒言欢喝得高兴之际，金太祖命令一名貌美的女子，前来为宋朝使者斟酒献舞。这名女子可并非女真普通女子，她原是天祚皇帝儿子吴王的一个小妾。但是奈何后来被天祚帝相中，就把自己的儿媳妇纳为了自己的妃子，这名

女真崛起：辽朝后方的强大部族

女子一下子辈分就变了。但好景不长，由于她与下人私通，之后就一直被天祚帝囚禁在上京。金人入主辽上京之后，金太祖将其带到宴请宋朝使者的宴会上，当着宋人的面让她劝酒跳舞，干一些奴婢才干的活。而且告诉宋人："这曾经可是契丹皇帝的妃子，现如今给咱们两家服务，眼见着咱们两家修好。"

"哈哈哈哈，哈哈哈哈哈……"金太祖这炫耀与得意的心可真是分外明显啊。

金太祖与赵良嗣一行人在宴会上推杯换盏，金太祖喝到高兴之时对赵良嗣说："契丹曾经那么强大的一个国家，现在不也是被我杀败？我如今也俨然和他辽主一样，当上了皇帝。之前他们想要和我们通好，却不想称我们为兄长之国，所以我必须领兵讨伐他们。"金太祖这时又将话锋一转，说道："你我两家与他不同，我们都是被上天承认，有道有德的大国皇帝。将来我们相处也只能是越来越好，根本不会为了谁做兄长这等事而起了纠纷。我们能够和议成功，绝对是天意。要不然谁能想到，中间隔着个大海，咱们都能见面呢！我这个人从来不说假话，我们既然已经把燕京许给你们，就是给你们了。即便日后是由我们打下燕京，也一样给你们。"

金太祖酒劲儿一上来，还真是谁都拦不住啊。

第五章　血雨腥风克上京

他又将金人攻破上京后俘获的辽朝盐铁使苏寿吉带来，一把推到赵良嗣跟前，告诉赵良嗣："我说把燕地给你们就是给你们，此人虽在辽朝为官，但本故燕人，所以你们现在就可以将他一并带走。"之后，金太祖又把之前留在金朝当人质的刘亮等人一并让赵良嗣带回去。

赵良嗣听完这一席话后，激动得连连点头表示感谢。

天辅四年（1120）七月十八日，金太祖派遣女真人斯剌习鲁充当正使、渤海人高随大迪乌充当副使，携带国书，与赵良嗣一同去往宋朝。由于此次盟约的缔结是由宋人途经登州渡过渤海而来，因此称为"海上之盟"。

天辅四年（1120）九月初四，赵良嗣带领斯剌习鲁等来到汴京城。宋徽宗知道这是金朝皇帝对于宋朝派出使节出使金朝访问的回访，因此热情地在显静寺大宴金朝使臣，卫尉少卿董耘主持宴会。宴会过后，宋徽宗随即安排他们入住专门招待使节的同文馆。

天辅四年（1120）九月初七，斯剌习鲁才将带来的国书上呈宋徽宗。但史书并没有记载国书递上去之后，双方当时是否就国书内容进行了讨论，只是轻描淡写地提道，斯剌习鲁"见讫而退"。

女真崛起：辽朝后方的强大部族

天辅四年（1120）九月初八，宋徽宗在童贯府邸赐宴，再次款待金朝使臣。直到此时，宋徽宗才正式提及盟约之事。他告诉斯剌习鲁："国书当中我们所约定之事中，贵朝早到西京这事事关重大，当一定遵守。"斯剌习鲁回答宋徽宗说道："我们定会遵守盟约，按时出兵西京。"关于其他内容，并没有过多的讨论。随即下诏，带领斯剌习鲁等使臣以及随行人员去往相国寺、龙德太乙宫烧香。

10天之后的天辅四年（1120）九月十八日，斯剌习鲁等在崇政殿向宋徽宗辞行，向宋徽宗报备准备返回金朝。

天辅四年（1120）九月二十日，宋徽宗再次在第一次设宴的显静寺派赵良嗣主持宴会，款待金朝使臣。随后斯剌习鲁等启程回国。

事情发展到这里，此次出使看似是圆满结束了。史书中并没有对赵良嗣这次返回宋朝之后，宋金双方就盟约的具体内容的实质性讨论的细节描述。但是，没有记载并不代表没有问题，这从宋徽宗再次派遣使者出使金朝便可得知。

斯剌习鲁等是准备返回金朝了，但宋徽宗又派了使者跟随他们一起前往金朝。此次跟随金朝使臣再次去往金朝的，有登州兵马钤辖、武义大夫马政和他的儿子承节郎、京西北路、武学教谕

第五章　血雨腥风克上京

马扩。这次马政不仅携带国书，还带着约期夹攻辽朝的事目。从史书的记载来看，这次徽宗派遣马政等出使的目的，旨在"求山后地"。"山后地"指的是辽西京云中府一带。鉴于前一次赵良嗣出使金朝，关于西京以及平州、营州和滦州的归属问题，并没有达到宋朝的预期，所以即便金朝使臣来到宋朝，这个问题仍然没有解决，于是宋朝皇帝派遣使者前往金朝，再次商讨此问题。

国书围绕这个问题，提出几个条件，意思大概是这样：其一，宋朝方面已经做好准备，并且已经命太傅、知枢密院事童贯所带领的宋朝军队前去与女真军接应，金朝定好夹攻日期，切勿毁约。其二，所有五代以后失守的幽、蓟等州旧汉地及汉民以及居庸、古北、松亭、榆关，"已议收复"。但贵朝举兵之后，夺取的地盘以及溃散到金朝的人户，不在我们这次收复范围之内。其三，双方军队均要保证所有兵马，不得侵越过关。其四，每年交给贵朝的银绢数目与契丹数目相同，双方设置榷场，开展双边贸易。

事目当中，最难协商的仍然还是几个州县的归属问题。宋徽宗这次直截了当地明确了想索要的汉地州县。赵良嗣之前去金朝和谈时就一再强调，燕京一带汉地包括西京在内。当时金朝皇帝表示，他本就不打算要西京，但是要擒获辽主之后，再归还宋

女真崛起：辽朝后方的强大部族

朝。赵良嗣还提议蔚、应、朔三州离北宋最近，由北宋首先攻取。但完颜宗翰认为天祚帝走投无路，也非常有可能逃匿到西京的这些地方，因此也是打算等日后再行商议此事。面对西京问题，金朝皇帝这"日后再说"的态度，使得宋徽宗觉得这次必须要将此事确定下来。于是，他这次在事目中明确指出，五代以后所陷的幽蓟等州旧汉地及汉民，即蓟州、涿州、易州、檀州、顺州、营州、平州、并州、云州、寰州、应州、朔州、蔚州、妫州、儒州、新州、武州，这些都是旧汉地，宋朝应该一并收回。但是就首先攻取蔚州、应州、朔州之事，却没有再提。

从事目所表达的含义来看，宋朝方面的意思是：只愿意攻取燕京，中京、西京都由金人攻伐，但攻伐之后他们想要的所谓的燕京、西京州县还都要归还宋朝。

天辅四年（1120）十一月二十九日，马政为首的宋朝使臣到达涞流河。

见到金太祖之后，马政将国书、事目上呈。完颜阿骨打看完之后，当即反悔，不承认曾经允诺西京之事。而且告诉马政，平、滦、营三州并不属于燕京一路管辖，不应归属宋朝。马政作为下一任的使臣，他肯定十分了解之前赵良嗣出使金朝时，是如何与金人对平州等地进行约定的。其实之前高庆裔就明确地表示

第五章　血雨腥风克上京

过,这三州不属于燕京路管辖,不应该归还宋朝,这与宋朝人索要燕京一路的要求并不矛盾。只是当时,金太祖并未接话,并不代表金朝应允了宋朝索要这三州的要求。因此面对金太祖强硬的态度,他也只能谨慎恭顺地暂且应了下来。之后的日子,双方就此事商议了有一个月的时间。

金朝有的大臣认为,宋人只想拿些银绢来换取这部分汉地,但是根本不想出一兵一卒。这充分证明,宋朝军队根本没有做好夹攻辽朝的准备,甚至压根儿就不具备夹攻辽朝的实力。他们只是想用钱财来雇我们为他出生入死罢了。

有的大臣还提出,契丹之所以国力强盛,正是因为他们得到了燕地,得到了汉地百姓的先进生产技术。现在一旦将这一地区割给宋朝,岂不是等同于将发展与繁荣拱手让给了宋朝。而且割让之后,我们就必须要退守到五关之北,在关外被动地监临宋朝。对我们而言,绝对是有百害而无一利,并且平白无故地多出些麻烦。

有大臣接着说道:"宋人的那些钱财早晚都是我们的。日后我们把契丹灭了,他们的地盘顺理成章就归于我们,燕云之地当然也是我们的。到那个时候,宋朝敢不将钱帛乖乖双手奉上,巴结我们,与我们结盟?""这几个重要的州县在我们手里,若我

女真崛起：辽朝后方的强大部族

们再想南拓疆土，易如反掌。但是宋朝若是没有了燕云一带作为屏障，他们拿什么来对抗我们？所以我们没必要一定促成这次跨海通好。等我们灭了契丹占据燕云，直接与宋朝为邻，到时候大军压境，继续南下攻城略地，有什么不可以？"

大家你一言我一语虽然讨论得十分激烈，但意见出奇一致，那就是绝对不同意宋人提出的条件。原因就是，金人认为，一方面宋人不具备作战能力，想要坐享其成，金人觉得即便宋人拿钱来换，他们也是吃亏；另一方面，金人对于灭辽势在必得，认为没有必要与宋人谈条件，多此一举。

这时，只有完颜宗翰持有不同意见，他站起来说道："宋朝立国中原，四周虎狼环伺，他们若是没有安身立命的本事，如何能够在这其中周旋如此之长的时间？我们绝不能轻视。当务之急应该是先将宋使留下，从长计议，找出更好的应对策略才是。"

金太祖听罢完颜宗翰的建议，就把马政一行人先暂且留了下来。如果说使臣出使，朝堂上的口辩之才非常重要，那么与对方在朝堂之下，日常的细节较量才更能体现出一个优秀使臣的水平与能力。因为双方的角逐，无时无刻、随时随地都在发生。

一天，金太祖集结一众女真部将，并邀请马政等一行宋朝使臣，远出荒漠打围射猎。完颜宗翰与马政骑马并肩前行，完颜宗

第五章　血雨腥风克上京

翰让翻译官翻译给马政听："我听闻你们宋朝人，只知道如何写文章却不懂得武艺为何，这是真的吗？"

翻译官将马政的回答翻译给完颜宗翰："我们中原王朝，文和武互相分开。文有文阶，武有武阶，各有级别。他们分管的朝廷事务也并不相同，文官只管文事，武官也只管武事。但同样也有武官通晓文墨，文人精晓兵法，并不能以偏概全、一概而论。"

听马政如此解释，完颜宗翰继续说道："听闻马扩是武举及第，那定是会些骑射功夫的吧？"

马扩回答说："我虽是武举进士，但取在义策，弓马之事并非是我所擅长的。"

完颜宗翰似乎只听到了前半句话，根本没把"不擅长"三个字当回事。他既然想要羞辱宋人，怎么可能让他有台阶可下？他解下自己随身佩戴的弯弓，递给马扩，继续让译者翻译，说道："那就劳烦走马开弓，让我等见识见识你们宋人的射箭水平吧。"

马扩知道完颜宗翰与他的对话以及一系列的动作意欲何为，因此，他毫不犹豫地接过宗翰的弓，搭弓就做射箭状，似乎他今天拉弓的力气格外大、姿势格外到位。完颜宗翰也着实被这一幕惊住了，因为在他对宋人不多的了解当中，认为宋人多是一些个文弱书生罢了。因此，他及时将这一试探的结果告诉了金太祖。

女真崛起：辽朝后方的强大部族

金太祖得知后，打算找机会亲自试探试探宋人的功夫到底是否如宗翰所言。当时恰逢女真天寒地冻，即便是晴天，积雪仍然也没有消融。所以此事便一拖再拖，但金太祖终于还是等到了机会。

这一天，金太祖召马扩等前来，说道："听闻南使会开弓，日后随我打围射猎，如何？"马扩随即答道："我以武举中第，射生之事并非我所擅长，但是也并非不能尝试，可以容我一试，或许还会有意想不到的收获。"

第二天一早，金太祖便邀请宋朝使臣一起打围射猎。他差人直接在雪地之上铺上一张虎皮，金太祖直接坐在虎皮中间。他令侍卫拿给马扩一弓一矢，让他朝着自己所指的那一个雪堆射去。马扩接过弓矢，开弓便射，只见发出去的这支箭径直地插入金太祖所指的那个雪堆中央。金太祖似有所怀疑，又命人给了他一支箭让他再射一次，结果依然如前一次一样，毫厘不差。

"哈哈哈哈，哈哈哈哈哈哈……"

金太祖边笑边说："射的甚好，射的甚好。"

接着忍不住问："宋朝人射猎都如使臣这般精准吗？"

马扩霎时就明白此时此刻局势已然扭转，显然自己在气势上占了上风，于是回复金太祖："我这等贫寒失意的读书人，弓马

第五章 血雨腥风克上京

箭术属实软弱不堪。在我朝京师,有专门擅长弓马武事之人,他们入祇候诸班、当禁卫军,在各军队和相应岗位任职,他们才是武艺精湛之人。我这样水平的人在他们面前就是班门弄斧,与他们根本没办法相提并论。"

马扩不解释还好,金太祖听马扩这么一说,他更是想看看宋人的射猎水平到底是有多么的厉害。

于是,金太祖命大迪乌又给马扩准备弓矢,告诉马扩,这次不是射不动的雪堆,让他做好准备射林中的动物。

金太祖让围猎队伍继续往前大概2里地,突然遇到一只黄獐跃起。金太祖立即传令,诸位将士都不能射,让宋朝使臣先射。马扩听后,挥鞭跃马驰逐,搭弓射箭,将这只黄獐一箭封喉。众人见状,无不拍手称好。金太祖还因此赏赐马扩"貂裘锦袍犀带"等。完颜宗翰的父亲撒改听闻后也不住地称赞,提议:"宋朝使臣射生得中,金朝上下声名远播。既然如此,更应该立一个显赫之名给他。"于是,就给马扩起了一个女真名,翻译成汉语,大概是善射之人的意思。

马扩跟随金太祖打围射猎,不仅给宋朝争得了颜面,也大概摸透了他们是如何行进打围射猎的。据马扩描述:每天早上,金太祖都于积雪之上铺一张虎皮背风而坐。侍从们在他前面,用火

女真崛起：辽朝后方的强大部族

点起一堆草木。金太祖坐在那里等众将士们到来。都来了之后，让他们各自取佩箭一支，然后分别掷箭。金太祖按照掷箭的距离远近，依次安排他们上马的顺序，开始打围。众将士的军马都是单行前进，每骑之间间隔5步或者7步远近，队伍接续不断且两头相望，一般绵延一二十里。等到所有人都已经进入到打围队伍当中，金太祖才起身上马。他走在队伍的最后方，距前面一二里的样子。接下来就开始真正的打围，金太祖用手中所拿军旗指挥两翼骑兵行进与否，骑兵则认旗视旗进趋。他们打围射猎有自己的规矩，金太祖规定，如果野兽自打围行军队列里面向外逃跑，围在四周的将士可以射猎。如果野兽是从打围队列外面向里面窜进去，只能由主将先行射猎。整个行军打围的队伍成簸箕掌似的圆圈形状。如此前行三四十里之后，眼看就要到达围猎地点之时，两翼骑兵迅速合围，一圈套一圈，越套越紧，里外大概套成二三十圈的样子。水泄不通之下，此处的野兽无处可逃，众将士们纷纷射箭，野兽无一漏网。打围射猎结束之后，金太祖仍然铺设一张虎皮，坐在其中。吩咐侍卫们将打围获得的野兽或者烤着吃，或者生着吃。乘兴饮上一两杯酒之后，就率大军返回。

金太祖直言："我朝中最快乐之事，莫过于打围。"女真人行军布阵，也大概是出于此打围射猎而来。

第五章　血雨腥风克上京

除此之外，马扩通过留在金朝这一段时间的生活，对于女真人的饮食起居也有所了解。

在马扩的印象中，自金太祖居住的涞流河，再往东北500余里都是平坦草莽，在这一带居住的女真人数量非常少。每三五里之间仅有一二个族帐，每帐族不过三五十家百姓；自从过了咸州，至混同江以北，女真人不种谷麦，种植的农作物也就只有稗子，做饭也只能是用这些。他们随吃随做，很显然，没有中原种植粮食品种多、品种优良。有一次，马扩得以遇见金太祖与一众将领吃饭。当时的场景是这样的：女真人当时的文化水平并不是很高，对于传统的礼仪制度并不十分了解。他们吃饭有自己的一套，尊卑并不明显，金太祖与将领们共同在一张炕席上进餐。上面有一碗稗子饭，里面还放了一个类似汤勺的取食工具。这应当是主食。此外，依次还摆放着盐渍过的韭、野蒜、长瓜。还分别用木头制作的碟子盛着或烤、或烹、或生的猪、羊、鸡、鹿、兔、狼、獐、麂、马、鹅、雁、鱼、鸭、虾等肉，稍切成块的肉多用芥蒜汁浇在上面，陆续端上来。将领们各取自己的佩刀，割成小块，直到吃饱为止。作为北方少数民族的女真人难道饭桌上不喝酒吗？并不是的，他们的饭桌上怎么会少得了酒。酒是在吃完饭之后才喝，他们通过传递酒杯的方式喝酒，酒水也不提前烫热，喝的是凉酒。以金太祖名义设下的御宴大概也就是这个样子。

十几日之后的天辅五年（1121）正月初一，金朝才开始撰写国书给宋朝使臣。

第二天，金太祖在帐中为马政一行人设宴饯行。金太祖令大迪乌准备好车舆、兵仗，召宋朝使臣参加御宴。马政一行人凌晨就从同文馆出发，大约行了有5里地的路程，来到金太祖居住的帐前。

只见帐中炕上设有金装交椅2把，金太祖与大夫人并肩而坐，由二夫人亲自端上食物。此时女真诸大臣将名马、弓矢、剑槊等奉上，并且异口同声地说道："臣下有邪谄奸佞、不忠不孝者，愿皇帝代上天以此剑此弓诛杀之。"然后各跪上祝寿之酒，金太祖一饮而尽。女真大臣敬完之后，才轮到宋朝使臣敬酒。宋朝使臣如同女真大臣一般，敬金太祖与其大夫人酒，二人也是一饮而尽。喝完宋朝使臣敬的这杯酒之后，金太祖又令人另外斟满两杯酒，回敬宋朝使臣。金太祖举起酒杯说道："我女真自祖上相传，只有如此这般的待客之礼，并不讲究什么奢侈排场。我们也只有这个冬暖夏凉的屋子，不习惯修些宫殿屋宇，我们认为那样是十分劳费百姓的行为。还请你们宋朝使臣不要见笑。""虽然如此，

第五章　血雨腥风克上京

但是我已经让夺取上京后掳掠的辽朝乐工等候在帐外,现在就让他们为诸位使臣奏曲荐觞。"

史书记载,一众人等"玩狎悦乐",唯独金太祖不以为意,像是没有听见一样。

宴会结束,金太祖派遣曷鲁与大迪乌持国书,跟随马政、马扩返回宋朝,商议夹攻辽朝。国书的大致内容是,金朝不同意将西京之地送给宋朝。如果宋朝想要这一地带,必须自己出兵攻取。对于两朝夹攻辽朝之事,宋朝需尽快定下出兵日期。如果不能按时出兵,原来答应给予他们燕京一带的诺言,也很难实现。曷鲁与大迪乌带着任务出发了。

天辅五年(1121)二月十七日,到达登州,进入宋朝境内。

曷鲁等本以为很快就能到达京师见到宋徽宗,可是这一等就是3个月。本已经召集起来准备夹攻辽朝的宋朝大军,由于方腊起义爆发,中途由童贯率领转去镇压方腊起义了。宋徽宗害怕金人发现他们没有做好夹攻的准备,说话不算话,就不想让曷鲁来到京师。因此,他密令登州守臣,让他们不管使用何种方法,一定把金朝来的使臣先留在登州。刚开始几天,金人没有察觉个中缘由,但是时间长了,纸总是包不住火的。曷鲁提出要尽快进京面见宋朝皇帝,有什么事情当面解释清楚,但是登州方面百般阻挠，曷鲁因此十分生气，几次想要离开登州，甚至打算徒步到京师问个究竟。

宋徽宗看实在没有理由再将金朝使臣困在登州，无奈之下下诏，由马政、王瑰引曷鲁来京面圣。

在登州等了快3个月之后，天辅五年（1121）五月十三日，金朝使臣终于到达京师。本以为等了这么长的时间，双方能有一个好的和谈结果，可事实恰恰相反。

曷鲁一到京师，就被国子司业权邦彦和观察使童师礼接进了使馆，仍然没有见到宋徽宗。这回没过多久，童师礼就向曷鲁他们传达了宋徽宗的旨意，他告诉金朝使臣："辽朝已经知晓我们与你们海上往来，有意夹攻他们，因此两朝关系破裂，再也难以和好如以前。你们速速返回金朝去吧。"曷鲁一听，宋朝皇帝这是害怕辽廷会报复他们，反悔毁约了呀。既然主动要与我们联合图燕灭辽，事先早就应该想到是这个结局呀，现在又拿这事情当借口，这不是耍我们玩嘛。于是反驳童师礼："你们失去辽朝的欢心，难不成还是我们的错了嘛！这个理由我们不接受。"他要求童师礼将金朝的意思转达给宋朝皇帝。童师礼也是如实向宋徽宗反馈了，得到的回复是，等童贯镇压方腊起义回来再议。曷鲁等一行人继登州被扣3个月之后，又被扣在京师3个月，之后才被允许返回金朝。

此次，宋朝只是给了金朝使臣一份国书，没有再派遣使臣与金朝使臣一同前往金朝，这显然表明宋朝是无意再践行盟约，宋金"海上之盟"就此暂时中断了。

第六章

夺燕京、俘天祚

一、再取中京与西京

天辅五年（1121）八月，宋金"海上之盟"中断。金朝方面并没有因为宋朝单方面撕毁协议而乱了自己的阵脚，十二月，金太祖便命斜也都统内外诸军，蒲家奴、宗翰、宗干、宗磐等副之，宗峻领合扎猛安，耶律余睹为向导，进取中京。同时发布伐辽诏书："辽朝朝廷失去纲纪、政治混乱，人神共弃。现在我金

第六章 夺燕京、俘天祚

朝想要替天行道，所以命部将率大军，以行讨伐。一旦出兵，我军要慎重兵事，择用善谋。赏罚必行，粮饷必继。务必做到不要惊扰已经降服的辽朝将士与百姓，众将领也不要骄傲轻敌，纵容部下肆意俘掠。此次出征，要待时机成熟再伺机而动，但不要耽误行军的日程。将士出征在外，一定要学会采用权宜变通的办法解决问题，灵活管理全军事务。"之后又补充道："如果夺取中京成功，缴获的礼乐图书文籍，通过水路先后运回。"

通过金太祖的诏书内容我们可以看出，对于夺取中京，他势在必得。其实早在天辅五年（1121）四月，完颜宗翰就上奏金太祖："辽主失德，中外离心。我朝兴师，大业既定，而根本弗除，后必为患。""我们现在应该趁辽朝内外交困，一举袭取中京。这可是天时地利人和的绝佳时机，不可错过！"此次完颜宗翰的请命，金太祖虽然同意了，并且告知诸路戒备军事，但并没有实际出兵，仍是与宋朝和议夹攻之事。

天辅五年（1121）五月，金太祖在射柳之后的群臣宴会上，再次与完颜宗翰谈及西征之事时，金太祖这样说道："关于西征辽中京之事，还是你前后计议符合朕的心意。宗室当中虽然你并非年纪最长、经验最为丰富，但是论帅才，没人能比你当这个元帅更合适，你静待出兵日期吧。"金太祖略有所思地说罢这一番

女真崛起：辽朝后方的强大部族

话之后，将杯中的酒一饮而尽，并且亲自给完颜宗翰斟满，命宗翰也将这杯充满期望的酒喝完。他还将身上的衣服解下，赐给了宗翰。可见，在金太祖的心中，西征中京显然十分重要。攻下中京，是他久违的梦想和心愿，也是他对未来的展望和规划。但是这件事瞬间就遭到了宴会上一众大臣的反对，群臣普遍认为现在出兵时间不对，正值暑月不利于行军，于是出兵日期再次被往后延。天辅五年（1121）十一月，完颜宗翰再次请求金太祖出兵夺取中京，大臣们还是因为此时又正值寒冬腊月而试图阻止，但是金太祖这次不再听取群臣建议，而是下诏命完颜宗翰进兵中京，这才有了十二月出兵之实。

金太祖并非昏聩无用、不信忠言的暴君，他这次坚持出兵是有理由的：一方面，宋金相约夹攻辽朝和谈已经于八月暂时中断，金朝无须再顾及宋朝。另一方面，辽朝的一个关键人物降金，他带来的辽朝内部情况，让金太祖更加坚信，凭借金朝现在的军事实力，完全可以出兵夺取中京。这个至关重要的人名叫耶律余睹。

耶律余睹是何人？

天祚皇帝有个儿子叫敖卢斡，是文妃萧瑟瑟所出，被封晋王。这个耶律余睹是文妃的亲妹夫，也就是天祚皇帝的亲妹夫、

第六章　夺燕京、俘天祚

晋王的亲姨父。

这等身份之人，为何要投敌叛国？

天祚帝的儿子中，文妃所生的晋王敖卢斡最为贤能，从小不仅驰马善射，而且尤其乐道人善。史书记载，当时辽"宫中见读书者"就严厉地斥责。有一次敖卢斡正巧碰见一名叫茶剌的内侍仆人正在看书，他拿过来想要看一看仆人阅读的是何书籍。这个时候，恰巧他的兄弟们进来了。敖卢斡就顺手将书藏在了自己的袖子当中，这才让茶剌免受责罚，临走还不忘嘱咐茶剌："不要让他人看见。"对待下人尚且如此，对待朝臣以及百姓自然更加体恤。不难想象，长大后的敖卢斡积攒了众多的声望，可谓内外归心。这个时候，真正将敖卢斡推上断头台的历史人物出现了，他就是萧奉先。萧奉先的妹妹也是天祚帝的一个妃子——元妃，元妃也给天祚帝生了个儿子，被封为秦王。萧奉先就是秦王的亲舅舅。他深知国人皆属望晋王，秦王多半没有继承大统的希望，于是便产生了深深的嫉妒。

时任枢密使的萧奉先，权倾朝野。他深知动不了晋王，就拿晋王身边的人先开刀。他瞅准时机，借文妃的姐姐与妹妹在军中碰面相会之事，污蔑文妃的两个妹夫耶律挞葛里与耶律余睹，勾结驸马萧昱，意图谋立晋王，废天祚帝为太上皇。天祚帝听到这

女真崛起：辽朝后方的强大部族

个消息，甚至都没有仔细分析真假，便将耶律挞葛里等正法，文妃也被赐死。晋王敖卢斡因为没有参与实际的谋反活动而逃过一劫。这桩谋反案的罪名就这么被扣了上去。

这时耶律余睹尚在防御女真的前线上，听闻文妃等人的遭遇，他十分害怕不能证明自己的清白，因此事引来杀身之祸。因此引兵千余人，带着家眷车帐，打算向北投降女真。天祚帝知道耶律余睹准备降金之后，派遣知奚王府萧遐买、北宰相萧德恭、大常衮耶律谛里姑、归州观察使萧和尚奴、四军太师萧干，各领本部军马会合，紧随其后进行追捕。不巧的是，当时正值盛夏，赶上天降大雨，道路泥泞不好走。很快这些被天祚帝派来的辽朝将领追至间山县，眼看就要追上耶律余睹。就在这时，他们却放慢了脚步。诸将领议论说："萧奉先凭仗着自己是天祚皇帝跟前的大红人，手握生杀大权，随意污蔑陷害满朝官兵，这才导致晋王之祸乱。耶律余睹是势大才高的宗室雄材，正是因为凭恃意气，才不愿意屈居人下，不肯为萧奉先马首是瞻。今天我们把耶律余睹给抓回去，那今日的他就是日后的我们。不如我们干脆将他放了吧。"于是这些将领就欺骗天祚帝说："我们尽力追捕了，但是已经来不及了，耶律余睹已经逃远了。"耶律余睹就这样从辽人的眼皮底下逃了出去。

第六章 夺燕京、俘天祚

耶律余睹逃跑之后，萧遐买等一众人不但没有受到惩罚，反而因为萧奉先害怕其他辽朝将领效仿耶律余睹，被赐予爵赏。

耶律余睹为何在金太祖决定攻占中京一事中起到重要作用，最主要的原因是，他投降到金朝的时候并非两手空空，而是带着"礼物"来的。

耶律余睹与将吏韩福奴、阿八、谢老、太师奴、萧庆、丑和尚、高佛留、蒲答、谢家奴、五哥等投降于咸州路都统，都统司上奏金太祖，金太祖随即下诏招降。过了不久，耶律余睹就将带来的辽国宣诰、器甲旗帜等送到了金太祖面前。他告诉金太祖，晋王之事只是他投奔金朝的一根导火线，他投奔金太祖是因为金朝疆土日辟，国势蒸蒸日上，而他早就看透了辽朝必将走向毁灭。

由于萧奉先急于追捕，所以仓促之际耶律余睹没来得及收合四方边远部族，只率领傍近部族3000户、车5000辆、畜产数万来归，中途辽兵追袭很紧，又不得不放弃一些原本携带的物资，历经千辛万苦才到金朝。他把所有官吏职位姓名、人户畜产之数，遣韩福奴全部详细记录上报给金朝。金太祖见到耶律余睹与一起归降的将士们，先是同情他们的遭遇，共情他们的境况，然后大设宴席抚慰他们，并抬高他们的地位。宴会上让他们与金朝

女真崛起：辽朝后方的强大部族

宰相同班而坐，这哪是在辽朝可以享受到的待遇。金太祖还命耶律余睹以旧官身份继续率领其部众，并激励他："如果能够为我朝立功，定当好好奖励他们。"

更为关键的是，耶律余睹还修书一封，详细地说明了现下辽朝国内的政治、军事等详情，书信中大概是这样描述的：辽主沉湎于出游打猎而荒于政事。不仅如此，他还信任奸佞小人，疏远忠直之士；滥用刑罚，鄙吝狭隘。整个辽朝上下，政治不清明，经济不景气。民不聊生，怨声载道。这为金太祖是否此时进军中京，提供了决定性的参考意见。可以说，自从耶律余睹降金，金人就尽知辽朝虚实了。金太祖得知辽朝现在是朝政腐败、上下解体、民心背离，再加上无须再考虑宋朝方面的因素，因此才决定听从完颜宗翰的建议，出兵中京。

得知金太祖决定出兵的确切日期之后，天祚帝不顾百姓死活，急忙逃往燕京。

皇帝都要逃跑了，镇守中京的辽朝将士们更加人心惶惶，根本没了抵抗的信心。他们打算焚烧城中驻军所吃的粮食和军马饲料，全城大逃亡。这个时候，只有奚王霞末认为金军在数量上并不占优势，打算迎战金军。如若实在打不过，再退保山西。完颜杲知道辽金彼此军事力量悬殊，但是他更了解时下辽人根本没有

第六章　夺燕京、俘天祚

迎战的斗志，这才是此仗打赢的关键。于是，完颜杲丢掉了行军用的一些物资装备，率轻骑飞速赶往中京准备迎击辽军。

天辅六年（1122）正月，金军攻下高、恩、回纥三城，进至辽中京。

中京城中的辽兵不战而降。只银术可与习古乃、蒲察、胡巴鲁率兵3000人，与奚王霞末在京西70里处交战，最终霞末弃军而逃。金军随即占领中京。辽中京行宫内祖宗约200年积攒的珠玉、金银、匹帛、皮毛之类，莫知其数，尽为金人所掠。完颜杲命部将分兵屯守要害之地，驻兵中京城。随即向金太祖报捷，并将所获献给金太祖。

完颜杲搜遍中京城未见天祚帝人影儿，这才得知他率卫兵5000骑已西走。而此时天祚帝也已然知晓金军攻占中京，他急忙从燕京出居庸关，再次出逃。金太祖让耶律余睹带领金军追杀他的时候，他就十分害怕，因为耶律余睹了解国情地貌，围追堵截他定是事半功倍。这个时候，萧奉先又"适时"地出现了。他告诉天祚帝："无须害怕，为什么？因为耶律余睹是宗室皇亲，此次率军前来想必并非是有亡辽之心，只是想拥立晋王罢了。所以为了国家社稷着想，现在只能不惜杀了晋王，断了耶律余睹的念想。耶律余睹要是知道晋王已死，即便他卷土也不能再重来，定将不战而退。"这是何等荒唐可笑的建议，可是天祚帝竟然相信了他的鬼话，赐死了自己的儿子，这样的所作所为与他痛恨的祖父道宗耶律洪基又有什么区别呢？晋王一向贤明素有人望，现在死非其罪，百官诸军知道后莫不痛哭流涕，从此辽廷上下人心更为离散。

意料之中，金军并没有因为晋王的死而停止对辽的继续进攻。占领中京城之后，完颜宗翰随即率领偏师直趋北安州，与娄室、徒单绰里军大败奚王霞末，北安也被金军降服。完颜宗翰驻军北安之后，派遣完颜希尹驻守周边，俘获了辽护卫耶律习泥烈。耶律习泥烈向金军透露，天祚帝此时正在鸳鸯泺射猎，辽朝现下众益离心，西北、西南两路兵马都羸弱不堪重任，可趁机袭取。得知天祚帝行踪的完颜宗翰认为这是个抓获天祚帝的好机会，便使蓐碗温都、移剌保上报都统完颜杲说："辽主现在走投无路躲在鸳鸯泺，此等生死存亡之际他仍然沉湎畋猎，赐死自己的儿子，臣民均是十分失望。这是个抓获天祚帝的好机会，至于如何攻取，还望都统速速定下策略。"请求向鸳鸯泺进兵。

收到消息的完颜杲，派遣奔睹与移剌保一同来报："不允许出兵，此事事关重大，应当审详徐议。"其实，完颜宗翰使人上报完颜杲的同时，就已经开始整顿军队等待出兵的具体日期。完

第六章 夺燕京、俘天祚

颜杲派人到北安,告诉完颜宗翰现在他暂时无意进取。但是完颜宗翰自认等到完颜杲想要进取之时,恐怕早已为时已晚,于是单方面决定进兵,便派移剌保再次前往完颜杲处报告:"都统之前虽然未向我下达出兵的命令,但亦许我便宜从事。辽主可取,这是摆在眼前的事实。一旦错失机会,之后就很难抓他了。我现在已经向辽主所在地进兵,当与我大军在何地会合,还望都统速速告知。"完颜宗翰不失礼法地通知了完颜杲已然出兵的事实,并且就下一步两军合围天祚帝的作战部署,请求完颜杲的指示。完颜宗干也劝完颜杲采纳完颜宗翰的策略。完颜杲一看,完颜宗翰这是先斩后奏啊。事已至此,他决定约完颜宗翰在奚王岭会议。

完颜宗翰来到奚王岭与都统完颜杲见面,见面之后,最终决定:即刻进军鸳鸯泺,擒获天祚帝。大军兵分两路,完颜杲从青岭(今长城独石口附近)一路出发,完颜宗翰则从瓢岭(青岭北)出发,两军最后在羊城泺相会。安排好具体的作战计划之后,完颜宗翰率领6000名精兵直奔鸳鸯泺袭取天祚帝。天祚帝得知金人穷追猛打,怎么可能还会在原地乖乖等着束手就擒,等完颜宗翰倍道兼行赶到之前,天祚帝早已逃得无影无踪。天祚帝带着5000名骑兵,西奔云中府。奈何中途溃散,只剩下诸王以及长公主、驸马、诸子弟300余骑,向云中府石窟寺逃去。天祚

女真崛起：辽朝后方的强大部族

帝路过云中城时，下旨给留守萧查剌、转运刘企常："金贼就在不远，你们好好守住云中城。"自己却取马3000匹，随即进入天德（今内蒙古自治区乌拉特前旗东北），由天德直趋渔阳岭，躲入夹山（今内蒙古自治区萨拉齐西北大青山中部）。天祚帝慌忙往云中逃窜时，路上竟然把传国玉玺都扔到了桑干河里。金兵追至云中，萧查剌率军民父老开城门迎降。

如此境遇之下天祚帝似乎才恍然大悟，他怒斥萧奉先："你父子误我至此啊！我现在恨不得诛你们九族，但是现在即便是杀了你们，又有什么用呢！你们赶紧离开，不要再跟随我了。如若你们还在我军中，日后众部将一怒之下，想要将你们正法，都还要连累于我。"萧奉先听完天祚帝的话，无奈之下下马哭拜而去。可是还没走多远，天祚帝的手下便将萧奉先父子追回，五花大绑将他们二人押送至金军那里。金军将萧奉先长子当即斩杀，打算将萧奉先和他二儿子萧昱押送回金朝，由金太祖处置。可就在押送回金朝的路上，金军遇到了辽军，二人被这偶遇的辽军抢了回去，天祚帝碍于军民对萧奉先的怨恨，也不敢对二人有所包庇，随即赐死了他们。

辽军已然是强弩之末，天辅六年（1122）三月，金军占领辽西京。

第六章 夺燕京、俘天祚

二、终夺燕京

天辅五年（1121）八月，宋金"海上之盟"暂时中断之后，金朝继续伐辽，一路捷报频传。听闻金朝几乎已袭取辽朝大半郡县，且有继续南下的想法，宋徽宗害怕当时"海上之盟"约定割还燕京一事化为泡影，于是在没有告知金朝具体出兵日期的前提下，就私自向燕京发兵，意欲营造继续履行盟约的假象，试图缓和二者之间的关系。

天辅六年（1122）三月，宋徽宗一面命童贯为江北、河东路宣抚使，屯兵于宋辽边境。童贯还于四月初十，勒兵数万高调巡边，展示自己的实力，威慑辽朝。另一面宋徽宗采取招抚幽燕的策略。天辅六年（1122）四月二十三日，童贯驻军高阳关（今河北高阳东），发布榜文：幽燕一带本就是我朝领地，幽燕百姓也一直都是我朝子民。自幽燕陷没契丹，时至今日几近200年。近来辽朝内外蕃汉离心、内外变乱，百姓惨遭涂炭。现如今我们奉了皇帝的诏令，统率重兵进军，并不是为了杀戮，也不是单纯地想问罪于辽，更为重要的是要救民于水火。当务之急，你们务必要早早做好回归宋朝的准备和计划。我向你们保证，回到宋朝以

女真崛起：辽朝后方的强大部族

后，当官的官复原职，有田的依旧有地可耕。如果能够身先士卒，率领豪杰立下战功的，从优给予相应官职、厚赐金帛。如果有能以州县直接来降的，即刻就任命他为该州县的父母官。如果能够有人拿燕京直接来献的，无论是官兵还是百姓，直接任命为节度使并给钱10万贯、大宅1区。这其中如有契丹来归，待遇与汉人并无差异。我在这里向你们保证，宋朝大军一旦进入幽燕，军队作战所需的粮草等，都不需要你们提供，不会增加你们的赋税徭役。不仅如此，我们还要减免幽燕地区两年的税赋，以缓解战争带来的破坏。

天辅六年（1122）五月初九，宋徽宗加派少保、镇海军节度使、开府仪同三司、河北河东宣抚副使蔡攸，前往配合童贯攻燕。五月十三日，童贯到达河间府（今河北河间），分雄州广信军为东西两路：东路由种师道将领，屯兵白沟，具体由王禀将前军、杨惟忠将左军、种师中将右军、王坪将后军、赵明与杨志将选锋军；辛兴宗总西路兵，屯范村。杨可世与王渊将前军、焦安节将左军、刘光国与冀景将右军、曲奇与王育将后军、吴子厚与刘光世将选锋军，并听刘延庆节制。随即，童贯诸军进入雄州（今河北雄县），以种师道军为中军，商议进兵事宜。

其实，宋军内部本身对于进军燕京也是意见不同。

第六章　夺燕京、俘天祚

种师道认为："今日我军攻打燕京，就好比是我们眼见盗贼进入邻居家偷盗，不但不施救反而乘机分赃一般。此次出兵师出无名，还没有开始攻打，就好像已经缺少了什么一样，在这样的状态之下进军怎么可能取得胜利！"从种师道言语当中明显能够听得出，他对于这次进攻燕京并不情愿，也没有多大的信心。

童贯听后，觉察到了他的犹豫与不坚决，于是说道："今日我军进逼燕京，圣上胜券在握。为何？那是因为将军威名赫赫，仅凭如此便可以将辽兵镇服。这一仗，你尽管放心大胆地去打。即便失利了，圣上也不会怪罪你的。"童贯又拿出宋徽宗的御笔亲书给种师道看，这个时候种师道不可能再分辩什么。

即便童贯给进军燕京找了个理由，但谁都知道这些根本都是些虚的，是为了堵住众将士悠悠之口。因此杨可世想要童贯讲点实际的，于是接着说："我们宋辽双方一旦打起来，很多事情无法预料。战场上分秒都是关乎胜利的关键，如果没有提前做好应对措施，仓促之间很容易失了主意。我辈死不足惜，只是害怕意外发生有辱国家，那可是大事。所以，此事还需周密计划、谨慎行事。"

童贯听后，沉默不语，略有所思。

知雄州事和诜接过杨可世的话说道："将军平日里自称有万

夫不当之勇，所向披靡势如破竹之师。行军作战更是凭借过人的胆识与整肃的军队，多次以摧枯拉朽之势击溃敌兵。但今日听闻这一席话，分明就是个懦夫。燕蓟的百姓，身处水深火热的乱政之下，现在就指望我们前去解救他们。所以，一旦我们出兵，他们必然是纷纷来降，热情地拥护和欢迎我们进驻，怎么可能还会有意外发生呢？将军这是想要故意挑起事端，坏了我们的好事吧！"

杨可世一听，这是已经开始给他上纲上线道德绑架了。事已至此，听天由命吧。

这时童贯发话了，他直接任命和诜辅佐种师道，以杨可世为前军统制，令他们前去燕蓟劝降，不得邀功生事。又令赵良嗣草书，命归朝官张宪、赵忠将谕降书交给秦晋国王天锡皇帝耶律淳：

"顺天者昌，逆天者亡。得人心者，可以立国。失人心者，罔克守邦。惟天人精裒相与之际，乃祸福存亡必致之理。睿智之人往往在事情未成之前，就已经预料到了结局，提前采取了措施、做好了准备。愚钝之人则是祸患到了眼前，却仍然浑然不觉。据我知晓，国王与辽主本人按照血缘关系来论的话，是叔侄；按照仪制法度来讲的话，是君臣。现如今辽主蒙尘北逃，国

第六章 夺燕京、俘天祚

王你不但不率兵营救，使之恢复大位，反而乘此间隙自立为帝，这是谋权篡位，是违逆天道。西京危急，亡在朝夕。国王又不能派遣将士，拯救百姓免于战火，这是多么的大失人心啊。国王如此这般的行为，自认为统治可能有多长久？这么看，燕蓟云朔一带，名为有主，实则无主。国王年龄也大了，而且又没有儿子可以继承大统，到时候又得因为大位之争搞得乌烟瘴气，可是这些又关燕蓟百姓何事呢？我徽宗皇帝有恻隐之心，才命我带领重兵百万，出兵燕京，救燕人于水火。想必国王已经知晓此事。国王温和宽宏，通达古今。这个生死存亡的时刻，必然是要仔细考量。因为擅长谋划的人，一定会想着凭借失败找到原因，从而达到成功，将祸事转换成幸事。如果你们能够不战而降，打开城门迎接宋军，称臣纳土，我向你保证，你们世代将会不失王爵之封，享受一辈子的荣华富贵。燕人也不会再经历战火的涂炭。这种事情也不是没有先例，他们袭王封爵，子孙昌盛也都是之前就有目共睹的事情。如果你们不同意我所说的，那我们就要进兵。你们的国势日渐衰败，一旦发兵，往北无处可去，往南哪里还能有地方可归？如果事情发展到那个地步，即便后悔也是没有意义了。何况大辽五路所管州城，四京已为草莽，就剩下这区区燕蓟，是肯定守不住的。我与国王也算是有缘，曾经见过一面，因

女真崛起：辽朝后方的强大部族

此今天才诚心相告。希望国王审慎考虑，不要被他人误导。"

宣抚司使张宪等拿着谕降书来到耶律淳处，耶律淳看完二话不说，容不得张宪他们解释，就直接把二人斩杀了。宋徽宗于是又准备招募有勇有谋之士，再次前去劝降耶律淳，最后募得马扩等15人。

马扩一行人接到命令之后，一路马不停蹄赶往燕京。走到涿州（河北涿州），有一个叫刘宗吉的汉人主动站出来，表示愿意给宋人当内应，日后宋军攻打燕京，他愿意先开门投降。并且向宋军透露："现在的燕京城内诸处，都没有什么军马驻扎。仅有的这些驻军当中，也只有常统契丹、渤海、奚、汉四军的四军大王奚人萧干的200余骑部曲真正上战场打过仗。此外的六七百马军，都是由富家儿郎组成，根本就不懂行军打仗之事，也没参加过什么战事。所有的这些军队力量，现在都在白沟河（今河北高碑店东自北而南的白沟河）北岸驻扎。天天无所事事，白天睡觉晚上喝酒。战马也都是随地散放，根本不严加操练。如果宋军晚上乘夜色攻进去，他们根本无力招架。光听见宋军的冲杀呐喊声，就必定吓得四散逃窜了。"马扩与刘宗吉约好之后，给了他一只童贯赠予的新鞋作为凭证，就让他走了。

马扩他们很快来到燕京城。耶律淳派汉官牛稔充接伴使，在

第六章　夺燕京、俘天祚

燕京门外迎接马扩。之后，又派遣四方馆使萧奥、礼部郎中张觉等人充馆伴使，接待马扩入住净垢寺。第二天，殿前指挥使姚璠、枢密承旨萧夔等来陪着马扩等人吃饭，这时候他们提出，要先看看所带谕降书的内容。马扩一来到燕京还没见到耶律淳，这些官员就给了他一个下马威。他怎会把这榜书就那么轻而易举地拿出来，这既不符合程序也输了阵仗。于是他回答："这是我朝皇帝旨意、宣抚司命令，没有见到你家国王，不敢先以示人。"宋朝使者以此推辞了良久，但最终榜书还是被萧夔他们夺了过去。

到了傍晚，耶律淳手下看完榜书之后再次前来，给了宋朝使者答复：他们认为宋人这上面写的完全就是狂妄之言，根本就是胡说八道，因此他们压根儿不可能也不打算上呈给耶律淳，并且下了逐客令，让这帮宋人赶紧回去。

宋使得到答复后，双方必定要展开一场激烈的辩论。

马扩首先发问："你们这纯属是诽谤，我们怎么就是胡说八道了，你们指责我们的理由何在？"

萧夔不屑地回答道："你们宋朝号称礼仪之邦，现在却不顾及两朝之间的盟约，率先举兵来犯。常言说'师出有名'，我们就不明白，你们进军到底是何缘故？"

女真崛起：辽朝后方的强大部族

马扩既然能够主动请缨，肯定心中也是早有对策，他怒斥萧夔："朝廷命将出师，也未必就要通知全天下的人。早听说你们已经兴兵累年，但至今也没听说你们事先告诉过谁啊。你们诬陷我们师出无名，那我就告诉你们，我们为什么理直气壮。你们皇帝北逃夹山，你们不仅不发兵援救，反而在燕京篡立新朝。宋辽乃是兄弟之国，作为兄长，我们今天就来问问，我们的弟弟贵朝皇帝车驾现在何处？你们不仅不寻回你们的皇帝、我家皇帝的弟弟，反而降封他为湘阴王。出了这等非比寻常之事，我们来兴师问罪合情合理，怎么就被你们称作师出无名了呢？"

你别说，乍听马扩这么一说，还真是有些道理。

但是，萧夔也不是吃素的。马扩不仅把宋朝包装得如此大义凛然，关键还把他们定为一群谋权篡位的叛国之臣。这可是要遗臭万年的，那他还顾及什么？萧夔反驳马扩："国家不可一日无主，耶律延禧是失道逃窜。而我们新主是臣民推举被拥戴册立的，合情合理更合法。这种事情自古就有。"说着，他拿唐明皇奔蜀，肃宗即位的例子自比，强调他们是为了宗社安危考虑。"再说了，这件事情跟你们有什么关系，何至于轮到你们来兴师问罪！"说明自己没问题之后，他就开始一针见血地指出宋人的真正用意。"你们说你们是顾念我们邻国之间和谐已久的兄弟情

第六章　夺燕京、俘天祚

谊，其实就是想趁机抢夺民土，这哪是我们所敬仰的礼仪大国的样子。"

"明皇幸蜀，太子监国，这能和你们是一样的嘛？人家新主即位之后，就立刻册封明皇为太上皇。祸乱平定之后，肃宗立刻迎还明皇，而且是亲自驾马前去，这才是尽了君臣父子之道。你们能相提并论吗？你们是怎么篡权的自己最清楚。你们言行不一，善于狡辩。即便我朝有施救之心，也已经没有什么可以做的了。现如今我大兵压境，旦夕祸福存亡之际，你们自己考虑吧！"

萧夔对宋朝出兵的目的心知肚明，但与不守盟约、谋权篡位的罪过比起来，他自知理亏。又被马扩瞅准机会，义正词严地说了一番之后，众人便也没有再多说什么，默默地回去了。

马扩一行人在燕京还没有商谈出结果的时候，前军统制杨可世在兰沟甸（今河北雄县境内）、白沟已然都被辽军击败。即便如此，杨可世也能感受到，他听说的燕京城百姓都列队等着欢迎他们之事，属实就是假的。

天辅六年（1122）五月三十日，耶律淳派遣秘书郎王介儒、都官员外郎王仲、孙贇和马扩一起来到雄州宣抚司，马扩这时候才返回宋朝。很显然，双方谁都没有说服谁，但是耶律淳还是想

277

女真崛起：辽朝后方的强大部族

进一步合作，所以才再次派遣使者来到宋朝。其实事情原本是这样的，最开始是童贯派遣张宪、赵忠带着谕降书去见耶律淳，耶律淳根本不听，直接杀了二人。之后，宋徽宗又令赵诩差遣使臣谭九和殿直等数人，说服易州土豪史成，让他起兵夺下易州。宋徽宗将史成连人带州一块儿献给了耶律淳，可是耶律淳还是不买账，又将史成杀了。这么两个来回下来，宋朝就知道对耶律淳光游说是不行的，所以他让种师道率大军压境问罪。同时，招募有胆识、有辩才的马扩去往燕京再次招降。马扩不负众望，耶律淳因为马扩抗论不屈，所以才再派王介儒等前来。

天辅六年（1122）六月初三，宋军几次交战失败之后，种师道回军雄州，准备休整之后再进军。童贯将战败的责任都推到前线将领的身上，并且向宋徽宗弹劾种师道，结果种师道被问询贬官，致仕回了老家。童贯经历了前几次的战败之后，自己已经打起了退堂鼓。他一直告诉宋徽宗，传闻不可信，辽人还是实力尚存的，现在我们应当立即班师，从长计议。

天辅六年（1122）六月十二日，宋徽宗听信了童贯的建议，下诏班师。

天辅六年（1122）六月二十四日，耶律淳死，萧干与耶律大石立其妻子萧氏为太后。知中山府詹度此时奏报宋徽宗，耶律淳

第六章　夺燕京、俘天祚

既死，燕云之地再次陷入群龙无首的境地。越境而投降我朝的燕人数量众多，他们都说契丹现已没有了一国之君，愿意归顺我们，力主徽宗再次出兵收复燕云。宋徽宗正在犹豫不决之际，王黼等也力主再度兴师讨伐。宋徽宗采纳了他们的建议，决定再次进军燕京。他让童贯和蔡攸暂时不要班师回朝，继续留在高阳关，并且传令朝廷上下，谁再有异议，当斩。

天辅六年（1122）八月，宋徽宗以检校少傅河阳三城节度使刘延庆代替种师道为都统制，耀州观察使刘光世代辛兴宗，同州观察使何灌为副统制，准备再度入燕。分广信兵驻安肃，派遣张思政权领。赐刘延庆旌幢、宝物、金枪、御袍、束带等物品，以示对这次出兵燕京的支持。这是宋朝方面为再次出兵做的一些准备。而此时契丹疏于防范，将军队全部留在了新城。主将四军大王萧干等因为燕王耶律淳病死，拥契丹兵，想要立王妃萧氏为太后，为此多次入燕，因此根本没有时间来白沟。刘延庆趁此机会数次派遣郑建雄、李绍等渡河侵掠，俘获众多。为了防御南面的宋朝，燕山路曾设置牛栏监军寨。牛栏监军领契丹本族在广信界出没，刘光世出兵迎战，冀景、赵明、任明等首摧敌锋万计。久违的胜利让童贯脸上十分有光，他对刘光世进行了大肆奖赏，不但提拔刘光世为威武军承宣使，还给了他很多物质上的奖励。当

女真崛起：辽朝后方的强大部族

时燕蓟百姓多生活艰苦，所以南归的愿望也更加的强烈，刘光世军队的到来，也引得他们纷纷前来投降。

天辅六年（1122）八月二十日，刘光世派遣冀景、赵明、翟进为先锋，杨惟中为中部军，张思政为殿军，在白沟驻军。燕山路牛栏军千余人与冀景等先锋军交战。双方开战，宋人一直认为易州是准备要投降的，所以根本就没有防备。宋人为何没有在易州做好准备，这其中是有故事的。因为当天宋人其实是前来"赴约"的。就在五天之前，知易州事高凤与通守王悰就已经商量好了，他们都觉得天祚北逃，耶律淳死了，现在主政的萧太后一上台，就要诛杀境内的汉人，他们害怕倘若这一地区的汉人被害，日后牵连到自己。此外，他们屡次听闻宋朝奉旨吊伐，众多的汉人投降。而且萧干、耶律大石多在燕京，根本没人管他们。于是他俩就商议，先派人秘密去宋朝，引宋军到此，由他们做内应，将城内的契丹人统统杀死。如果这样的话，他们可就不是罪人而是功臣了。当然了，前提肯定是他们认为宋军必定会胜利。主意拿定之后，他俩就开始实施计划。他们派一个叫明赞的和尚专门去见童贯，对童贯说："燕蓟的汉人都想要回到宋朝，天天期盼着宋朝的军队能到他们的家门口。如今我们易州高太师、通守王少卿又得知，宋朝招降政策优厚，每天都有千百的汉人投奔。于

第六章　夺燕京、俘天祚

是今日专门派我来，想和将军商量一下起兵的日期。宋军一旦前来攻打易州，我们就内外相应，将契丹人诛戮殆尽。起兵的日子还请将军速速定下，告知我们。"童贯听完，派刘延庆打听核实过之后，让明赞先行回去，约定天辅六年（1122）九月二十日，宋军抵达易州城下。

因此，宋军以为在此处遇到辽军，辽军根本不会迎战。结果前军猛然一交火，宋军根本就不是辽军的对手，导致中部军与殿后军根本无法向前推进，前军也只能转战至古峰台西。

这时候，易州城内的辽军也以为宋军来赴约了。按照约定，守将高凤早就让汉人赵秉渊做好了准备。现在宋军到了，他们如约将契丹人一概诛杀殆尽。可是前方传来最新消息，宋军进军易州受到辽兵拦截，双方大战且宋军战败。这下可坏了，高凤与赵秉渊面面相觑，脸都吓成了土色。这时候和尚明赞临危不乱，说道："事已至此，我们只能关闭城门，死守易州，直到宋军赶来，或许还能有条活路。"

当天晚些时候，牛栏监军寨的辽兵到达易州。看到城门紧闭，派人侦察过后得知高凤已经内变。高凤的叛变又误让牛栏军以为宋军战败是个骗局，必定还有什么阴谋在等着，于是又急忙返了回去。高凤这才再派遣专人告知童贯，易州的契丹人已经被

女真崛起：辽朝后方的强大部族

剿绝，牛栏军也已经回去，赶紧派兵前来。

天辅六年（1122）八月二十三日，辽人都管押常胜军涿州留守郭药师因禁涿州刺史萧庆余，遣团练使赵鹤寿率领精兵8000人、铁骑500人，带着涿州一州四县来降。现下各州县纷纷投降，让萧太后十分惧怕，她召集蕃汉百官共同商议接下来的对策。她语重心长地对各位大臣说道："大金人马原已进入奉圣州，现在易州、涿州又投降。宗社将倾，国家举步维艰。现在想要与各位卿家商议，宋朝与金朝，哪一个国家才值得我们倚仗，让我们暂且渡过眼下的危机。我们称臣纳款都可以。我相信，即便是天锡在天有灵，也断然不会不同意的。"

大臣们听后纷纷发表自己的看法，有的认为现在论实力来讲，金人肯定是占优势的，应该依靠金朝。有的则持有不同意见，认为他们与宋朝有着百年信誓做基础，是可以信任的。萧太后认为宋、金都可以一试。于是，立即派遣永昌宫使萧容、乾文阁待制韩昉、同中书门下平章事张言、尚书都官员外郎张仅，出使宋、金。

萧太后的如意算盘打得如此之响，只可惜，宋、金双方都没有如了她的心愿，拒绝了她的"纳款称臣"。

天辅六年（1122）十月二十三日，宣抚司发布声讨文书，要

第六章　夺燕京、俘天祚

求无论如何，要尽快进兵燕京。此时宋军已经到了良乡，却由于连日以来驻兵城外的萧干军的阻碍，无法往燕京前进。宣抚司当机立断，认为在此种情况下，可以出奇制胜。于是鼓励将士："我军在数量上明显比敌军有优势，以此来看，胜负厉害一目了然。殷切盼望你们能够迅速进入燕京。"檄文发布的当天，刘延庆就命令诸将集合，共议入燕之良策。这等露脸之时，怎会少得了郭药师。他站出来建议说："防御宋军的辽兵现在都驻扎在白沟河，燕京实乃空虚易取之地。我们可以派轻骑，由固安渡泸水至安次，径赴燕京城。燕京城内的汉人知道宋朝大军前来，势必愿意作为内应。如此，燕京城唾手可得。"刘延庆采纳了郭药师的建议，以常胜军千人为向导，命令赵鹤寿、高世宣、杨可世、杨可弼统兵6000人，半夜渡过卢沟河。为了不让辽兵发现，他们让士兵口中横衔着像筷子样的东西，禁止他们说话，以保证行动的隐秘。宋军一路兼程，直到三家店才略作休息。

天辅六年（1122）十月二十四日天刚刚亮，郭药师先派遣甄五臣领常胜军50人，冒充城郊的百姓，趁草车进城的时候混进城内，杀守门士兵数十人，一举夺取了迎春门。因此，宋朝大军进入燕京城，并在悯忠寺整装待命。杨可世吩咐燕京城七门分别由7个宋朝将官把守，并各自差遣将领2人、骑兵200人，驻守内外。

女真崛起：辽朝后方的强大部族

史书记载辽军"帖然不知兵至",用来形容宋军进入燕京城就好像神兵天降一般。杨可世再传令,汉人全部登上城墙,遥指契丹、奚等族官民住处,杨可世命宋军按照所指,将他们赶尽杀绝。那一刻,站在城墙上远远望去,燕京城内道路之上,血流成河。

萧太后得知宋军已经进入燕京城内,急忙下令关闭内城城门。为了激励燕京城内的契丹将士,萧太后登上内城宣和门,亲自参与作战。

另一边,郭药师派人告诉萧太后,不要再做无谓的挣扎,宋军大部队已经进入燕京城,赶紧放下兵器立刻投降。萧太后也早已听闻宋人进入燕京之后,与汉人里应外合齐杀契丹人等,并且大肆劫掠财物,整个燕京城内惶惶不安。所以她也在犹豫,是否要赶紧投降。

这是事实,但也并非全部。

其实,城内的契丹将士们,一直都是誓死力战。反观宋军作战却是目无军纪,进入燕京城之后更是烧杀抢掠、无恶不作。萧太后了解之后,认为翻盘的机会可能就在于此了。因此她即刻秘密派遣身边亲信将萧干等召回燕京。而萧干也知道,此时宋军已强入燕京,所以收到萧太后密旨之后便昼夜兼程驰援燕京。

宋军探子发现城外尘土飞扬,知道一定是有军队前来。他们

第六章 夺燕京、俘天祚

自信地以为这是刘延庆派兵来援助他们了。可让他们惊掉下巴的是，耶律淳坟冢之上立起了四军的旗帜。这哪是宋军的援兵，分明是辽军的援兵到了。萧干率领的四军自南暗门进入燕京城，殊死勠力迎敌。宋军没有丝毫的战斗准备，很快就被打败。杨可世见势不妙，急忙告诉郭药师，现下之计唯有等待援兵才能有反败为胜的机会，不应该再做无谓消耗我军实力的举动，我们先到东门。燕京城的汉人坚决不同意："你们命令我们与你们里应外合，杀戮契丹人。现在你们却要逃跑，你们跑了，我们怎么办？各个城门的吊桥已经被萧干切断了，现在只能决一死战，没有别的办法了。"随即两军交战，宋军败下阵来。宋军进入燕京城对契丹人等大开杀戒，本就已经精疲力竭，现在又已经战斗了三天三夜，军队早就已经没有了战斗力。萧干一方兵势正强。因此，郭药师、杨可世更是纷纷失利。郭药师准备逃跑，但杨可世告诉高世宣："我乃杨家将的后人，岂能贪生怕死！"他继续指挥将士奋勇杀敌，身上中了毒箭后仍继续苦战。

这时候，有人向杨可世报告，郭药师已经逃跑了。杨可世的弟弟杨可弼知道哥哥还想奋战到底，于是劝哥哥："赵鹤寿的部队到现在都没赶到，刘延庆也不派兵支援。今日之事，难道还不明白吗？这分明就是个陷阱。如果咱们就这么不明不白战死了，

女真崛起：辽朝后方的强大部族

岂不是沦为国家的罪人，恐怕日后家人也要被连累。咱们只有活着，才能还自己清白。到那个时候，咱们再请求朝廷治咱们的罪也不迟。"听了这话，杨可世才同意缒城而出。高世宣、王奇、李峻、石洵美、王端臣等全部战死。杨可世他们也是因为契丹人忙着收缴弃甲，捕杀残军，不再追袭他们，才得以逃跑成功。这一仗打下来，宋军6000名精兵却只剩下数百骑而已，战场之上横尸遍野。契丹军斩获宋朝军马5000匹、甲4000副。

郭药师与杨可世等趁夜逃到安次县，在此地召集了400余溃兵，随即进入涿州。

天辅六年（1122）十月二十五日，萧干燕京一战结束之后，马不停蹄地追袭宋军至卢沟河并陈兵于卢沟河南，与刘延庆军对垒。他将俘获的郭药师随行主管文字官赵端甫带到军阵前，并拿出郭药师的全部甲马装备示于刘延庆。告诉刘延庆，郭药师等你朝将领已经被我斩杀，他的部众也都已经投降。除了言语上挑衅之外，萧干还带兵不断地渡河挑战宋军。宋军全军上下因此军心动荡，刘延庆怎样安抚都于事无补，于是就派人前往涿州，去取郭药师的手书，用以安抚军心。手书取回仍然没有起到任何作用。现在的军心，哪是一封手书就能安抚得了的。天辅六年（1122）十月二十七日，郭药师留甄五臣、张思政守涿州，自己

第六章　夺燕京、俘天祚

领兵直奔雄州，宣抚司害怕涿州沦陷，派遣张令徽领 2000 名骑兵前往涿州戍守。刘延庆心里非常清楚，虽然萧干只有几千人的兵力，但现在宋军军心不稳，战斗力不强，打赢辽军的概率几乎为零。因此在二十八日，刘延庆向宣抚司申请回军。

另一方面，与刘延庆对垒卢沟河岸边的萧干心里也如明镜一般，现在辽军必须在战场上赢得胜利，才有可能与宋朝在谈判桌上讲条件。但就军队的数量而言，他们远不及宋军。因此想要取得胜利，必须使用计谋。于是萧干抓来宋军中的两个士兵，把他们的眼睛蒙上，故意把他俩留在营帐当中。到了半夜，萧干故意让他们的谈话被这两名士兵听见。第二天又故意疏于防范看管，让其中的一名士兵逃回了宋营。逃回去的这名士兵将前天晚上听到的军事情报，一一复述给刘延庆。他告诉刘延庆："现在即便我们大军压境，他们也不害怕，因为辽军有三倍于我军的兵力。他们具体的作战计划是，将将士分左、右两翼，然后以精兵集中攻打我军中军。彼此举火为应，想通过这样的战略，将我军一举击败。"这名士兵接着还说道："昨天我在辽营还看见他们兵器众多，正在挑选将士，想必是在做趁夜来袭的准备。"

刘延庆听他这么一说，为求保全自己，召来诸将告诉他们："现在我们的粮饷供给出现了问题。即便现在朝廷派人给咱们输送粮草，我们离宋朝边界远，这路途当中不一定会发生什么意外，恐怕也是不能按时运到。粮草不足，一定会导致军心动荡。所以我们不能再耽搁了，得尽早退兵。在这里时间长了，恐怕要生出事端。"众人听刘延庆都是如此态度，也就都点头表示同意。唯独曲奇竭力反对，认为现在不是退军的时候。但刘延庆根本不给他进一步解释的机会，直接将他轰出帐外。与萧干对垒卢沟河北岸的刘延庆，真的相信了那名士兵的话，中了萧干的计谋。他害怕萧干带领的辽军真的前来，一窝端了他的营帐，于是在天辅六年（1122）十月二十九日晚上，他急忙烧毁自己的大营以及行军物资，跑了。

顿时，卢沟河北岸火光冲天。

刘光国与刘光世看见远处的大火，还以为是辽军追了上来，也急忙烧营逃跑。整个军营上下，自相践踏，四下逃窜。堕下山崖的士兵，不计其数。

到了天快亮的时候，萧干发现自己的计谋已经奏效，宋军几个大营，都已经空了。辽军没有费一兵一卒，就收复了这些地方。他尾随宋军追了上去，在白沟河一带，又与常胜军高望大战，宋军仍然是败下阵来。

后来燕人作歌赋讥讽刘延庆，传笑于燕京城中。

第六章　夺燕京、俘天祚

史书记载，自此之后"熙丰以来，所储军，实殆尽"。

时间来到天辅六年（1122）十一月，当时的宋、金还在因为燕蓟民土割让一事，互相派遣使者，讨论具体要割让的州县。十二月，童贯因为连吃败仗，夺取燕京不利，十分害怕宋徽宗降罪。于是他脑中又生一计，秘密派遣王瑰去往金朝，乞求履行前约，联金图燕。实则是想在这个困难时刻，让女真人出来帮他一把。金太祖听了王瑰转达的童贯的意思之后，让他先行回去。紧接着就分遣三路兵进军燕京，完颜宗翰奔南暗口方向、挞懒奔北牛口方向。金太祖自妫、儒二州进兵，抵居庸关，辽人弃关逃走。当时马扩正在金太祖军中，金太祖对马扩说："契丹疆土我已经攻取了十之八九，只留下这燕京数州之地让你们自行袭取。我大军已经把辽朝三面重要城镇都占领了，仅剩下这燕京之地，按照常理是非常容易拿下的。我刚开始听闻宋军已经进入燕京城，还十分高兴。想着等你们夺了燕京，我也就敛兵归国了。但是让我震惊的是，事实并非如此。我一路征战却一路听闻，刘延庆竟然荒唐到一夜烧营而遁。如此不战而逃的队伍，有何诛赏可言？"马扩回答说："'兵折将死，将折兵死。'刘延庆如果真的是这等败军之将，'虽贵亦诛'。"金太祖看着马扩，骄傲地说："治国治军如若不能法度严明，怎么可能培养出好的将领？过两

女真崛起：辽朝后方的强大部族

日就让你瞧瞧我朝是否有刘延庆那样的逃兵！"

天辅六年（1122）十二月初六，金太祖入居庸关，萧太后得知居庸关失守，连夜带着萧干等一众人从燕京出逃。还没走出50里路，金太祖率大军已经到达燕京。左企弓、虞仲文等出燕京丹凤门，球场内投拜迎降。金太祖一身民族服装，端坐万岁殿上，左企弓等带领的辽朝臣民都跪伏在下，听候金太祖的训话。金太祖让译官翻译："我看见燕京城城头的炮绳席角都不曾解动，这是无意抵抗我的意思啊。"说完，告诉辽朝官民，金人并不会加罪于他们，让他们不要担心。

辽朝统治200余年的燕京城，就此落入到了金人的手中。

三、辽天祚帝被俘

天辅七年（1123），经过一系列磋商之后，金太祖将燕京及其他六州交给宋朝，然后大军北返。在返回上京的途中，金太祖完颜阿骨打病逝。完颜阿骨打的母弟、世祖第四子谙班勃极烈完颜吴乞买即位，他就是金太宗。

再说回萧太后假意迎战，实则由燕京出逃之后，关于下一步要去往哪里，内部出现了不同的意见，主要分成两派：耶律大石

第六章　夺燕京、俘天祚

是契丹人,他想要去往夹山投奔天祚帝;四军大王萧干是奚人,他更想回中京(内蒙古自治区宁城西大明城)奚王府老家另起炉灶。当时有一个契丹人站出来反对耶律大石归附天祚帝,被耶律大石推出去斩了。耶律大石传令军中,但凡谁还胆敢有异议,就如同此人一样的下场。因此,就在这松亭关(今河北宽城满族自治县西南),萧太后的一众部将分道扬镳,从此各自为政。

奚、渤海军跟随萧干去了箭筈山(今河北秦皇岛西北祖山),萧干自立为神圣皇帝,改元天嗣,国号大奚。仅仅5个月之后,萧干带领奚兵从卢龙岭杀出,杀了景州守臣刘滋、通判杨伯荣,攻破景州;又在石门镇战胜了常胜军张令徽、刘舜仁,守臣高公辅无奈之下弃城逃走,攻陷蓟州;紧接着他进一步侵犯劫掠燕京城,兵锋势不可挡,大有涉河进犯京师之意。童贯知晓之后,自京师发来移文,责备王安中、郭药师:"萧干一路南下多有胜绩,百姓人心惶惶,社会骚乱不宁,他这是想要夺取燕京啊。"被童贯敲打过后的郭药师再遇上萧干,那可绝对是誓死杀敌啊。两军大战于腰铺,这次郭药师率领的常胜军终于扬眉吐气了一把,获得大胜。郭药师乘胜追击,将萧干赶回了卢龙岭。此间奚兵杀伤过半,跟在行军队伍后面的从军老小车乘,都被郭药师劫走,宋军还招降了千余奚、渤海、汉军士兵。同时,萧干同党夔离不在

女真崛起：辽朝后方的强大部族

峰山也遭到失败，常胜军斩获了辽太宗耶律德光尊号宝剑以及契丹涂金印。行军作战失败本是兵家常事，但是萧干这次失败却激起了诸军上下的怨怼，使军中矛盾加剧。萧干被其家奴白得哥等杀死。奚人还将萧干的头颅交给了河间府安抚使詹度，由他献给了宋徽宗。萧干被杀，刚刚建立不到半年的大奚国，就此灭亡。

另一路，辽军跟随耶律大石，与萧太后一起，归附天祚帝。天祚帝见到耶律大石、萧太后十分生气。他立即下令诛杀萧太后，并降耶律淳为庶人。天祚帝为何会如此生气？

金军南下迅速占领辽朝东京、上京等地之后，昏聩懦弱的天祚帝留下皇叔秦晋国王耶律淳坚守南京，自己跑了。这个秦晋国王耶律淳是谁？耶律淳是辽兴宗耶律宗真的第四个孙子，南京留守、宋魏王和鲁斡的儿子。辽道宗清宁初年，耶律淳由太后抚养。后来昭怀太子事件之后，道宗还曾想"以淳为嗣"。天祚即位之初，进封郑王。乾统二年（1102），加越王。乾统六年（1106），拜南府宰相，加封魏王。他的父亲耶律和鲁斡去世之后，耶律淳袭父官，守南京。天庆五年（金收国元年，1115），进封秦晋国王，拜都元帅。而且他打过几次败仗，天祚帝也都没有惩罚他。史书上写道耶律淳"冬夏入朝，宠冠诸王"。从耶律淳个人的履历来看，他是备受道宗以及天祚帝重视的。

第六章 夺燕京、俘天祚

耶律淳坚守南京，天祚帝却与亲信逃入夹山。夹山是个什么样的地方？据史书记载，夹山处在沙漠之北，传言有泥潦60里，只有契丹人能进得去，其他人所不能至也。当时负责追缴天祚帝的金朝大将完颜宗翰进不去夹山，就驻军蹲守在云中，并且扬言，天祚帝除非不出来，出来必然要擒获他。天祚帝逃了那么多的地方，金人都能循迹找到他，并且用兵打到他的眼前。这次进入夹山，金军总算是进不去了，因此这时候天祚帝肯定是绝对不敢出夹山的。既然如此，当时天祚帝必定与外界是处于失去联系的状态。远在南京的辽朝廷联系不上天祚帝，加之又有传闻说天祚帝当时已经死了。在这乱世当中，朝廷哪能一日无主，所以在南京的诸位大臣决定立秦晋国王耶律淳为新帝。刚开始，耶律淳不答应，诸臣劝进道："皇帝北去而中原混乱，如果您不继承大统，百姓岂不成了无家可归之人？还望您深思熟虑，以天下为重。"于是，耶律淳答应即位，史称北辽政权。百官上尊号天锡皇帝，改保大二年（1122）为建福元年。

耶律淳即位，众大臣给出的理由是效仿唐灵武故事，但他即位后的一番操作，属实惹怒了天祚帝。他遥降天祚帝为湘阴王，并且与天祚帝分而治之，也就是划分了各自的地盘。他自己占领燕、云、平、上京、中京、辽西六路。沙漠以北、南北路两都招

女真崛起：辽朝后方的强大部族

讨府、诸蕃部族等，分给了天祚帝。他的妻子萧普贤女被封为德妃，把军旅之事全权交给耶律大石。建立北辽之后，耶律淳一面想与宋结好，另一面又遣使奉表于金。还没等到结果，耶律淳就病死了。耶律淳死之后，萧德妃被封为太后，主政守燕。萧太后想要与宋朝和谈，让宋朝同意由天祚帝的儿子秦王继续继承北辽皇位，但是宋朝根本不答应。然后就是金兵来攻，萧太后出逃燕京，归附天祚帝。

这样的一番操作之下，天祚帝怎么可能容忍？他诛杀萧太后，然后斥责耶律大石："我都还没死呢，你们就敢另立耶律淳为新主？"耶律大石也是振振有词："陛下拥有全国上下辽军最精锐的军事力量，都不能将金人赶出去，反而弃国远逃，让百姓惨遭屠戮。我们拥立耶律淳即位，再怎么说他也是太祖子孙，是自己人。这样总比把整个国家都交到他人手里要好吧！"天祚帝听完耶律大石的这一番话，竟也无言以对，还赐了酒食给他，并赦免了他的罪。

耶律大石的到来以及阴山室韦谟葛失兵的归附，大大增加了天祚帝要杀出夹山，返回燕京的信心。这个时候，天祚帝听闻完颜宗翰因为护送金太祖的灵柩返回上京，已经离开云中。天祚帝认为，没有了完颜宗翰的云中，他有信心冲杀出去。于是他下定

第六章 夺燕京、俘天祚

决心,要抓住这次机会,重返中原。耶律大石坚决反对,并且好言相劝:"女真人初陷长春、辽阳两路之时,陛下车驾急忙奔赴广平淀,进而退到中京。紧接着女真人攻陷上京,陛下又撤到燕山。女真人再夺中京,陛下只能又赴云中。等到云中都保不住了,才无路可退一路进入夹山。女真人起兵以来,我朝只知一味撤退却从来不讲究作战谋略,所以才造成现如今举国汉地都为女真人所有的现状。国势微弱至此,我们应该养兵蓄锐,待时而动,绝不可轻举妄动。"

天祚帝不仅听不进耶律大石的劝谏,还斥责了他。耶律大石假装生病,称自己不能随天祚帝出夹山。

天祚帝一意孤行,强率诸军出夹山,开始也取得了一些胜利,比如取天德军、东胜、宁边、云内等州。完颜宗翰归国,现在留守云中的金朝大将是完颜希尹,得知天祚帝出夹山并一路南下之后,完颜希尹让将领带领山西汉族乡兵为前驱,自己与女真骑兵千余埋伏在山间,当两军交战之后,完颜希尹带领女真士兵突然出现在室韦谟葛失大军之后,辽兵大溃。辽兵逃到奄遏下水(今山西大同西北),完颜希尹派人紧追其后,在此地双方又进行一次激烈的战斗,天祚帝的军队被打败。

天祚帝没地方跑了,原本打算故技重施,投奔宋朝,但还是

女真崛起：辽朝后方的强大部族

担忧宋朝可能并不待见他。此时，完颜宗翰也已经返回云中，断了他的后路。于是无处可去的天祚帝，最终决定去往山金司小胡鲁处。但是完颜宗翰却错得消息，说天祚帝逃去了宋朝。完颜宗翰返回云中的目的就是捉拿天祚帝，所以无论他去往哪里，都要把他擒回来。他立即遣使去往宋朝质问童贯："海上之盟我们清楚地约定，无论何种情况，谁捉住辽主都要将其处死。现在你们不仅不处置他，反而收留藏匿他。你们违背盟约的意思非得表现得这么明显吗？"童贯知道对于金人来讲，这绝对是件天大的事情，他属实不敢也不想包庇天祚帝，况且天祚帝也真的并非在此。他向完颜宗翰发誓："辽主确实不在宋朝。如果日后发现辽主的踪迹，定当绑了他，押送到金朝，任由金人处置。"后来，完颜宗翰得知天祚帝逃往党项人处，即刻率大军追袭而去。天祚帝没有办法，连夜趋往天德，往云中方向逃窜。

天未亮，一个探子前来报告天祚帝："完颜娄室知晓我们的逃跑路线，很快就追上来了。"天祚帝大惊失色，当时他身边尚有随从千余人，除此之外还有全身镀满黄金、长有六尺的佛像以及其他宝物，他全都丢弃不要了。这些东西都扔了之后，身边只留下很少的亲信跟随，萧仲恭就是其中一个。辽帝西奔天德之时，萧仲恭为护卫太保兼领军事。辽道宗季女、萧仲恭母亲所骑

第六章 夺燕京、俘天祚

的马一路奔波，实在走不动了需要休息。天祚帝让萧仲恭的弟弟萧仲宣留在那儿照顾母亲，让萧仲恭继续跟随天祚帝西行，可见天祚帝对他的信任。萧仲恭也属实没有辜负天祚帝对他的信任。此时正值隆冬大雪天，天气寒冷。萧仲恭怕天祚帝冻坏了，把自己的衣服都披在皇帝身上。天祚帝没有什么可以充饥的食物，萧仲恭就把自己兜里仅剩的吃食给了天祚帝。天祚帝又累又困，萧仲恭就躺在冰雪之上，让天祚帝睡在自己的身上休息。尽管天祚帝一行人逃跑得如此艰难，但是大雪天里天祚帝车马路过之处，车辙印迹明显。金兵很快就顺着这些痕迹，找到了天祚帝。

终于，保大五年（金天会三年，1125）二月，在应州（今山西应县）新城东60里，天祚帝被金军擒获。统治长达200余年的辽朝，灭亡了。完颜娄室将天祚帝擒获之后，押往金上京。八月，金太宗下诏，降天祚帝为海滨王，海滨王耶律延禧最后病死在金朝内地，年五十有四，在位24年。女真崛起十分迅速，让宋人与辽人都为之震撼。有人分析其中的原因，把它归结为女真有神一般的人物完颜阿骨打，而恰恰是这等英雄人物遇上了天祚帝耶律延禧。石头碰鸡蛋，鸡蛋一定是粉身碎骨。辽朝的灭亡与女真的迅速崛起，肯定与天祚帝本人有着密不可分的关系。

此处我们再说回耶律大石。耶律大石明知道天祚一旦出夹

女真崛起：辽朝后方的强大部族

山，定是死路一条。所以他杀了萧乙薛、坡里括，带着200名铁骑连夜离开了夹山。耶律大石马不停蹄，一路向北行了3日，过了黑水，来到可敦城（今蒙古国乔巴山西）。他召集威武、崇德、会蕃、新、大林、紫河、驼等7州以及大黄室韦、敌剌、王纪剌、茶赤剌、也喜、鼻古德、尼剌、达剌乖、达密里、密儿纪、合主、乌古里、阻卜、普速完、唐古、忽母思、奚的、纠而毕18部王众，对他们说："我太祖创业艰难，历世9主且历年200有余。金人本是我朝臣属，却强夺我领土，残害我黎民，致使皇帝蒙尘北窜，我真是日夜痛心疾首。如今我仗义而西奔，是想要借助你们诸蕃的力量，杀我仇敌，复我疆宇。你们中是否也有像我一样，轸我国家，忧我社稷，思共救君父，济生民于难的人呢？"在耶律大石的召集之下，他们很快聚集了万余精兵。

第二年二月，耶律大石以青牛白马祭天地、祖宗，整治军旅向西发展。

至寻思干，西域诸国举兵10万，号忽儿珊，前来挑战。面对数量众多的敌军，耶律大石临危不乱，他派遣六院司大王萧斡里剌、招讨副使耶律松山等，率兵2500名攻其右翼。密遣副使萧剌阿不、招讨使耶律木薛等，率兵2500名攻其左翼。自己亲自率军攻其中军。三军同时作战，忽儿珊大败，尸体绵延数十

第六章 夺燕京、俘天祚

里。耶律大石继续往西至起儿漫（今乌兹别克斯坦克尔米涅），在这里文武百官进册拜立耶律大石为帝，耶律大石即皇帝位，号"葛儿罕"。群臣上尊号"天祐皇帝"，改元延庆。追谥祖父为嗣元皇帝，祖母为宣义皇后，册元妃萧氏为昭德皇后。这就是历史上的西辽政权。耶律大石即位之后，无限感慨，对百官说："朕与众卿西来3万里路，一路十分艰辛。今日能荣登大宝，完全是仰仗祖宗之福、卿等之力。"

西辽延庆三年（金天会十二年，1134），耶律大石在八剌沙衮（今吉尔吉斯斯坦托克马克东南40里的楚河南岸）建立都城，号"虎思斡耳朵"，改年号为康国。三月，耶律大石以六院司大王萧斡里剌为兵马都元帅，敌剌部前同知枢密院事萧查剌阿不副之，茶赦剌部秃鲁耶律燕山为都部署，护卫耶律铁哥为都监，率领7万骑兵东征。用青牛白马祭天之后，耶律大石带领众将领誓："我大辽自太祖、太宗，艰难而成帝业。但后嗣帝王贪图享乐，不恤国政。导致盗贼蜂起，祖宗好不容易赢得的天下土崩瓦解。现在我就要率领你们恢复大业，以光中兴，这里不是我们长久居住的地方。"原本属于辽朝的一切，现在却被原先属于自己的一个属部侵占。耶律大石心中当然愤愤不平。当时耶律大石一直都在积极备战，他一直都期盼有一天能够重返中原。理想是远

女真崛起：辽朝后方的强大部族

大的，但现实是残酷的。耶律大石的军队长途跋涉，牛马多死，不得不勒兵而还。耶律大石长叹一声："皇天不顺，这是命啊！"西辽康国十一年（金皇统二年，1143），耶律大石去世。

史书记载西辽政权"虽寡母弱子，更继迭承，几九十年，亦可谓难矣"，这是对耶律大石去世之后的西辽十分真切的描述。耶律大石去世，儿子耶律夷列年纪尚小。遵从耶律大石的遗旨，皇后塔不烟权国称制，号感天皇后，改元咸清，在位7年。后由耶律夷列即位，改元绍兴。耶律夷列在位13年，庙号仁宗。耶律夷列去世之后重蹈之前的覆辙，儿子年幼，他的妹妹普速完奉遗诏权国称制，改元崇福，号承天太后。后来普速完与驸马萧朵鲁不的弟弟朴古只沙里有奸情，被萧朵鲁不的父亲斡里剌射杀。仁宗的二儿子耶律直鲁古即位，改元天禧。西辽天禧三十四年（金大安三年，1211），耶律真鲁古外出游猎，被乃蛮王屈出律以伏兵8000擒获。屈出律占其位，袭辽衣冠。追尊耶律直鲁古为太上皇，尊皇后为皇太后。贞祐元年（1213），耶律直鲁古病死。兴定二年（1218），屈出律被元太祖成吉思汗的蒙古军所灭。西辽政权的建立者是辽太祖耶律阿保机的八世孙。西辽政权建立之后，颁行的也是中原汉人与契丹辽人的礼仪法度。中原史家将西辽的历史放在辽朝历史的后面，将其当作辽朝的继承者看待。

尾 声
"规摹运为实自此始"

契丹辽王朝立国200余年，朝廷内部无论从物质经济还是文化思想，都发展到相当高的水平。对外则早早成为中西文化交流的重要窗口、世人眼里的中国。印欧语系中拉丁语族等用"China"代表中国，斯拉夫语族中则用"KuTaǔ"代表中国，俄语中它的发音即为"契丹"。在古葡萄牙语以及中古英语等中，整个中国都被称为"契丹"。当时的中亚地区可谓"无闻中国有北宋，只知契丹即中国"。如此实力与地位并存的契丹辽朝，结局却让人倍感意外。《金史·太祖本纪》记载："辽主见获，宋主

女真崛起：辽朝后方的强大部族

被执。虽功成于天会间，而规摹运为实自此始。金有天下百十有九年，太祖数年之间算无遗策，兵无留行，底定大业，传之子孙。"女真人在太祖完颜阿骨打的带领下，由东北边陲一隅的绝塞小姓，以弱胜强、以少胜多，用不到 10 年的时间，华丽转身迅速实现逆袭，成为那个将更加先进与强大的辽帝国灭亡的天选骄子。双方政治、经济、军事、文化实力多方面的巨大差距，使得"古人"与"来者"，一遍又一遍、一次又一次在午夜梦回的时候不停地追问："女真人到底是使用了什么'武林秘籍'让辽朝一败涂地，成功崛起？"这个问题，或许从古至今一直都是人们想要追寻的秘密和试图揭晓的谜题。

女真民族的迅速崛起，最为明显的印证就是辽朝如疾风闪电般快速的灭亡。辽朝的灭亡与双方都有关系，女真方面的情况已经在前文详细陈述，这里主要再补充一下辽朝方面存在的问题。

辽朝灭亡与其自身多方面矛盾激化有关。比如，统治阶层内部矛盾尖锐，导致政治不清明，这尤其表现在宗室贵族政治斗争的激烈与残酷方面。这个问题历朝历代都普遍存在，辽朝尤甚。圣宗耶律隆绪时期（982—1031）是辽朝发展的鼎盛时期，接下来的兴宗耶律宗真时期（1031—1055）开始呈现出由盛转衰的迹象。到道宗耶律洪基时期（1055—1101）国家已然走向衰落，皇

尾　声　"规摹运为实自此始"

位继承制度的历史遗留问题导致龙椅交接制度出现漏洞，这就给了觊觎皇位的人以可乘之机。于是，皇太叔耶律重元父子叛乱、耶律乙辛党羽得势，道宗皇帝对奸佞小人"无条件"地信任，酿成历史上著名的懿德皇后、昭怀太子冤案。耶律洪基去世之后，迎接天祚帝耶律延禧的是北院枢密使萧奉先杀害晋王敖卢斡，参知政事李处温拥立魏国王耶律淳称帝与辽兴军节度使耶律大石重建政权与他分区而治，等等。贵族内部政治斗争白热化，各党羽争权夺利致使朝廷上下没有向心力，宛若一盘散沙，使本就处于危难之中的辽朝朝廷摇摇欲坠。

　　经济上的困境主要是在道宗耶律洪基中期以后出现的。圣宗耶律隆绪澶渊之盟后的和平发展环境加上圣宗个人治国有道，致使这一时期经济迅速向前发展。此外，辽朝每年从宋朝获得大量岁币。这些无疑给辽朝的国库存下了大量的钱财。道宗中期以后，走上下坡路。以皇帝为代表的契丹贵族上层日益奢靡、贪婪，横征暴敛巧立名目，花样繁多的徭役和赋税使得民生凋敝。辽朝中后期自然灾害频繁，形成数量庞大的灾民、流民群体。他们曾是农业生产的绝对主力，这一群体的大量存在，不但不利于农业持续发展，而且对社会稳定也产生威胁。到天祚帝耶律延禧时期，各种矛盾加剧，军费的大量开支使得经济发展雪上加霜。

女真崛起：辽朝后方的强大部族

辽朝统治者迫于这种经济压力，又不得不加重对百姓的盘剥，百姓只能揭竿而起。道宗时期，有杨从起义、阻卜反辽。天祚帝即位之初，赵钟哥打进皇宫"劫宫女、御物"，李弘利用宗教"以左道聚众"为乱。前有古欲起义、东京高永昌起义，董庞儿之后有安生儿、张高儿起义，最后还有张撒八发动射粮军起义，等等。

除此之外，还有很多问题。但是任何朝代发展，无一例外都存在这些类似的困扰。辽朝灭亡、女真崛起的同时，双方都面临同时期相同或者不同的难题。我们更应该考虑的是，面对同样的困难，应从自身寻找原因进行自我突破，最终解决问题，而并非一味强调只有自己面临着难以解决的困境，而对方一定就是顺风顺水、天时地利人和。女真人之所以能够迅速将辽打败，就是用血淋淋的历史实例告诉我们，一时的不先进并不是失败的借口和理由，只有保持勤劳、勇敢、不屈不挠、自强不息的民族精神，才是能够最终取得胜利的真正原因。

后　记

毕业之后，全面铺开的工作以及家庭生活上的细事，把生活填得很满。在为人师、为人妇、为人母的这条道路上，一直都是喜悦与责任并肩，很满足也很幸福。科研工作上，更是尽全力耕耘着自己的那一块土地。除博士论文因侥幸得中国家社科基金后期资助项目而又整理补充出版之外，本书的写作，是目前这块田地里结出的最大体量的果实。

时至今日，回顾整个成书的过程，仍然让我不能自已。刚接到题目拟出大纲，本以为将文献中的既得事实与学界的研究争鸣

女真崛起：辽朝后方的强大部族

总结即可成书。等到真正动笔写作之时，方知有太多知识需要及时补充，太多环节需要重新落实，太多论证需要仔细推敲。要做的工作很多，所以一边不停地学习，一边继续写作。本书涉及金朝开国前与建立初期历史，由于文献本身记载简单又稍显混乱，因此写作的过程中，脑细胞都累死不少，一天下来早上鼠标停在哪儿，晚上还在哪里闪，写写停停是常有的事。但过瘾啊，上头啊！你想，你不停地想，你就一直在想，为什么呢？怎么回事呢？迫使你大量阅读学界前辈的研究成果，不停地翻阅相关原始材料，再次切实地体会到了沉浸式写作的快乐。参加工作之后，科研写作时间非常零散，这次书稿的写作不得不让自己静下心来，挤出时间完成。这个理由与目标让我产生动力，找到了 11 年之前，当学生尽情读书时的快乐。

得到这份幸福快乐，要感谢学界各位前辈，前辈们的诸多研究成果是后辈继续学习、借鉴的榜样。感谢蒋金玲师姐和耿元骊老师对我的信任、帮助和支持，谢谢你们。

刘晓飞

2024 年 5 月 27 日　大连